JN027034

Australia

EXTRA ISSUE

[Book in Book] **Australian Cafe**

☐ About Cafe in Australia
☐ Australian Coffee Catalogue
☐ Cafe
☐ Sweets

"Flat White & Pancake"

Australian Cafe

The Favorite Cafe in Australia

メルボルンのセント・ギルダにあるローカルなカフェ

カフェカルチャーが盛んなオーストラリア

イタリア移民が持ち込んだコーヒーを飲む習慣に影響を受け、独自のカフェ文化が根づいているオーストラリア。街には実に多くのカフェが存在し、お気に入りのカフェでコーヒーを味わうことは、オージーにとって日常の一部だ。主要都市には大手チェーンのカフェもあることにはあるが、個人経営の個性あふれるカフェが数えきれないほどあり、おいしいコーヒーや特色のあるスイーツが味わえる。オーストラリアを旅する際は、街あるきの途中でカフェに立ち寄り、自慢のコーヒーを味わってみよう。お気に入りのコーヒーに出会ったら、コーヒー豆をおみやげに購入するのもいい。

コーヒー文化発信地・メルボルン

オーストラリアの中でもメルボルンは特にカフェカルチャーが盛んで、コーヒー好きにはたまらないこだわりのカフェが集まっている。地元の人は、皆それぞれお気に入りのカフェがあって、1日に何度も同じ店へ足を運ぶ人が少なくない。早朝7時前からオープンしているカフェも多く、ジョギングの帰りや出勤前に立ち寄る人で、オープン間もなくから行列ができる人気店もあるほどだ。

日本人バリスタが活躍

オーストラリアでカフェ巡りをしていると、バリスタとしてカフェで働く日本人が少なくないことに気づく。ワーキングホリデー制度を利用してバリスタ留学し、現地のカフェで修業を積む日本人が増えているそうだ。なかには、地元の大手新聞社が監修するカフェガイドブックでベスト・バリスタに選ばれたり、ラテアートの世界大会で優勝するなど、現地で活躍している日本人もいる。

オーストラリアのコーヒー Catalogue

フラット・ホワイト Flat White
1/3カップのショート・ブラックに、スチームミルクを2/3の割合で注いだもの。ミルクの泡がないので表面は平ら。

ショート・ブラック Short Black
小さなデミタスカップで出されるエスプレッソのこと「ダブルで」と注文すれば、量が倍になる。

ロング・ブラック Long Black
ショート・ブラックを抽出してお湯と混ぜたもの。ショート・ブラックより飲みやすく、量が多い。

ショート・マキアート Short Macchiato
ショート・ブラックにミルクの泡を少量注いだもの。エスプレッソを飲みたいけど、ストレートはつらい人に。

ロング・マキアート Long Macchiato
ダブルショットのエスプレッソにお湯を加えて、ミルクの泡を注いだメルボルン発祥のコーヒー。

カプチーノ Cappuccino
ショート・ブラックにスチームミルクとミルクの泡を同量入れたもの。よくチョコパウダーがかけられている。

アイス・ラテ Iced Latte
氷の入ったグラスに冷たいミルクとエスプレッソを注いだもの。日本にあるようなガムシロップは使わない。

ラテ Latte
ショート・ブラックにスチームミルクとミルクの泡を注いだもので、スチームミルク多め。グラスでサーブされる。

How to order
カスタマイズしてオーダーしよう

現地のカフェでコーヒーを注文する際は「ホットコーヒー、プリーズ」では伝わらない。上記のコーヒーカタログを参照して「フラットホワイト」「ロングブラック」のように、種類を伝えてオーダーしよう。また、好みに応じてカスタマイズするのが通の楽しみ方。濃いめが好きな人は、注文時に「ストロング」と言えばダブルショットに、薄めが好みなら「ウィーク」と言えばハーフショットにしてくれる。アイスコーヒーを注文する時は「コールドブリュー」と伝えよう。オーストラリアで「Iced Coffee」と言うと、コーヒーフラッペのような甘いドリンクが出てくるので、ご注意を。

01

こだわりのコーヒーを味わえるカフェ

specialized coffee

#オーストラリアカフェ巡り　#こだわりのコーヒー
#厳選したコーヒー豆　#自家焙煎
#australiacafe

Genic!

❶季節ごとに、厳選した豆を独自にブレンド
❷自家焙煎の豆で淹れるコーヒーは
A$4.80〜

ロースターとしても有名

インダストリー・ビーンズ

Industry Beans

コーヒー豆の入った麻袋が積まれた店内
奥がロースターになっていて、お店全体
がインダストリアルで洗練された雰囲気。
カフェフードとは一線を画す本格的な料
理メニューも人気の理由だ。

メルボルン　▶ **MAP** P.234 C-1
㉁無休　⏰7:00〜15:30
（土・日曜は8:00〜）
🏠70-76 Westgarth
St.,Fitzroy
☎03-9417-1034

自社農園のコーヒー豆を使用

セント・アリ

St. Ali

メルボルンのコーヒー文化を牽引する人気店のひとつ。コロンビアにある広大な自社農園で、コーヒー豆を自給しているこだわりのカフェ。元倉庫を改装したインダストリアルな建物で、大きな看板は出ていないので通り過ぎないように。

メルボルン ▶ MAP P.234 B-3
㉁無休 ⏰7:00〜17:00 🏠12-18 Yarra Pl., South Melbourne ☎03-9132-8966

❶カフェカルチャーが盛んなメルボルンのパイオニア的存在 ❷独創的なラテアートが楽しいフラット・ホワイト ❸天井が高く、広々とした店内

❶ショーケースに並ぶ焼き菓子もおいしそう ❷市内に9店舗を展開する有名店

こだわりのドリップコーヒー

マーケット・レーン・コーヒー

Market Lane Coffee

コーヒー好きなら、ポワ・オーバー（ドリップ）で淹れた3種の飲み比べセットを。エスプレッソ系はベースがダブルショットなので、薄めが好みの人は「シングルショットで」と伝えて。

メルボルン ▶ MAP P.234 D-4
㉁無休 ⏰7:00〜17:00(月・水曜〜16:00,日曜8:00〜17:00) 🏠Shop 13,Prahran Market 163 Commercial Rd.,South Yarra ☎03-9804-7434

世界のコーヒー豆を好みのスタイルで

クルーズ・コーヒー

Cruze Coffee

国内外から厳選した30種類以上のコー
ヒー豆をラインナップ。好きな豆を選んで、
飲みたいコーヒーの種類を告げると、そ
の場で豆を挽いて淹れてくれる。オリジ
ナルのブレンドも可能。

ケアンズシティ ▶MAP P.223 B-4
㈭無休 ⏱6:00～14:00(日曜は8:00～13:00)
🏠105 Grafton St.,Cairns City ☎07-
4051-1444

オーストラリアン・
パールという豆で
淹れたアイスコー
ヒーはA$7.50

テイクアウトのカッ
プに、メッセージを
添えてくれる

❶フレンドリーで明るいスタ
ッフ ❷陽気なオーナー
❸コーヒー豆は3列に並べ
てディスプレイ。手前の豆
がマイルドで、奥に行くほど
苦みが強い

貴重なマリーバ産コーヒー

ケアンズのキュランダに近いマリーバでは、コーヒー
豆を栽培。国外にはほとんど出回らないため希
少価値が高く、おみやげとして購入する人も多
い。上記のクルーズ・コーヒーのほか、ケアンズ
シティのカフェ「コーヒー・ワークス」(▶MAP
P.223 B-4)やナイトマーケット内の「レインフォ
レスト・ギフト」(▶P.89)、キュランダ村の「キュ
ランダ・レインフォレスト・コーヒー」(▶P.76)
などで国産のコーヒー豆が購入できる。

自家焙煎の本格コーヒー

パラドックス・コーヒー・ロースター

Paradox Coffee Roasters

エスプレッソなどの定番に加え、ハンドドリップで淹れたV-60、時間をかけて抽出するコールドドリップなど、さまざまなコーヒーが味わえる。

ゴールドコースト ▶**MAP** P.227 A-2
㊭無休 ⏰7:00〜14:00
🏠7/10 Beach Rd.,Surfers Paradise
☎07-5538-3235

❶甘いフレンチトーストと苦みのあるコーヒーは最高の組み合わせ
❷店内でひときわ目を引く大きなコーヒーロースター

❶レンガの壁がスタイリッシュ ❷パティスリー「The Whisk」のデニッシュはA$6.50前後 ❸フラットホワイトやラテはA$4.50〜

コーヒーも美食も自慢の複合空間

インターセクション

Inter/Section

オーストラリアと世界のスペシャルティコーヒーや上質なペストリーとデリ、本格料理まで、4つの店の自信作が一堂に会する新感覚スポット。著名なロースターを招いてのイベントも開催。

ブリスベン ▶**MAP** P.231 C-3
㊭無休 ⏰7:30〜15:30(土・日曜は〜14:00)
🏠155 Charlotte St.,Brisbane City ☎なし

04

カフェで味わう
フードとスイーツ

Café food & Sweets

#パンケーキ #世界一の朝食
#カフェランチ #ベーカリーカフェ
#カフェごはん

❶生地の中にもナッツが入った人気のマカデミアパンケーキ A$22.50 ❷カジュアルな雰囲気の店内

❸パッションケーキは A$22.50 ❹入口にある大きなパンケーキのオブジェが目印

ボリューム満点のパンケーキが勢ぞろい

パンケーキ・イン・パラダイス

Pancakes in Paradise

生クリームとアイスクリームがたっぷりのった、ボリューム満点のパンケーキが人気の専門店。スイーツ以外に食事もでき、朝食メニューは終日オーダーできる。

ゴールドコースト ▶MAP P.227 A-2
㊡無休 ⏰8:00〜14:00(木曜8:00〜14:00、17:00〜20:00、金・土曜〜20:00) 🏠3046 Surfers Paradise Blvd., Surfers Paradise ☎07-5592-0330

発電所を改装したおしゃれなリノベカフェ

ハイヤー・グラウンド

Higher Ground

「ケトル・ブラック」「トップ・パドック」の系列店で、こちらもオープン以来、客足の絶えない人気ぶり。サザン・クロス駅に近く、店内には充電スペースもあるので旅行者にも便利。

メルボルン ▶MAP P.235 B-5
㊡無休 ⏰7:00〜17:00(土・日曜7:30〜) 🏠650 Little Bourke St.,Melbourne ☎03-8899-6219

❶天井が高く、開放感のある店内 ❷朝食もボリューム満点。系列店の看板メニュー「リコッタパンケーキ」はここでも食べられる

8

セレブを魅了した最高の朝食

ビルズ・ダーリングハースト

Bills Darlinghurst

"世界一の朝食" と称賛され、日本でも絶大な人気を誇るビルズのオリジナルがこの店。独特の手法とアイデアが美食家たちをとりこにしてやまない。

シドニー ▶
MAP P. 215 B-4
㊡無休
🕐7:30〜15:00
🏠433 Liverpool St., Darlinghurst
☎02-9360-9631

❶白を基調にしたシンプルな店内
❷ボリューミーなバーガーは朝食にもランチにもぴったり ❸看板メニューのリコッタパンケーキは、口の中でふわふわと溶けるような食感

目、鼻、舌で感じる中南米の味わい

リューベン・ヒルズ

Reuben Hills

エチオピアなどから直接買い付けた豆を自家焙煎しているコーヒー専門店。ブラジルの豆料理やメキシコのスープ料理など、中南米スタイルのフードを提供しているのが特徴的。

シドニー ▶MAP P.215 B-4
㊡無休 🕐7:00〜16:00(土・日曜7:30〜、朝食は終日)
🏠61 Albion St.,Surry Hills ☎02-9006-9650

❶コーヒーの芳醇なアロマが訪れる人を迎える ❷自家製サルサソースを使ったスパイシーな料理が美味

おいしいパンと、パンに合う料理

ブレッド・イン・コモン

Bread in Common

オーガニックの小麦粉など吟味した素材を使って窯で焼くパンは、素朴ながら味わい深い。オリジナルのジャムやピクルスはおみやげにもよさそう。

パース ▶MAP P.238 B-3
㊡祝日 🕐11:30〜深夜 🏠43 Pakenham St.,Fremantle ☎0449-588-404

❶倉庫を改装した店内は広々としている。パンはテイクアウトもOK ❷メニューはパンに合う料理が中心。ソースはパンにつけて召し上がれ

花と緑に囲まれた癒し空間

ザ・グラウンズ・オブ・アレキサンドリア

The Grounds of Alexandria

まるで植物園のようなカフェ複合施設。花と緑がふんだんに配された敷地内に、コーヒーがおいしいカフェ、ここで栽培されたハーブや野菜を使ったレストランなどがあり、どこを写しても絵になる。

シドニー ▶ MAP P.215 A-5
㉘無休 ⏱9:00〜20:00(日曜は〜17:00)
🏠7a/2 Huntley St., Alexandria
☎02-9699-2225

❶豊かな緑に包まれる開放的な空間「ザ・ガーデン」 ❷入り口近くには小さなケーキ屋さんもある

「グラウンズ・カフェ」に隣接している屋台スタイルのドーナツショップ

フルーツショップのフレッシュなレモネードも人気。週末にはマーケットが開催される

02

圧倒的映え!
フォトジェニック CAFE

Photogenic cafe

#インスタ映えカフェ #フォトジェニックカフェ
#カフェすたぐらむ #旅カフェ
#photogeniccafe

コーヒーをテイクアウトして、施設内にある小さなお花屋さんや動物がいるファームを散策したい

歴史的建造物QVBの
中にあるティールーム

ザ・ティールーム

The Tea Room

QVBの最上階にあるこちらの店は地元の女
性に大人気。高い天井やアーチ型の窓枠な
ど、かつて社交場だった空間でいただくモー
ニングティーやハイティーは格別の味わい。

シドニー ▶**MAP** P.218 D-2
㉺無休 ⏱10:00〜17:00（変動あり）
🏠Level 3,North End,QVB,455 George
St.,Sydney ☎02-9283-7279

❶かつてボールルームとして使わ
れていた豪華な空間 ❷❸カッ
プ＆ソーサーはビクトリア女王が
愛したロイヤルアルバートのオー
ルドカントリーローズ

滞在中にぜひ
訪れたいカフェ

ブラザー・ババ・
ブーダン

Brother Baba Budan

メルボルンで1、2を争う有名カフェで、小さな
店内はオープン直後から閉店間際まで、常に混
み合っている。コーヒーのおいしさもさることな
がら、天井からいくつものイスが吊り下げられ
たインテリアがとてもユニーク。

メルボルン ▶**MAP** P.235 B-3
㉺無休 ⏱7:00〜17:00（土・日曜8:00〜） 🏠359
Little Bourke St.,Melbourne ☎03-9606-0449

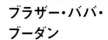

❶コクのあるコーヒーは甘
いデニッシュによく合う
❷個性的なインテリアもこ
のカフェの魅力

地元で愛される
ローカルカフェ

Local Cafe

#localcafe #地元で愛されるカフェ
#ローカルおすすめのカフェ #居心地のいいカフェ
#旅先でリラックスできるカフェ

花をちりばめたパンケーキが人気

ケトル・ブラック

Kettle Black

看板メニューのリコッタ・パンケーキを目当てに、平日でも行列ができる店。フレッシュクリームにバイオレットシュガーを振り、エディブルフラワーをあしらったフォトジェニックなパンケーキは見た目だけでなく、味も抜群。

❶天井が高く開放感のある店内 ❷目でも楽しめる一皿 ❸パンケーキはボリュームがあるので、シェアがおすすめ

メルボルン ▶MAP P.234 C-3
㊡無休 ⏰7:00〜16:00
（土・日曜8:00〜）
🏠50 Albert Rd., South Melbourne
☎03-9088-0721

驚くほどビッグなボリューム!

リリパッド・カフェ

The Lillipad Cafe

オーストラリアの伝統的な朝食から世界各地の名物料理、種類豊富なサラダなどを楽しめるカフェ。どれも2人で食べても十分なボリュームで、余ったら無料で包んでもらえる。新鮮なフルーツのミックスジュースもおすすめ。

ケアンズシティ ▶
MAP P.223 B-4
㊡無休
🕐7:00〜15:00
🏠72 Grafton St.,Cairns City
☎07-4051-9565

❶テラス席もある ❷店内は絵が飾られアートな雰囲気 ❸大きなグリルサーモンやアボカドがのったアトランティックサーモンサラダ

❶店は静かなウォーターフロントにある ❷図書館風など趣の異なる席を用意 ❸自家製ハチミツをおみやげに ❹カボチャとパイナップルのサラダ

川沿いに佇む邸宅風カフェ

バンブルズ・カフェ

Bumbles Café

店内は、「ピクチャールーム」、「ブルールーム」など個性豊かな部屋に分かれていて、とてもユニーク。テラスにもテーブル席があり、晴れた日は気持ちがいい。屋上では養蜂が行われている。

ゴールドコースト ▶
MAP P.227 C-3
㊡無休 🕐6:30〜16:00
🏠19 River Dr., Surfers Paradise
☎07-5538-6668

13

テイクアウトしたい名物スイーツLIST

List of specialty sweets to go

ベスカ
A$5.30

スポンジ生地にイタリアのリキュール「アルケルメス」をしみ込ませている

イタリアンスイーツが人気

タイヤキ
A$13

京都産宇治抹茶を使った抹茶アイスにイチゴをトッピングした洋風たい焼き

カスタマイズが楽しい

パスティチェリア・パパ

Pasticceria PAPA

サルバトーレ・パパ氏による南イタリアのスイーツを満喫できる。ベイクド・リコッタケーキは、ローカルのお気に入り。

シドニー ▶**MAP** P.215 D-4
㊄無休 ⏰7:00〜16:00 🏠75 Hall St., Bondi Beach ☎02-9300-8864

ウィスク・クリーマリー

Whisk Creamery

ナチュラルな素材を使って手作りするジェラート・スイーツが人気。ジェラートとトッピングなどを選び、自分好みのデザートをオーダーできる。

パース ▶**MAP** P.239 C-2
㊄無休 ⏰12:00〜22:30(金・土曜〜23:30) 🏠246 William St.,Northbridge ☎08-9227-7041

レモン
メレンゲタルト
A$8.50

ペイストリーやデニッシュ、タルトなどのスイーツ系はおやつに最適

パンもおいしいベーカリーカフェ

コアラをかたどった上質なチョコレートはおみやげにぴったり

コアラチョコ
2コでA$6.50

ていねいに手作りする上質なチョコ

バム・バム・ベイクハウス

Bam Bam Bakehouse

クロワッサン、サンドイッチなどが食べられるカフェレストラン。ショーケースに並ぶホームメイドスイーツはお昼に売り切れることもある。

ゴールドコースト ▶**MAP** P.226 D-3
㊄無休 ⏰6:00〜14:30 🏠Shop No.2,2519 Gold Coast Hwy.,Mermaid Beach ☎なし

スー・ルイス・ショコラティエ

Sue Lewis Chocolatier

スー・ルイスが作る甘さひかえめのチョコは、英国航空の雑誌で「世界のベストチョコレートショップ8店」のひとつに選ばれたこともある。

パース ▶**MAP** P.239 C-4
㊄日曜、祝日 ⏰10:00〜17:00(土曜〜16:00) 🏠State Buildings,Cnr. of St.Georges Tce.& Barrack St.,Perth ☎0452-423-323

Other Sweets

#テイクアウトスイーツ　#ご当地スイーツ　#オーストラリアおやつ
#sweetstogo　#cupcakes

カップケーキ
A$3〜

ベルベットカラーのココ
アバターケーキにクリー
ムチーズをトッピング

手のひらサイズのカップケーキ

リトル・カップケーキ

Little Cupcakes

ミニサイズのカップケーキが人気のお店。常時約20種類（スタンダード17種と日替わり2〜3種）のカップケーキが並ぶ。

メルボルン ▶ **MAP** P.235 B-4
㊡日曜 ⒣8:00〜16:30（土曜10:00〜）🏠TG06/181 William St.,Melbourne ☎03-9646-7441

1スクープ
A$6.20

乳製品不使用のソル
べは、脂肪分ゼロのギ
ルティフリースイーツ

ツウも大満足の贅沢デザート

ジェラート・メッシーナ

Gelato Messina

独自のレシピで作られるジェラートは、保存料など一切不使用。新鮮な素材のみで作られており、コクと食感はここでしか味わえないぜいたくな仕上がり。

シドニー ▶ **MAP** P.215 B-4
㊡無休 ⒣12:00〜22:30（金・土曜〜23:00）🏠Shop 1,241 Victoria St., Darlinghurst ☎02-9331-1588

着色料、保存料など不
使用なので、
賞味期限は10日ほど

瓶入り
スイーツ
A$14.50

パース通がすすめる人気のおみやげ

ハニーケーキ

The Honey Cake

西オーストラリア州産のハチミツなど、地元の素材にこだわって手作りするハニーケーキは、パースだけで買えるご当地スイーツ。

パース ▶ **MAP** P.239 C-2
㊡無休 ⒣10:00〜18:00（金・土曜〜20:30）🏠57a Washing Lane, Northbridge ☎0432-175-884

KUMA
A$11.50

いちごとバナナクリーム
のタルトをキャラメルク
リームでコーティング

カラフルでキュートなケーキ

ラックスバイト

LuxBite

マレーシア出身のオーナーが営むサウス・ヤラの人気カフェ。親日家のオーナーが、日本でインスピレーションを得て作るものが多いそう。

メルボルン ▶ **MAP** P.234 C-4
㊡火曜 ⒣10:00〜18:00 🏠38 Toorak Rd.,South Yarra ☎03-9867-5888

BON VOYAGE

Australia

HOW TO USE
この本のポイント

まっぷる WORLD で
特別な旅の時間を♫

はじめて訪れる人も、新たな体験を求めるリピーターもオーストラリアへの特別な旅へご案内。
ココロ動かす感動、非日常、ごほうび、リラックスなど海外旅行に求める体験が
この一冊ですべて叶います！ さあ、新しい旅のはじまり…

Special Point

01 巻頭BOOK in BOOK

〈オーストラリアでカフェ体験を♪〉

CAFE GUIDE

ごはんや休憩したいときなどに
便利なカフェは旅の大定番。
素敵なカフェで、トレンドや
エリアの雰囲気を味わって！

\ぼくたちが案内するよ/

ペンギンくん　ハシビロコウ先輩　ウサギどん

旅するエリアについて
詳しくなれる
旅のプロローグ付き
▶P.8

02 充実度UP!
旅に役立つスマホ術

スターシェフの美食を堪能

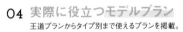

海外旅行へはスマホが必須！ 出入国の手続きは電
子申請が主流に。レストランの予約、アプリの活用、
SNSでの情報取得など、うまくスマホを使いこなせ
ば、旅の充実度が何倍もアップ！

スマホ活用術例
★ハッシュタグで情報やトレンドをCHECK!
★必須のアプリをDL ▶P.197
★フォトジェニックな写真を撮る
★素敵な写真をSNSにUP!!

03 無料!
電子書籍付き

ここから
アクセス

旅の前に電子書籍をスマホ
やタブレットにダウンロード
しておけば、旅行中は身軽
に動ける便利なアプリ。

Must! 絶対行くべきSPOT
やおすすめ店

Genic! 映えスポット

04 実際に役立つモデルプラン
王道プランからタイプ別まで使えるプランを掲載。

05 都市別の旅テクが便利
役立つ旅のテクニックやお得ネタを厳選紹介。

06 必見スポットやテーマを深掘り
必見スポットやテーマを深掘りして紹介。いつもとは違う
目線で楽しめる内容に。

07 楽しく読めるBOOK CAFEコラム
旅行中のブレイクタイムや行かなくても楽しく知識を深め
られる読み物コラム。

08 詳しい基本情報で不安を解消
充実した旅には入念な準備が大事。出発前に出入国関
連やアプリのダウンロードを。

09 便利に使えるアクセス&MAP
巻末に現地のアクセス情報と見やすい詳細MAP付き。

etc.
はみ出しメモや得するコラムで旅を楽しめる情報が満載!!

【物件マーク】
㊡…定休日（サンクスギビング、クリスマス、1月1日、イースターなど
　　の祝日や臨時休業を除く）
㉀…営業時間（開店からラストオーダー）、開館・開園時間、アクティ
　　ビティやツアーの所要時間
Ⓢ…入場料、ツアー料金、ホテルの客室の料金※原則として税抜
　　き、大人料金で表示、ホテルの場合は税・サービス料を含まな
　　い1室あたりの最低料金。Ⓣはツインルーム
㊟…所在地
㊫…ランドマークからの行き方やザ・バスのルート、または車での行き
　　方を表示
☎…電話番号※特別な記載がない限り現地の番号
URL…ホームページ
FREE…フリーダイヤル
MAIL…メールアドレス

【MAPのマーク】
●GOURMET　●SHOPPING
●ENJOY　●TOWN　●STAY

※レストランやバーなどでは、乳幼児の入店ができない場合があります。ご利
用の際は事前にご確認ください。
※施設により別途サービス料がかかる場合があります。

【ご注意】本書に掲載されたデータは2023年8～11月現在の調査・取材によ
るものです。いずれも諸事情により変更されることがありますので、ご利用の際
には事前にご確認ください。また、本誌に掲載された内容により生じたトラブル
や損害等については、弊社では補償いたしかねますので、あらかじめご了承のう
え、ご利用ください。

まっぷる WORLD

AUSTRALIA

オーストラリア

· · · · ·

新しい旅のはじまり

旅は非日常に出会える、とっておきの体験。

そして、旅先で感じた音、香り、風、味わいすべてが帰ってからの

日々の糧になる。さて、今度はどこへ行こうか。

この本を開いた瞬間から、あなただけの特別な旅がはじまる。

Trip to Australia / CONTENTS
[オーストラリア]

巻頭付録 Book in Book
CAFE GUIDE Australia

02 この本はどんな本?
06 オーストラリア早わかり
08 【漫画】10分でわかるオーストラリアの素顔
12 5泊8日王道モデルプラン
20 グレートバリアリーフをコンプリート
28 ウルル-カタ・ジュタ国立公園を冒険
204 INDEX
240 緊急時の連絡リスト

SYDNEY

38 シドニー早わかり
40 シドニーの旅テク10
42 世界遺産オペラハウスを深掘り
44 ハーバー・ブリッジを深掘り
46 シドニーの2大ビーチで遊ぶ
48 シティ周辺
50 ロックス／サーキュラー・キー
52 パディントン
54 お肉?それともシーフード?
56 スターシェフの美食を堪能
58 歴史を感じるクラシックなアーケード
60 オーストラリア生まれのブランドをチェック
62 シドニーから足をのばして
　　ブルー・マウンテンズで絶景ウォッチ
64 シドニーから足をのばして
　　ポート・スティーブンスでイルカと戯れる
66 シドニーから足をのばして
　　ハンター・バレーで極上ワインを飲む

CAIRNS

70 ケアンズ早わかり
72 ケアンズの旅テク9
74 キュランダを深掘り
78 デインツリー国立公園で自然に包まれる
80 オージーアニマルに会える2大動物園
81 BOOK CAFÉ コアラについてのあれこれ
82 ケアンズシティ
84 ケアンズでやるべきアクティビティ
86 地元で評判のレストラン
88 ケアンズみやげはココで買う
90 ケアンズから足をのばして
　　郊外の2大リゾートでリラックス
92 ケアンズから足をのばして
　　神秘的なアサートン高原へ

GOLD COAST

96 ゴールドコースト早わかり
98 ゴールドコーストの旅テク10
100 テーマパークを深掘り
102 オージーアニマルと触れ合いたい!
104 サーファーズ・パラダイス
106 COLUMN お気に入りのビーチを探そう
108 海を見渡すシー・ビュー・レストラン
110 オーストラリアメイドが買える店
112 ゴールドコーストから足をのばして
　　ヒンターランドで大自然に抱かれる

BRISBANE

118 ブリスベン早わかり
120 ブリスベンの旅テク9
122 ブリスベンのアニマルスポット

124 シティ／サウス・バンク
126 ウエスト・エンド
128 地元で評判のレストラン&カフェ
130 クイーン・ストリート・モールでショッピング
132 ［ブリスベンから足をのばして］
    モートン島でイルカ・フィーディングを体験

MELBOURNE

136 メルボルン早わかり
138 メルボルンの旅テク10
140 ガーデンシティの見どころ攻略
142 シティ
146 目にもおいしいクリエイティブな料理
148 ［BOOK CAFÉ］美食の街メルボルンの楽しみ方
150 個性派ぞろいの大人バー
152 大型ショッピングセンターが楽しい
154 メルボルンならではの雑貨を探しに
156 ［メルボルンから足をのばして］
    奇岩が連なる絶景ドライブルート
158 ［メルボルンから足をのばして］
    ヤラ・バレーでワイナリーめぐり
159 ［メルボルンから足をのばして］
    ダンデノン丘陵で蒸気機関車に乗る
160 ［メルボルンから足をのばして］
    ペンギンパレードを見に、フィリップ島へ

PERTH

164 パース早わかり
166 パースの旅テク10
168 ［BOOK CAFÉ］個性的なワイルドフラワー
170 シティ
172 フリーマントル
174 水面を見ながらシーフードを味わおう
176 ローカル推しのレストラン

178 センスのいい雑貨が見つかる
180 ［パースから足をのばして］
    クォッカに会いにロットネス島へ行く
182 ［パースから足をのばして］
    パースの絶景コレクション

STAY

183 都市別ホテルセレクション

BASIC INFORMATION

190 ［BOOK CAFÉ］
    気になるオーストラリアの約束・暮らし
192 ベストシーズン&オーストラリアの基本
194 パスポート&ETAの手配
195 持ちものリスト
196 インターネットと便利なアプリ
198 知っておきたい！出入国の流れ
200 両替についての基礎知識
201 現金も引き出せる!クレジットカードは必須
202 知っておきたいオーストラリアのアレコレ

209
どこよりも詳しい！
オーストラリアのACCESS&MAP

Lovely!

オーストラリア早わかり

オーストラリアの国土面積は日本の約21倍と、圧倒的なスケールで広がっている。
各エリアの特徴をしっかりと把握して、オーストラリアの旅を余すことなく満喫しよう!

どんな国?

国名 オーストラリア連邦
Commonwealth of Australia

人口 約2664万人（2023年6月推計）

国旗 英国とのつながりを示す英国旗、南十字星、6州と特別地域を表す七稜星を配している。

面積 約768万8287km²

言語 英語。地方の方言にかなり違いがある。

首都 キャンベラ Canberra

民族 白人が90%以上を占めている。先住民族のアボリジナルは約4%。

日本の約21倍の大きさ!

ダーウィン
DARWIN

ウルル-カタ・ジュタ国立公園
ULURU-KATA TJUTA NATIONAL PARK

西オーストラリア州
Western Australia
WA

パース
PERTH

パース *Perth*

西オーストラリア州を代表する街で、開拓時代の面影と自然が融合している。ゆるやかに流れるスワン川沿いに瀟洒な街並みが広がり「世界一美しい街」と称される。
▶P.161

メルボルン *Melbourne*

歴史漂う建物や庭園が残り、優雅な雰囲気のある都市。こだわりのレストランやカフェが多く集まるグルメシティとしても知られる。郊外にあるグレート・オーシャン・ロードでは、約280kmの美しい海岸線をドライブできる。
▶P.133

ケアンズ *Cairns*

オーストラリアを代表する世界遺産グレートバリアリーフやキュランダへの拠点になる街。中心部はコンパクトな街ながら、近郊の海や森など、大自然を満喫できる。
▶P.67

ブリスベン *Brisbane*

ゴールドコーストの約70km北西にあるクイーンズランド州の州都で、シドニー、メルボルンに次ぐオーストラリア第3の都市。蛇行する川の周囲に自然あふれる街が広がる。
▶P.115

■ カカドゥ国立公園
KAKADU NATIONAL PARK

□ ケアンズ
CAIRNS

ノーザンテリトリー
Northern Territory
NT

グレートバリアリーフ
GREAT BARRIER REEF ■

クイーンズランド州
Queensland
QLD

ブリスベン
BRISBANE
□

南オーストラリア州
South Australia
SA

ニュー・サウスウェールズ州
New South Wales
NSW

ゴールドコースト
GOLD COAST

アデレード ■
ADELAIDE

ビクトリア州
Victoria
VIC

□ シドニー
SYDNEY

キャンベラ
CANBERRA

メルボルン
MELBOURNE

タスマニア州
Tasmania
TAS

ホバート ■
HOBART

首都はキャンベラ

ゴールドコースト *Gold Coast*

年間300日以上が晴天の、約57kmの砂浜が続くビーチリゾート。マリンスポーツはもちろん、巨大ショッピングセンターやテーマパーク、カジノもあり、一日中遊び尽くせる。
▶P.93

シドニー *Sydney*

オーストラリア最大の都市であり、経済の中心地。移民が多いことから、多彩な文化が花開いているのも特徴。オペラ・ハウスや旧市街ロックスなど、見どころが凝縮されている。
▶P.35

ペンギンくんと
ハシビロコウ先輩の
愉快な旅が始まるよ〜

model

オーストラリア旅行のプロローグ

PENGUIN-KUN NO TRIP DIARY.

Experience in Australia

result

ペンギンくん　好奇心旺盛で、自由人。旅先でカフェに立ち寄るのが大好きだが、猫舌で熱いものが苦手

オーストラリアを旅するなら、先住民文化を体験するのもおすすめだよ。

ほー！

6万年以上前からこの大陸で暮らし、世界最古の文化を持つといわれるアボリジナル・ピープルじゃ。

ダンスやアートなど、独特なアボリジナル文化を体験できる場所は国内各地にある。

アボリジナル先輩

なんだかとっても
ダイナミックな絵だね。

文字を持たないアボリジナルの祖先は、絵を描いて教えを伝承しておった。

男性　女性　家族
子供
ブーメラン　ヤリ　エミューの足跡
滝・キャンプファイヤー

ウサギどん　いつも忙しそうに旅をしている、せっかちな情報屋。全世界を旅するのが目標

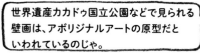

世界遺産カカドゥ国立公園などで見られる壁画は、アボリジナルアートの原型だといわれているのじゃ。

すごい

壁画

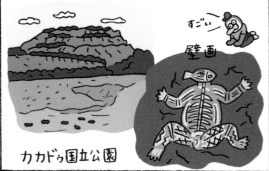

カカドゥ国立公園

何万年も前から伝承されるアボリジナルアートは、海外からも注目されているのさ。

アボリジナルアートのデザインをあしらったカラフルな雑貨は、おみやげにもピッタリだよ！

そうだ、おみやげも探さなくっちゃ！

小腹も空いたし、その前にミートパイをテイクアウェイしようよ。

ポン

楽しみじゃな

Have a Nice Trip!

5 NIGHTS 8 DAYS

5泊8日王道モデルプラン

Day 1

世界遺産の熱帯雨林で、大自然の絶景に圧倒!

キュランダ村にあるジュースバー&カフェ。地元産のオーガニックフルーツたっぷりのスムージーが人気

ヘリテージマーケットでは、地元アーティストが手作りした個性的なアイテムも見つかる

コアラ抱っこ以外にも、園内を水陸両用車のアーミーダックで探検できる

朱色のレトロな車体のキュランダ観光鉄道で大自然の中を走り抜ける

世界遺産の広大な熱帯雨林を上空から見渡せるスカイレール A

ケアンズシティは、2つの世界遺産「キュランダ」と「グレートバリアリーフ」の拠点 E

07:00 ケアンズに到着後、ホテルへ

前夜に日本を出発し、早朝、ケアンズ空港に到着。事前にアーリーチェックインの連絡をしておこう。

09:00 キュランダツアーに出発

ツアーの送迎シャトルがホテルまで迎えに来てくれる。スミスフィールド駅までは片道20分ほど。

09:45 スカイレールで空中散歩 ▶P.75

全長7.5kmのロープウェイ、スカイレールに乗り込み、太古から続く熱帯雨林の森を上から眺める。 A

10:30 レインフォレステーションでコアラ抱っこ ▶P.77

園内にあるコアラ&ワイルドライフ・パークでは、コアラと一緒に記念撮影をしたり、カンガルーの餌づけも。 B

14:00 キュランダ村を散策 ▶P.76

熱帯雨林に囲まれた小さな村には、グルメスポットやおみやげものを扱うマーケットがあり、散策が楽しい。 C

15:30 キュランダ観光鉄道でケアンズへ戻る ▶P.74

キュランダ駅からシティのケアンズ駅までは約2時間。車窓を流れる景色の移り変わりを楽しむ。 D

18:30 海を見ながらディナー ▶P.86

シティに戻ったら、海沿いにあるレストランで、ワイン片手に新鮮なシーフードやオージービーフを味わおう。 E

10:30 グリーン島まで50分の
クルージング ▶**P.24**

出航後に各種アクティビティについて説明がある。船旅を楽しんでいるうちに、あっという間にグリーン島に到着。

11:30 グラスボトムボートで
海中探索 ▶**P.25**

参加するツアーによってはグラスボトムボートが無料でセットになっている。島に着いたら、出発時間を確認。

13:30 クロコダイルの
餌づけ体験に興奮！▶**P.24**

島内にある水族館「マリンランド・メラネシア」で巨大なクロコダイルのショーを見学。ウミガメや魚も見られる。

14:30 シュノーケリングで
海遊び ▶**P.25**

帰りのフェリーの時間まで海遊び。シュノーケルセットをレンタルして、美しい海の中をのんびりと観察しよう。

17:30 ナイトマーケットをチェック
▶**P.89**

シティに戻ったら、ナイトマーケットへ。地元の特産品など種類豊富。

夕食を軽くサクッと済ませたい場合は、ここで軽食をとるのもいい。

Day 2

日帰りツアーに参加して憧れのグレートバリアリーフへ

B ウミガメと一緒に泳げる

B

C 遅くまで開いているので、ディナー後に立ち寄ってもOK

A コンパクトなグリーン島は、徒歩で一周しても30分ほど

泳げなくても楽しめるシーウォーカー

砂漠に広がる
先住民の聖地ウルルへ

夕暮れ時には、刻々と色が変わる神秘的なウルルが見られる
F

エアーズ・ロック・リゾートは砂漠の中のオアシスのよう
D

ベース・ウォークは、ウルルの周囲を歩く健脚向きのコース
E

サンセットや満天の星空のもとで楽しむ優雅なディナータイム
G

07:10 飛行機で
エアーズ・ロックへ

ケアンズ空港から直行便で約3時間でエアーズ・ロック空港に到着。空港からは無料のシャトルバスを利用。

10:00 エアーズ・ロック・リゾートの
ホテルにチェックイン ▶P.33

ウルルから20km離れた場所にある。周辺エリアで、宿泊や飲食施設がそろっているのはここだけ。
D

13:00 ウルルのベース・ウォーク
ツアーに参加 ▶P.29

ウルルのまわりの一周10.6kmを、いくつかの見どころを見学しながら3時間30分ほどかけて歩く。
E

16:30 サンセットに染まる
ウルルに感動！

時間帯によってさまざまな表情が見られるウルル。躍動的な日中とは打って変わって神秘的な雰囲気に包まれる。
F

18:00 砂漠の真ん中でキャンドル
ディナー ▶P.34

シャンパンを飲みながら夕暮れ時のマジックアワーを堪能した後、ディナー会場に移動して星空の下で食事を楽しむ。
G

Day 4

いよいよシドニーへ！
まずはランドマークのオペラ・ハウスから

06:00 ラクダに乗って、
日の出を見る ▶P.34

ラクダに乗って、朝日に輝くウルルを眺める体験は、一生忘れられない思い出に。

早起きをして、日の出の1時間前にリゾートを出発。ラクダの背に揺られて日の出を見る、生まれて初めての体験。

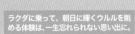

A

12:30 エアーズ・ロックから
飛行機でシドニーへ

ホテルをチェックアウトして空港へ向かう。エアーズ・ロック空港からシドニー空港までは直行便で約3時間のフライト。

16:00 ホテルにチェックイン

シドニー空港に到着。空港から中心部までは電車やシャトルバス、タクシーなどで移動（▶P.212）。

17:00 世界遺産オペラ・ハウス
を見学 ▶P.42

ホテルでひと休みしたら、オーストラリア屈指の観光スポットであるオペラ・ハウスを見に行こう。

B 真っ白な外観を夕暮れの色に染める美しいオペラ・ハウス

19:00 ディナーは、
シーフードを堪能！ ▶P.55

予約していたレストランに向かい、地元で評判のシーフード料理をオーダー。シドニー近郊ハンターバレーのワインとともに味わう。

B

日の出とともに徐々にウルルの巨大なシルエットが現れ、岩肌が朝日に染まって輝きを放ち始める

荒涼とした大地に、大小の奇岩が連なる絶景が広がるウルル－カタ・ジュタ国立公園

B 海に面してテラスが広がるオペラ・ハウス。天気がいい日はここでランチを楽しみたい

オペラ・ハウスからは、ハーバー・ブリッジを背景に写真が撮れる

A ラクダのかわいい顔と壮大なサンライズの風景に感動！

ミセス・マッコーリーズ・チェアからは、オペラ・ハウスとハーバー・ブリッジが一緒に映る写真が撮れる

5 **NIGHTS**
8 **DAYS**
王道
モデルプラン

その不思議な形から、伝説が
生まれたスリー・シスターズを
眼前に眺める

Day 5

ちょっと足をのばして
ブルー・マウンテンズ国立公園へ

大都会シドニーも少し足をのばせ
ば、雄大な絶景が見られる

07:00 ツアーの送迎
シャトルで出発

シドニーから西へ約110kmに
位置する広大なブルー・マウン
テンズ国立公園へ。中心部から
は車で約2時間。

09:00 広大なユーカリの森を
眺めて深呼吸！ ▶P.62

1000m級の山々が連な
り、青く輝くユーカリの樹海
が広がる絶景を、エコー・ポ
イント展望台から眺める。

09:15 スリリングな
アトラクションに挑戦！
▶P.63

国立公園内にあるシーニック・ワ
ールドで、急勾配のトロッコ列車
やガラス床のロープウェイに乗
り、森の散策を楽しもう。

13:30 世界最古の洞窟の中へ

世界最古といわれる鍾乳洞
ジェノラン・ケーヴス（▶MAP
P.211 G-4）。ガイドの説
明を聞きながら、3億4000
万年もの時間をかけて形成
された鍾乳洞の中を歩く。

16:30 穴場の展望台から
夕景を見る ▶P.62

パルピット・ロック・ルックアウト
から雄大な渓谷美を一望し、シテ
ィに戻る。ディナーはオージー
ビーフを味わう。

A ユーカリの成分が陽光に反射し、森全
体が青く霞んで見えるのが名前の由来

A 広大なユーカリの森と、荒々し
い岩山が広がるブルー・マウンテ
ンズ独特の景色

B 上から下へ最長8mも伸びる
鍾乳石は圧巻

11の鍾乳洞のなかで、最も
鍾乳石が美しいといわれる
「オリエント・ケーヴ」は必見

18

C クラフトや食料品、ファッションにステーショナリーなど、なんでも揃うロックス・マーケッツ

D およそ14年の歳月と巨額の費用を投じて1973年に完成したオペラ・ハウス

館内ツアーでは、立ち入り禁止エリアにも入ることができる

ファッションデザイナーのピエール・カルダン氏が「世界で最も美しい」と称賛したQVB

シティでグルメとショッピングを満喫する1日 *Day 6*

08:00 「世界一」と称される朝食を堪能 ▶付録P.9

日本でも有名なカフェ「ビルズ」の本店で、セレブを魅了したと評判の朝食を味わう。リコッタパンケーキはフワフワの食感。

09:30 ロックスを散策 ▶P.50 C

ロックスに戻って、レトロな街並みをのんびりと散策。週末に開かれる青空マーケットは、おみやげ探しに最適。

11:00 オペラ・ハウスの館内ツアーに参加 ▶P.43 D

日本人ガイドが案内する館内ツアーに参加する。外から見ただけではわからない建物の工夫や建築当時の話が興味深い。

14:00 ピット・ストリート・モールでショッピング

デパートやショッピングモールが集まるピット・ストリート（▶MAP P.218 D-2）へ。自分へのおみやげも忘れずに購入。

16:00 クイーン・ヴィクトリア・ビルディングでおみやげ探し ▶P.58 E

150以上のショップが入っている買い物スポット「クイーン・ヴィクトリア・ビルディング」（通称QVB）でショッピング。美しい内装にうっとり。

> スーツケースの残りスペースを考えて、買うものをセレクト！

19:00 ホテルから空港に出発

ホテルで荷物をピックアップして空港へ。帰国便出発の2時間前には空港に着くようにしよう。日本には翌日早朝に到着。

QVBの中にはカフェもあるので、買い物の合間に休憩できる

グレートバリアリーフをコンプリート！

#グレートバリアリーフ #世界最大の珊瑚礁地帯 #世界自然遺産
#greatbarrierreef #queensland #greenisland #hamiltonisland

グレートバリアリーフ
Great Barrier Reef

クイーンズランド州の沿岸に広がる世界最大のサンゴ礁。多様な生き物が暮らす海に、約1000の島が浮かんでいる。北部の島へはケアンズ、南部の島へはシュート・ハーバーが玄関口。ハミルトン島へはブリスベンやシドニーから飛行機でアクセスできる。

プライベートチャーターのヘリコプターで、海に浮かぶ砂州ブランウ・ケイに降り立つ贅沢な体験もできる

グレートバリアリーフ ▶MAP P.211 G-2

ハミルトン島

ホテルやショップが充実したリゾート島
→ P.22

ヘロン島

クリスタルブルーの海とウミガメの産卵が有名

グリーン島

ケアンズ沖に浮かぶ世界遺産のサンゴの島
→ P.24

リーフワールド・Reefworld　ホワイトヘブン・ビーチ Whitehaven Beach　リンデマン島 Lindeman Island
ハードリーフ・Heart Reef　ウィットサンデー島 Whitsunday Island　ハミルトン島 Hamilton Island
フック島 Hook Island　コンウェイ国立公園 Conway National Park
ヘイマン島 Hayman Island　ラングフォード島 Langford Island　ロング島 Long Island
サウスモール島 South Molle Island　シュート・ハーバー Shute Harbour
デイドリーム島 Daydream Island　エアリー・ビーチ Airlie Beach

ミカエルマス・ケイ Michaelmas Cay
グリーン島 Green Island
フィッツロイ島 Fitzroy Island

フランクランド諸島 Frankland Islands
ダンク島 Dunk Island ミッションビーチ Mission Beach
トロピカル諸島 Tropical Group
ヒンチンブルック島 Hinchinbrook Island
ハーバートリバー Herbert River
オーフュース島 Orpheus Island
パーム諸島 Palm Group
マグネティック島 Magnetic Island
タウンズビル Townsville

ケアンズ Cairns
ブルース・ハイウェイ Bruce Hwy.
ユーレカ Eureka
ボーエン Bowen
エアー Ayr
Bruce Hwy.
ユーランガン国立公園 Eungella National Park
マッカイ Mackay

ウィットサンデー諸島 Whitsunday Group

マングローブ島 Mangrove Island
グレートケッペル島 Great Keppel Island
ロックハンプトン Rockhampton
カプリコーン諸島 Capricorn Group
ヘロン島 Heron Island
レディ・エリオット島 Lady Elliot Island
レディ・マスグレイブ島 Lady Musgrave Island
グラッドストーン Gladstone
ビロエラ Biloela
バンダバーグ Bundaberg
マンダバ Mundabbera
パーネット・ヘッズ Burnet Heads
バンダバーグ Bundaberg
ハービー・ベイ Hervey Bay
マリボロ Maryborough
カリ島（フレーザー島）K'gari (Fraser Island)
ジンピー Gympie
サンシャイン・コースト Sunshine Coast
モートン島 Moreton Island
ブリスベン Brisbane
ゴールドコースト Gold Coast

透明度の高い珊瑚礁の海で、
シュノーケリングを楽しもう

ナポレオン
フィッシュと
一緒に泳げる！

ダイビングにも
挑戦したい！

ICE

シュノーケ
リングでウミガメ
を観察

グレートバリアリーフのココがスゴイ！

1 世界最大のサンゴ礁が広がる

オーストラリア大陸東海岸の北半分を占めるグレートバリアリーフ。日本列島がすっぽり入ってしまうほどの大きさに、約600種類ものサンゴが生息。約1800万年前にサンゴ礁が生まれたといわれている

2 限りなく透明に近い海

透明度の高い海でシュノーケリングを楽しもう

海水の透明度がとても高く、海中ではマンタなどの生き物に出会うことができることから、ダイバーたちの憧れの場所。

3 約1600種類の魚が生息

グレートバリアリーフにはカラフルな魚が多いのが特徴。グレートバリアリーフの固有種やマンタ、クジラなどもいる。

マンタ
浅瀬から深海にかけてよく見かける。青空をはばたいているよう
ロイヤル ドティバック

グレートバリアリーフの固有種で、鮮やかな黄色と紫色が特徴
カクレクマノミの仲間で、ほっぺについているトゲが特徴

スパインチーク・アネモネフィッシュ
カクレクマノミ

危険が迫るとすぐにイソギンチャクに隠れる臆病な性格

起点となる街からの 移動手段と時間をチェック

ケアンズから
ミコマス・ケイ
・・・・・・フェリーで約2時間
グリーン島
・・・・・・フェリーで約50分
フィッツロイ島
・・・・・・フェリーで約45分

ブリスベンから
ハミルトン島
・・・・・・飛行機で約1時間40分

ハミルトン島から
ヘイマン島
・・・・・・クルーザーで約1時間
デイドリーム島
・・・・・・フェリーで約30分

旅メモ　グレートバリアリーフのリゾートホテルはスパなどの施設が充実。大自然を眺めながらのんびり過ごせる。

グレートバリアリーフ
最大のリゾート

ハミルトン島へ

ケアンズからアクセスのいいハミルトン島は豊かな熱帯雨林に囲まれた美しい島。グルメとショッピング施設が充実した一大レジャーアイランドだ。

大海原を相手にマリンアクティビティを満喫

グルメとショッピング施設が充実している楽園

ハミルトン島のおすすめスポット

★ボミー Bommie

モダン・オーストラリア料理の高級レストラン。マリーナに面しており、見晴らしが良い。

㊡月・火曜
⏰17:30～深夜
⑤A\$125～
☎07-4946-9999

★ワイルドライフ・ハミルトン・アイランド
Wildlife Hamilton Island

コアラやカンガルーがいるミニ動物園。コアラに触れたり、一緒に写真撮影ができる。ガラス張りの檻に入ったワニの餌づけショーは迫力満点。

㊡無休 ⏰8:00～16:00（コアラカフェ 8:00～15:30）
⑤A\$32（VIP コアラ・エクスペリエンスは A\$160）
☎07-4946-8635 URL www.hamiltonisland.com.au/jp

★クオリア Qualia

ワールドクラスの豪華さを誇る60軒のヴィラタイプの部屋と、ゲスト専用のプライベート・ビーチ、ビーチハウス、クオリア・スパなどを併設するラグジュアリーホテル。
⑤A\$1640～

〇┃Ħクオリア
🏠オール・セイント教会
キャッツアイ・ベイ
Catseye Bay
ボブズ・ベーカリー
Ħハミルトン・アイランド・デザイン
パーム・バンガローズ
Ⓡボミー Ⓗ
Ⓡマンタ・レー・カフェ Ⓡ
ワイルドライフ・ハミルトン・アイランド
ハミルトン・ハーバー
Hamilton Harbour
リゾート・センター
Ħ Ħビーチ・クラブ
リゾートサイド
Resortside
オーストラリア
ザ・ギフト・ブーゲンビリア・プール
パーム・バンガローズ
リーフ・ビュー・ホテル Ħ
Ħウィットサンデー アパートメンツ
ハミルトン
アイランド・リゾート
Ⓑハミルトン空港
（グレート・バリア・リーフ空港）
⛽ダム
Dam
Ⓘホリデー・プロパティ・受付
空港ターミナル
フォウナ・パーク
Fauna Park
パッセージ・ピーク▲
Passage Peak
✈空港
左図
グリトウッド ベイ
N
W E
S
0 100 約200m
周辺図 P.20

★リーフ・ビュー・ホテル
Reef View Hotel

そびえるような19階建てホテル。バルコニーからは美しいオーシャンビューが楽しめる。ジム、プール・レストランなど施設が充実。
⑤A\$396～

★ハミルトン・アイランド・リゾート
Hamilton Island Resort

宿泊施設やレストラン、ショップ、アクティビティが充実するグレートバリアリーフ最大のリゾート。6タイプの宿泊施設に、14軒のレストランがあり、メニューや好みに合わせて選べる。アクティビティの申し込みもここで受付。

🏠Hamilton Is. Whitsunday Group
☎07-4946-9999、
02-9433-0460
URL www.hamiltonisland.com.au/jp

ハートの形をしたサンゴ礁
ハートリーフ

縦13m、横12mほどの小さな島。できた時期は不明だが、自然にハートの形になったものなのだそう。水上飛行機などで近くまで行けるので、上空から眺めよう。カップルが一緒に見ると幸せになれるという。

リゾート島として名高い
ハミルトン島 Hamilton Island

南北4.5km、東西3km の大きさを誇る島で、リゾートアイランドとしてはグレートバリアリーフ最大級。島の70％は熱帯雨林に覆われ、動物や鳥類が棲む豊かな島。ブリスベンやシドニーからのジェット機が発着する空港があり、アクセスもいい。人気のホワイトヘブン・ビーチやハートリーフまでもほど近く、ウィットサンデー諸島の各島への拠点としても人気が高い。

`グレートバリアリーフ` ▶MAP P.20

世界で最も美しいと称される
ホワイトヘブン・ビーチ

ハミルトン島から約15kmにあるビーチ。シリカサンドでできた純白の美しい砂浜で、海の深さがつくり出す青の濃淡や、干潮で浮かび上がる砂浜の白が芸術的なマーブル模様を描いている。

\\ ハミルトン島へ行く前にココをチェック //

宿泊施設
ハミルトン・アイランド・リゾートにはレストラン、カフェ、スパなどが充実。ジム付きの高級ホテルもある。

気候について
常夏で年間を通して快適に過ごすことができる。雨もそれほど多くないので、過ごしやすい。

アクセス
エアリー・ビーチからフェリーで約1時間、ブリスベンから約1時間40分、シドニーから約2時間20分、メルボルンから約3時間。

持ち物リスト
日差しが強いので、日焼け止めや帽子、サングラスは必須アイテム。島へ向かう船の中などは冷房が効いているので、上着があると安心。

島内交通
無料巡回シャトルバスが毎日運行しており、自由に乗降できる。ゴルフ場にあるようなバギーが島でも主な交通手段で、日本の運転免許証でレンタルできる。

気をつけること
サンゴや生物に触れること、サンゴ礁の上に立つこと、魚の餌付けは場所により禁止されている。

マリンアクティビティを楽しもう
リーフワールド

ハーディーリーフに位置する2階建てポントゥーン（人工の浮島）を拠点に、シュノーケリングやスキューバダイビングなどが体験できる。ハミルトン島からヘリコプターで約30分。シュノーケリングや半潜水艦に乗船して約2時間過ごすツアーがある。
⑤ A$600（シュノーケル用具レンタル、ランチ、アフタヌーンティー込）所要約6時間

ツアーインフォメーション

🏠 Hamilton Island Resort Tour Desk
☎ 07-4946-8305

🏠 Hamilton Island Air
🈳 無休 ☎ 07-4969-9599
URL www.hamiltonislandair.com

日帰りでもOKの マリンリゾート
グリーン島へ

ケアンズから船で約50分のグリーン島は、手軽に行けることからケアンズからひと足のばして訪れる人気の観光スポット。日帰りでグレートバリアリーフが楽しめる。

まっ白なビーチでのんびり

グリーン島ってこんなところ

ビーチ

太陽の光が反射してまぶしく輝く海は絶景。シュノーケリングやカヌーなどの人気アクティビティも体験できる。のんびり読書もいい。

マリンランド・メラネシア

メラネシアの民芸品が展示され、クロコダイルがいる水族館。毎日10時30分と13時30分にワニの餌づけショーを開催。ギフトショップも併設。また、同日なら再入場が可能。

㊡無休 ⑤ A$28 〜
☎ 0468-993-603 [URL] www.marinelandgreenisland.com.au

0　100　約200m
[周辺図 P.222]

ビーチ
Beach

ビーチ・ダイニング Beach Dining

グラス・ボトム・ボート乗り場
Glass Bottom Boat

マリンランド・メラネシア
Marineland Melanesia

ダイブ・ショップ
Dive Shop

ウォーキング・トレイル
Walking Trail

インフォメーション
Information

船着き場

グリーン・アイランド・リゾート
Green Island Resort

エメラルド Emeralds

リフレクションズ・プール・バー
Reflections Pool Bar

キャノピー・グリル Canopy Grill

ザ・カフェ The Cafe

ヘリポート
Heli Port

ウォーキング・トレイル

熱帯雨林に覆われた島にはウォーキング・トレイルが整備されている。自生する植物を観察しながらのんびりと歩いてみたい。インフォメーションで日本語の島内散策案内書を借りられる。

船着き場

周囲は浅瀬が続いているため、長い桟橋の先が船着き場。帰りのフェリーの時間を忘れずに確認しておこう。

グリーン・アイランド・リゾート

自然環境を損なわないように工夫を凝らして造られた、島唯一のリゾートホテル。客室は2タイプあり、どちらも木目調で重厚感たっぷり。1日中遊んだ後は、落ち着いた部屋でリラックスしては？

⑤ A$733 〜　☎ 07-4031-3300
[URL] www.greenislandresort.com.au

島のリゾートエリアには、ラグジュアリーなホテルやレストランがある

24

ケアンズから最も近い

グリーン島 Green Island

1770年にキャプテン・クック一行が航行中に発見した島で、同乗していた天文学者グリーンにちなんで名付けられた。大人気の島で多くのツアーが催行されている。島の宿泊施設は、環境に細心の注意を払って運営するリゾートホテル1軒のみ。歩いても一周が30〜40分という小さな島だが楽しみ方はいろいろ。島での時間を満喫するなら最低でも3時間は必要。

グレートバリアリーフ ▶MAP P.222-B-2
⊗ケアンズのリーフ・フリート・ターミナルから高速艇で約50分

WOW

パラセイリング
パラシュートをつけてボートに引かれ、地上50mの上空へ。のんびり空中散歩を楽しもう。

シュノーケリング
用具のレンタルはツアー料金に含まれている場合がほとんど。ライフジャケットも借りられるので、泳ぎに自信がない人も安心。

ダイビング
体験ダイビングでは最大水深12mまで潜るが、経験豊富なインストラクターが同行するので安心。

グリーン島で楽しみたい
マリンアクティビティ
ビーチから浅瀬が広がるグリーン島で、さまざまなアクティビティに挑戦！

シーウォーカー
髪や顔を濡らさずに海底散歩が楽しめるので、メイクが気になる女性に大人気。ライセンスは不要で、歩くだけなので泳げない人でも問題なし。

グラスボトムボート
底にガラスをはめたボートで沖へ出航。ガラス越しにカラフルなサンゴ礁や魚が見え、老若男女に人気のアクティビティ。

半潜水艦
船体の半分が水面下にあり、ガラス窓から海の中を気軽に眺められる。透明度が高く、サンゴもよく見える。

━━ 便利な**リゾートエリア**でひと休み ━━

リゾートエリアにはカフェやレストラン、雑貨ショップが点在している。ランチはもちろん、疲れたときの休息やおみやげ探しに利用したい。休憩におすすめなのが、ビジタープールの目の前にある「リフレクションズ・プールバー」。ビールやコーヒーを飲みながら、疲れた体を癒やしては？

 旅メモ　島内の数ヵ所にコインロッカーがあるので、貴重品を入れておこう。料金は4時間A$9〜。

ポントゥーン

これがポントゥーン
大手のダイブショップが所有する人工の浮島で、サンゴ礁の海に浮かぶアクティビティの拠点だ。大きいものでは長さ約25m、幅約50mもあり、食事や休憩スペース、海中展望室などを備えている。もちろんトイレやシャワーも完備。

マリンアクティビティを存分に遊び尽くしたい人におすすめのポントゥーン。滞在時間や訪れたいリーフ、旅の目的によって、クルーズ会社を選ぼう。

アウターリーフってこんなところ

オイスター・リーフ
魚は比較的少ないが、エダサンゴやテーブルサンゴなどが生息している。サンゴ礁を眺めたい人には最適のリーフ。

ミルン・リーフ
大物の魚との遭遇率が高いことで知られるリーフ。浅いところから深いところまで、いろいろなポイントがある。

アウターリーフへのアクセス
ポントゥーンは各船会社の所有物なので、個人では行けない。必ずクルーズ会社が主催するツアーに参加する必要がある。ツアーは参加前日までに予約。ホテル送迎を含むプランもある。

●デインツリー
Daintree　アンディン・リーフ

ロー・アイルズ
Low Isles

オパール・リーフ

●ポート・ダグラス
Port Douglas　ターン・リーフ

パーム・コーヴ
●Palm Cove

ミコマス・リーフ

●キュランダ
Kuranda　グリーン島
　　　　　Green Is.
ケアンズ　テッドホード・リーフ
Cairns
フィッツロイ島
Fitzroy Is.

フリン・リーフ

エイジンコート・リーフ
チェーンのようにつながったサンゴ礁のひとつで、その形状からリボンリーフとも呼ばれる。サンゴ礁と魚の数はグレートバリアリーフ随一。

ノーマン・リーフ
アオウミガメなどが見られ、初級者から上級者まで楽しめる。海底が星の砂でできたトロッポ・ラウンジも人気。

モア・リーフ
海のコンディションがよく、色とりどりのサンゴや魚が観賞できる。穏やかな海なので、ダイビングに最適。

ポントゥーンの設備はこんな感じ

海底に固定された浮島にはたくさんのテーブルとイスのほか、更衣室やシャワーを完備。トイレやロッカーは、横付けされた船の中のものを利用する。ランチはビュッフェスタイルで提供。

ツアー料金はケアンズ発でA\$270程度が相場。オプションや飲み物代などは別料金

ポントゥーンでの 人気アクティビティ

シュノーケリング

透明度が高い海の中でさまざまな海洋生物に出会える。ギアのレンタルは無料

ホースから空気が送られるヘルメットをかぶり、白砂の海底を歩く

シーウォーカー

ヘリコプター遊覧

グレートバリアリーフを上から見渡す空中散歩が体験できる

体験ダイビングだとA\$190前後が相場。20～30分間潜水できる

ダイビング

半潜水艦

ガラス越しに海の中を観察できる。事前に出発時間を確認しておこう

海中展望室

ポントゥーンの下部にあり、魚を間近に見られる。自由に見学可能

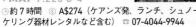
ポントゥーンを訪れるおすすめツアー

2階建ての屋根付きポントゥーン

グレート・アドベンチャーズ
Great Adventures

出発は10時30分と他に比べて余裕がある。ランチビュッフェでは日本風のカレーも食べられる。
▶MAP P.223 C-4
🕐 約7時間　⑤ A\$274（ケアンズ発、ランチ、シュノーケリング器材レンタルなど含む）☎ 07-4044-9944
URL www.greatadventures.com.au

サービスの良さが自慢

クイックシルバー・クルーズ
Quicksilver Cruises

エイジンコート・リーフとモア・リーフに設備充実のポントゥーンを所有。
▶MAP P.223 C-4
🕐 約7時間　⑤ A\$298～（ポート・ダグラス発、ランチ、海中展望室、半潜水艦、シュノーケリング器材レンタルなど含む）☎ 07-4087-2100
URL www.quicksilver-cruises.com

日本人スタッフが親切にガイド

サンラバー・リーフ・クルーズ
Sunlover Reef Cruises

日本人スタッフも毎日乗船し、滞在時間4時間と長めなのが好評。
▶MAP P.223 C-4
🕐 約8時間　⑤ A\$265（ケアンズ発、ランチ、グラスボトムボート、半潜水艦、シュノーケリング器材レンタルなど含む）☎ 07-4050-1333、1800-810-512
URL www.sunlover.com.au

豪華な高速船で優雅に過ごす

リーフ・マジック・クルーズ
Reef Magic Cruises

2022年完成の新しいポントゥーンを利用。ナポレオンフィッシュの餌づけショーも。
▶MAP P.223 C-4
🕐 約7時間30分　⑤ A\$289～（ケアンズ発、ランチ、グラスボトムボート、半潜水艦、シュノーケリング器材レンタルなど含む）☎ 07-4222-7478
URL www.reefmagiccruises.com

旅メモ　各種アクティビティの参加は予約時か、ポントゥーンへ向かう船内で申し込む。

ウルル−カタ・ジュタ国立公園を冒険

(#ウルル) (#uluru) (#ウルルカタジュタ国立公園) (#世界遺産)
(#エアーズロック) (#ayersrock) (#世界の中心で愛を叫ぶ)

MAP P.210 D-3

地球のへそと呼ばれる
巨大な一枚岩
ULURU ウルル

Giant rock

悠久の時間が生んだ先住民の聖地

荒涼とした砂漠の中に突如として出現するウルルは高さ348m、周囲9.4kmの世界最大級の一枚岩で、先住民に語り継がれる聖地。30km離れたカタ・ジュタ（オルガ岩群）と合わせ、広大な国立公園内にあり、1987年に世界遺産に登録された。国立公園内を巡る豊富なツアーに参加して、岩山の神秘を体感したい。なお、2019年から観光者向けのウルル登山は禁止されている。

大きい!

ウルルの ウォーキング ルート

周囲には散策路があるので、間近で大きさを実感したい。

一周10.6km、所要約3時間30分

ウルル・ベース・ウォーク
Uluru Base Walk

ウルルのまわりをぐるりと一周する健脚向きのコース。マラ・ウォークやクニヤ・ウォークで見られるポイントもカバーできる。

カンジュ・ゴージ
Kantju Gorge

雨が降ると、ここの岩壁に水が流れて滝になる。水の浸食によりできた深い溝がある。

ワラユキ Warayuki
マラ・プタ Mala Puta
ジュカチャビ Tjukatjapi
●カンジュ・ゴージ
タプチ Taputji
Mala carpark
Mala 登山口
クニヤ・ピティ Kuniya Piti
ムティジュルの泉
プラリ Pulari
Kuniya carpark
カルチュラル・センター

往復2km、所要約1時間30分

マラ・ウォーク
Mala Walk

登山口駐車場からカンジュ・ゴージまでのコース。壁画が見られるウェーブ・ケーヴなどのポイントがある。マラとはワラビーのことで、アナング族の祖とされる。マラ・プタは、安産祈願や出産の儀式が行なわれたとされる聖地。

往復4km、所要約1時間30分

リル・ウォーク
Liru Walk

登山口駐車場からカルチュラル・センターまで。マラ・ウォークなどとは違い、少し遠目からウルルを眺め歩く。

周辺図 P.30
○聖域（撮影禁止）
■聖地 ■駐車場

往復1km、所要約45分

クニヤ・ウォーク
Kuniya Walk

クニヤ駐車場からムティジュルの泉までの遊歩道。クニヤとは、アボリジナルの伝説の蛇の蛇、ニシキヘビのこと。ムティジュルの泉近くの岩肌に、ハート形のくぼみが見られるところがあり、「ウルルの心臓」と呼ばれている。

各都市からのアクセス

ケアンズからはカンタス航空が運航。シドニーからはジェットスター航空が毎日、カンタス航空が週5便運航。メルボルンからはジェットスター航空が週5便運航。空港とエアーズ・ロック・リゾートまでは、無料シャトルバスが片道約10分で結んでいる。

公園内の移動

エアーズ・ロック・リゾートからウルルまでは約20km。カタ・ジュタまでは約50km。ツアーに参加するのが一般的だが、レンタカーも利用できる。エリア内のシャトルバス「ウルル・ホップオン・ホップオフ」も便利。
☎ 08-8956-2019
URL uluruhoponhopoff.com.au

現地での情報収集

観光情報のほか、アボリジナル・アートの体験もできる。

カルチュラル・センター
Cultural Centre
MAP P.30
⊗無休 ⊕7:00〜17:45
🏠 Uluru Rd.
☎ 08-8956-1128

ウルル〜カタ・ジュタを訪れる前にココをチェック!

アボリジナルって何？
約6万年前の第4氷河期にオーストラリア大陸に渡り、住み着いた先住民。1788年、イギリスによる植民地化が始まるまでの間、隔絶された大地で今に受け継がれる独自の文化を築き上げた。

奇岩群はどうやってできたの？
ウルルもカタ・ジュタも、もとは巨大なひとつの岩山だった。それが雨や風によって浸食され、悠久の時間をかけて現在の姿になった。

滞在には何日必要？
ウルルとカタ・ジュタを両方訪れるなら、最低でも2日は滞在したい。日の出と日没など、太陽の位置で変わる岩肌の色を目に焼き付けたい。

どう巡ればいい？
安心して観光するためにも、ツアー参加がおすすめ。ラクダやヘリコプターに乗れる楽しいツアー（▶ P.34）も催行されているので、チェックしたい。

🐾 旅メモ 夏はハエが多いので、かぶるタイプのハエよけネットがあると便利。

悠然と連なる
大迫力の奇岩群
Kata Tjuṯa
カタ・ジュタ
MAP P.210 D-3

ウルル-カタ・ジュタ国立公園は
こうなっている

記念写真
を撮ろう

エアーズ・ロック空港
Ayers Rock Airport
(コネラン空港)

サンセット・ビューイング・エリア
Sunset Viewing Area

エアーズ・ロック・リゾート
Ayers Rock Resort

カタ・ジュタ (オルガ岩群)
Kata Tjuṯa(Mt.Olga)

サンセット・ビューイング・エリア
Sunset Viewing Area

ウルル-カタ・ジュタ国立公園
Uluṟu-Kata Tjuṯa National Park

ウルル (エアーズ・ロック)
Uluṟu(Ayers Rock)

カタ・ジュタ・デューン・ビューイング・エリア
Kata Tjuṯa Dune Viewing Area

散策時は飲み物
を忘れずに

P.29 カルチュラル・センター 🛈
Cultural Centre
サンライズ・ビューイング・エリア
Sunrise Viewing Area

ULURU
CAMEL TOURS
NEXT 500 KM

CROSSING
CAMEL

breathtaking

訪れる者を圧倒する
もうひとつの世界遺産

ウルルから30km離れた場所に36もの奇岩が集まるカタ・ジュタ。オルガ岩群とも呼ばれ「たくさんの頭」の意味の名を持つ。かつてはひとつの岩山だったが、長年の間に風化が進み現在にいたる。ウルルに並び、アボリジナルの敬意の対象になっている。場所や時間帯によって異なる見え方も魅力。

早朝ウォークや遊覧飛行で
さまざまな風景を楽しむべし

ヘリコプター遊覧飛行

国立公園内の上空を巡る遊覧飛行。ヘッドホンで日本語の説明も聞ける。

早朝ウォーキング

朝日に照らされる巨大な岩を見ながら歩き、自然の偉大さを実感しよう。

カタ・ジュタの
ウォーキング
ルート

早朝や日中、夕暮れ時など、時間によって異なる風景を見られる。

カル展望台
Karu Lookout

出発地から1kmほどの場所にある、風の谷ウォークの第1展望台。

大迫力の奇岩群!

全長7.4km・所要約4時間

風の谷ウォーク
The Valley of the Winds Walk
風の谷エリアにそびえる巨岩の間を縫うように歩くトレッキングが楽しめる。

風の谷ウォーク

サンセット
ビューイング・エリア

ワルパ・ゴージ・ウォーク

風の谷

往復2.6km・所要約1時間

ワルパ・ゴージ・ウォーク
Wal-pa Gorge Walk
地表から546mという大きな岩の間を歩く。比較的平坦だが、夏場の暑さは想像を絶する。

0   約2km

周辺図 P.30

カリンガナ展望台
Karingana Lookout
風の谷ウォークの途中にある第2展望台。風の音が体感できるかも。

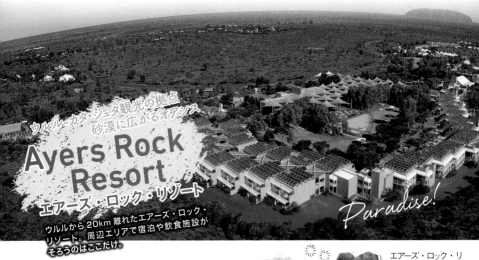

ウルル-カタ・ジュタ観光の拠点
砂漠に広がるオアシス

Ayers Rock Resort

エアーズ・ロック・リゾート

Paradise!

ウルルから20km離れたエアーズ・ロック・リゾート。周辺エリアで宿泊や飲食施設がそろうのはここだけ。

野生動物にも会える！

モロクトカゲや野生のディンゴも見られる

エアーズ・ロック・リゾート周辺には、ディンゴやモロクトカゲ、クレステッドピジョンという鳥類など、たくさんの野生動物が生息。野生のラクダやカンガルーを見かけることもある。

RESORT DATA

高級ホテルからバックパッカー向けのドミトリー、キャンプ場までさまざまなタイプの宿泊施設がそろう一大リゾート。十数軒のレストランやショッピングセンター、郵便局やスパもあり、小さな街のようになっている。

ウルル-カタ・ジュタ国立公園
▶MAP P.210 D-3

🏠 Yulara Dr. ☎1300-134-044(9:00〜17:00)
URL www.ayersrockresort.com.au

●アクセス

エアーズ・ロック空港から無料シャトルバスで約10分。無料シャトルバスがリゾート内を約20分間隔で循環。ウルル-カタ・ジュタへの観光は、ツアー参加が一般的。

─ 日本語で情報収集できる ─

セイルズ・イン・ザ・デザートにある宿泊者専用のヘルプデスク。困ったことがあった場合は電話でも相談できる。

●ジャパン・デスク
㊡無休　⏰9:00〜16:00
☎08-8957-7442

エアーズ・ロック空港
運動場 Sports Oval
小学校 Primary School
ジャパン・デスク Japan Desk
医療
キャンプグラウンド Campground
セイルズ・イン・ザ・デザート Sails In the Desert Hotel
イマルング展望台 Imalung Lookout
ナニンガ展望台 Naninga Lookout
ロスト・キャメル・ホテル Lost Camel Hotel
エミュー展望台 Emu Lookout
エミュー・ウォーク アパートメント Emu Walk Apartments
IGA
ギャラリー・オブ・セントラル・オーストラリア Gallery of Central Australia
アウトバック・ホテル&ロッジ Outback Hotel & Lodge
デザート・ガーデンズ Desert Gardens Hotel
バウ・ハウス Baugh House
アングリ・グリル Anguli Grill
ロンギチュード131° Longitude 131°
ウルル展望台 Uluru Lookout
ユーイング展望台 Ewing Lookout
ウルル Uluru
Lasseter Hwy
約300m
周辺図P.30

リゾート内のおすすめレストラン

カジュアルなグリル料理

アングリ・グリル

Arnguli Grill

ガラス張りの広い店内に約90席が並ぶ。多彩なグリル料理をお手ごろな料金で。

⏰18:00〜21:30　🏠デザート・ガーデンズ内

伝統料理も味わえる

バウ・ハウス

Bough House

モダン・オーストラリア料理中心のレストラン。メニュー豊富な夕食を供する。

⏰6:30〜10:00、18:30〜21:30
🏠アウトバック・ホテル&ロッジ内

リゾート内の宿泊施設　旅のスタイルに合わせて選びたい

全客室からウルルを優雅に望む

ロンギチュード131°

Longitude 131°

宿泊客しか近づけない、完全なプライベート空間の高級ホテル。中央プールの脇に15棟のテント風コテージとパビリオンが並ぶ。リゾートの外にひっそりとたたずみ、詳しい場所は行くまでわからない。料金に食事、アルコール、空港からの送迎などすべてが含まれるオールインクルーシブ・スタイル。

MAP P.32　⑤ A$3780〜（最低2泊）

赤褐色の荒野に、白い屋根が点在

緑に囲まれたくつろぎ空間

デザート・ガーデンズ

ウルルを一望できる部屋もある

Desert Gardens Hotel

砂漠の植物に囲まれた静かな環境で、カジュアルな雰囲気。プールに面した部屋や砂漠を望む部屋がある。動植物をモチーフにしたインテリアにも注目。

MAP P.32
⑤ A$400〜（最低2泊）

贅沢なラグジュアリーホテル

セイルズ・イン・ザ・デザート

Sails In the Desert Hotel

随所で見られるセイル（帆）が印象的。プールを囲むように設けられた客室棟は、スーペリア、テラス、デラックススイートの3タイプ。ロビーにジャパン・デスクがある。

MAP P.32
⑤ A$475〜
（最低2泊）
スパや専用プールなど、設備が充実

バックパッカーにおすすめ

アウトバック・ホテル&ロッジ

Outback Hotel & Lodge

ダブルルーム、バックパッカー向けのドミトリーなど部屋の種類も豊富なホテル。酒店やバーもあって便利。

MAP P.32
⑤ドミトリーA$38〜、ホテルA$300〜

キッチン付きで長期滞在にも

エミュー・ウォーク・アパートメント

Emu Walk Apartments

長期滞在者に人気のコンドミニアム。大人数の家族やグループで泊まれる2ベッドルームタイプもある。

MAP P.32
⑤ A$420〜（最低2泊）

Take a Break ...

展望台からの眺望

エアーズ・ロック・リゾートからウルルまでは約20kmの距離があるが、リゾート内にある5ヵ所の展望台からその雄姿を望むことができる。

ウルル展望台、ユーイング展望台など、展望台は5つ

Activity
アクティビティ

アウトバックで感動体験できるツアー

ウルルから20km離れたエアーズ・ロック・リゾート。周辺エリアで宿泊や飲食施設がそろうのはここだけ。

ディナーはビュッフェスタイル。おいしくてボリューム満点

満天の星のもと、優雅なディナータイム
サウンド・オブ・サイレンス
Sounds of Silence

シャンパンを飲みながらウルルとカタ・ジュタを眺めたあと、砂漠の真ん中に造られたディナー会場へ移動する。キャンドルが灯るなか、星空のもと星座についての説明を聞きつつ食事を楽しむことができる。

エアーズ・ロック・リゾート
Ⓢ A$258
URL www.ayersrockresort.com.au

ウルルの全体像を一望!

上空からダイナミックな姿を眺める
ヘリコプター遊覧飛行
Helicopter Scenic Flights

広大なアウトバックを空から楽しむ人気のツアー。ウルルとカタ・ジュタの上空を約25分かけてめぐる。

プロフェッショナル・ヘリコプター・サービス
Ⓢ A$295～　URL www.phs.com.au

キレイなサンライズ!

写真映えする風景

ラクダに揺られて朝日を観賞
サンライズキャメルエクスペリエンス
Sunrise Camel Experience

日の出の1時間前にリゾートを出発。早朝の涼しい時間にウルル周辺の砂漠をラクダに乗って散策するツアー。

ウルル・キャメル・ツアーズ
Ⓢ A$145
URL uflurucameltours.com.au

カンガルー肉と南半球の星空を楽しむ
ウルルサンセット+サザンスカイBBQディナー
BBQ Dinner

野菜もたっぷり

日の入りの1時間前に出発し、スパークリングワインと軽食をいただきながらウルルのサンセットを観賞。国立公園内でバーベキューのあと、南半球の星空観測を楽しむ。

AATキングス
Ⓢ A$364～
URL www.aatkings.com

夜空に映し出される感動的な音と光のショー
ウィンジリ・ウィル
Wintjiri Wiru

ドローンやレーザー光線、プロジェクションマッピングを駆使してアナング族に伝わる物語を表現。催行は2～11月。ディナー付きプランもある。

エアーズ・ロック・リゾート
Ⓢ A$190～
URL www.ayersrockresort.com.au

SYDNEY

KEYWORD
早わかり

38　シドニー早わかり

KEYWORD
観光スポット

42　世界遺産オペラ・ハウスを深掘り

44　ハーバー・ブリッジを深掘り

46　シドニーの2大ビーチで遊ぶ

KEYWORD
おすすめエリア

48　シティ周辺

50　ロックス／サーキュラー・キー

52　パディントン

KEYWORD
グルメ

54　お肉?それともシーフード?

56　スターシェフの美食を堪能

KEYWORD
ショッピング

58　歴史を感じるクラシックなアーケード

60　オーストラリア生まれのブランドを
　　チェック

OTHERS!

40　シドニーの旅テク10

62　ブルー・マウンテンズで絶景ウォッチ

64　ポート・スティーブンスで
　　イルカと戯れる

66　ハンター・バレーで極上ワインを飲む

PICK UP AREA

Sydney

Tourist spots in Sydney

世界3大美港のひとつに数えられる
オーストラリア最大の都市

紺碧のシドニー湾に映える真っ白なオペ
ラ・ハウスやハーバー・ブリッジなど、中心
部に多くの見どころが集まっている

Enjoy a coastal walk
while feeling the refreshing sea breeze.

先住民族アボリジナルの言葉で「岩に
砕け散る波」という意味のボンダイ・ビー
チ。ライフセーバー発祥の地でもある

37

SYDNEY, Quick Guide

シドニー早わかり

国内最大の都市シドニーは、港を起点に発展した金融・経済の中心地。
まずは主要エリアと必見スポットの位置を把握しよう。

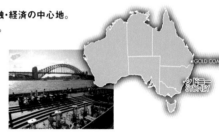

どんな街？

オペラ・ハウスやハーバー・ブリッジ、開
拓時代の面影が残るロックスなど、オース
トラリアを代表する有名な観光スポットが
点在。エリアごとに雰囲気が異なる。

 人口
約530万人

 面積
約12145km²

海の玄関口とレトロな街

A ロックス/サーキュラー・キー

The Rocks / Circular Quay

サーキュラー・キーはシドニーの海の
玄関口。ロックスは歴史的建造物が
多く、イギリス植民地時代の面影を
残す古い街。趣の異なる2つのエリ
アを歩きたい。　▶P.50

Must!

オペラ・ハウス
▶P.42

ハーバー・ブリッジ
▶P.44

ノース・シドニー
NORTH SYDNEY
ウォールストン・クラフト駅
Wollstonecraft Sta.
Warringah Freeway

ウェイヴァートン駅
Waverton Sta.

ノース・シドニー駅
North Sydney Sta.

ミルソンズ・ポイント駅
Milsons Point Sta.

タロンガ動物園
Taronga Zoo

シドニー港
Sydney Harbour

ハーバー・ブリッジ
Sydney Harbour Bridge

A ロックス～
サーキュラー・キー
The Rocks～Circular Quay

シドニー
SYDNEY

オペラ・ハウス
Sydney Opera House

ミセス・マッコーリーズ
ポイント
Mrs. Macquarie's
Point

B ウィンヤード駅
Wynyard Sta.

ダーリング
ハーバー
Darling Harbour

サーキュラー・キー駅
Circular Quay Sta.

セント
ジェームズ駅
St. James Sta.

G ウールームールー
Woolloomooloo

C シティ
City

キングス・クロス駅
Kings Cross Sta.

タウンホール駅
Town Hall Sta.

ミュージアム駅
Museum Sta.

エッジクリフ駅
Edgecliff Sta.

シドニーライトレール

セントラル駅
Central Railway Sta.

サリー・ヒルズ～
ダーリングハースト
Surry Hills～Darlinghurst

D

パディントン
Paddington

E

レッドファーン駅
Redfern Sta.

シドニー
ライトレール

センテニアル公園
Centennial Park

シドニー国際空港

見どころ満載のエンタメエリア

B ダーリング・ハーバー

Darling Harbour

映画館や水族館などが集
まるエンターテインメント・
エリア。コックル・ベイを
囲むように、ショッピング
センターやレストランが集
まっている。

高層ビルのオフィス街とショッピングエリア

C シティ

City

州の議事堂やオフィスビルが建ち並ぶ、シドニ
ーの政治と経済の中心地。デパートやショップ
が軒を連なり、多くの人で賑わう中心地。
▶P.48

Must!

ハイド・パーク ▶P.48
シドニー・タワー ▶P.49

SYDNEY

早わかり

観光スポット

おすすめエリア

グルメ

ショッピング

アクティビティ

シティからフェリーで行くビーチタウン

H マンリー・ビーチ

Manly Beach

ボンダイ・ビーチと並ぶシドニーで人気のビーチリゾート。シティからフェリーで約30分でアクセスできる。
▶P.46

パントリー・マンリー
▶P.47

マンリー・ビーチ
Manly Beach

モスマン
MOSMAN

ワトソンズ・ベイ
Watsons Bay

ポート・ジャクソン
Port Jackson

ボークルーズ
VAUCLUSE

ローズ・ベイ
Rose Bay

見どころが
いっぱい!

ウーララ
WOOLLAHRA

ボンダイ・ジャンクション駅
Bondi Junction Sta.

ボンダイ
BONDI

ボンダイ・ビーチ F
Bondi Beach

ウェイヴァリー
WAVERLEY

ブロンテ・ビーチ
Bronte Beach

美食レストランやカフェが集まる

D サリー・ヒルズ／ダーリングハースト

Surry Hills/Darlinghurst

センスのよいショップやおいしいレストランなどが多いエリア。「世界一の朝食」と評判のカフェの本店もこのエリアにある。

ビルズ・ダーリング
ハースト ▶付録P.9

再開発で 生まれ変わったおしゃれなベイエリア

G ウールームールー

Woolloomooloo

高級ホテルがあるザ・ワーフを中心とした洗練されたスポット。ウォーターフロントにモダンなダイニングが並び、爽やかな海風を感じながら食事を楽しめる。

にぎやかなサーフ天国

F ボンダイ・ビーチ

Bondi Beach

ライフセーバー発祥の地。人気のサーフポイントでもあり、世界中から観光客が集う。美しいビーチ沿いにおしゃれなカフェやショップが点在する。 ▶P.46

アイスバーグス
▶P.47

週末に行われるマーケットが人気

E パディントン

Paddington

芸術家たちに愛される流行発信地。個性的なカフェや雑貨ショップ、アートギャラリーがなどが通り沿いに点在している。 ▶P.52

パディントン・
マーケッツ ▶P.52

Sydney シドニー の旅テク10

知っていると現地の滞在に差がつくワザの数々を紹介するよ。

#01

オペラ・ハウスを見る
おすすめ**ビュースポット**

オペラ・ハウスから徒歩15分のミセス・マッコーリーズ・ポイント（▶MAP P.215 B-3）からは、オペラ・ハウスとハーバー・ブリッジを一望。街の2大ランドマークが織りなす「これぞシドニー！」という壮大な景色を、写真に収めることができる。

#02

シドニーでの**お役立ちアプリ**

アプリがあれば、土地勘のない場所でもスムーズに旅を進める助けになる。シドニーの観光や移動で役立つアプリをご紹介。

Opal Travel

オーバルカードの公式アプリで、カードの追加入金ができたり、使用履歴が確認できる。

TripView Lite

シドニーの交通機関の時刻表や運行情報を検索できる。オフラインでの使用が可能。

NextThere

現在地に近いバス停などから、目的地への交通機関を調べるのに便利。

#03

どこに行けば会える？
オージーアニマル

シドニーにある動物園や水族館を訪れる前に、どんな生き物が見られるかを事前にチェックしておこう。ちなみにシドニーではコアラ抱っこはできないので注意。

会える動物早見表	コアラ	カンガルー	ワラビー	ウォンバット	タスマニアンデビル	ディンゴ	カモノハシ	カソワリ	エミュー	クロコダイル	サメ	ペリカン
タロンガ動物園	●	●	●	●	●	●	●	●	●			●
コアラ・パーク	●	●	●	●		●	●		●			
オーストラリアンレプタイルパーク	●	●		●	●	●			●	●		
ワイルドライフ・シドニー動物園	●	●	●	●	●		●	●		●		
フェザーテール・ワイルドライフ・パーク	●	●	●	●	●				●			
シーライフ・シドニー水族館							●			●	●	

#04

観光に便利な
オパールカード を活用！

オパールカードとは、電車やメトロ、バス、フェリー、ライトレールなどの公共交通機関で利用できるプリペイド式ICカード。乗車の旅にチケットを購入する必要がなく、チケットに比べて利用料金も安くなるなど、旅行中に公共交通機関を多く利用する人にはメリットが大きい。

購入方法

コンビニや小売店で購入。カード自体は無料で、購入の際にチャージすれば（A$20〜）すぐに利用可能。追加チャージは駅の専用チャージ機（Top Up Machine）でできる。

使い方

乗車時と降車時に、自動改札機に付いているカードリーダーにかざす。ピッという音とともに残金が表示されるので、少なくなったら事前にチャージする。

#05

シドニーの観光スポットを
網羅したい人におすすめ

シドニー市内の人気観光スポットをおトクに楽しめる「シドニー・フレキシ・アトラクションズ・パス」。オペラ・ハウスやブルー・マウンテンズのツアー、フェザーデール・ワイルドライフパークなど、26の施設やアトラクションから参加したいものをセレクトしてデジタルチケットを購入できる。3〜7チケット（有効期限は3ヵ月以内）が用意されているので、予算やスケジュールに応じて選ぼう。

Sydney Flexi Attractions Pass
㊍ 3チケット A\$119、5チケット A\$169、7チケット A\$219
URL www.iventurecard.com/au/sydney

#06

見どころをめぐる
シティツアー（レッドルート）が便利

ロンドンスタイルの2階建てバスで、シティ中心部と代表的な観光スポット23ヵ所を巡回する。始発はサーキュラー・キー（ジョージ St. とアルフレッド St. の角）を9:00に出発。最終バスは18:00頃に一周を終え、サーキュラー・キーに戻る。約30〜45分間隔で毎日運行。ボンダイ・ビーチやパディントンなど、シドニー郊外を巡回するボンダイツアー（ブルールート）もある。

ビッグ・バス・シドニー
Big Bus Sydney
⑤ 1日券 A\$65〜、
2日券 A\$85〜
☎ 02-9567-8400
URL www.bigbustours.com

#07

夜景を楽しむなら
ディナークルーズ

世界3大美港と呼ばれるシドニー湾の美しい夜景をよりダイナミックに楽しみたいなら、ディナークルーズがおすすめ。オペラ・ハウスなどを窓の外に眺めながら、贅沢なコース料理をゆったりと味わうゴージャスなひとときが過ごせる。

#08

サクッと食べたい時は
フードコートへ

ちょっと小腹がすいた時やランチを軽くしたい時などは、フードコートがおすすめ。サラリーマンが多いオフィス街のカジュアルなフードコートや、有名レストランが入った高級志向のフードコートもあって楽しい。

#09

暮らす旅を実現できる
アパートメントホテル

ベッドルームとは別にリビングやダイニングがあり、洗濯機や乾燥機なども備え付け。キッチン設備も充実しているので、スーパーで地元ならではの食材を買い出して料理を楽しむことができる。

#10

無料の施設を狙っておトクに観光！

シドニーの観光スポットの中には、無料で楽しめるところもある。リーズナブルに市内観光したい人におすすめのスポットがこちら。

無料で楽しめる施設

●**シドニー・ロイヤル植物園**
Royal Botanic Garden
シドニー最大規模の植物園。
URL botanicgardens.org.au

●**ニューサウスウェールズ州立美術館**
Art Gallery of New South Wales
国内最大のコレクションを有する
美術館 ▶P.49

●**セントメアリーズ大聖堂**
St.Mary's Cathedral
中世ヨーロッパのゴシック建築を再現した建物が見事。内部は見学無料。毎週日曜のミサの後に無料ガイドツアーが行われる。
URL www.stmaryscathedral.org.au

SYDNEY SIGHTSEEING SPOTS

Trip to Australia / SYDNEY

世界遺産オペラ・ハウスを深掘り

船の帆や貝殻が重なっているようなデザインが斬新

帆のような白亜の大劇場
―――――――
オペラ・ハウス

Sydney Opera House

1973年に完成した世界遺産の劇場オペラ・ハウスは、シドニーで最も人気の名所。美しい曲線を描く屋根には105万6000枚ものタイルが貼られ、内装には地元の御影石などを使用している。世界的に有名なオペラ・オーストラリアやシドニー交響楽団の本拠地でもあり、館内の6つの施設では、年間を通してコンサートやオペラなど多くの公演を開催している。

ロックス／サーキュラー・キー ▶MAP P.217 G-2
㊂無休㊋9:00～17:00（Box Office）
🏠Bennelong Point, Sydney
☎02-9250-7111

14年かけて完成

設計者は公募で選ばれた、当時無名のデンマーク人建築家ヨーン・ウッツォン氏。建設が始まると構造上の欠陥や予算オーバーなど多くの問題が明らかになり、ニュー・サウス・ウェールズ州とウッツォン氏は何度も交渉を重ねたが決裂。その後はオーストラリアの建築家4人が引き継ぎ、約14年の歳月と巨額の費用を投じて完成した。

©Sydney Opera House

世界文化遺産に登録

20世紀を代表する建築物として認められ、2007年には世界文化遺産に登録。高度な建築技術を駆使して造られた劇場は、今ではオーストラリアのシンボルとして世界各国から観光客が訪れている。

シドニーのシンボルだね

館内ツアーも興味深いんじゃ

SYDNEY

早わかり

観光スポット

おすすめエリア

グルメ

ショッピング

アクティビティ

オペラ・ハウスの内部は こうなっている

6つの劇場を持ち、さまざまなジャンルの公演が行なわれるオペラ・ハウス。スターシェフのいるレストランやおみやげがそろうショップもある。

Ⓐ ジョーン・サザーランド・シアター Joan Sutherland Theatre

1507人を収容するシアターは、客席にせり出したオーケストラピットを備える。オペラのほか、バレエもここで上演。

Ⓔ コンサート・ホール Concert Hall

館内で最大の2679人を収容するホール。世界最大の機械式パイプオルガンがあり、シドニー交響楽団などの各種コンサートが行なわれている。

Ⓑ ドラマシアター
Drama Theatre

544人を収容。回り舞台を備える。シドニー・シアター・カンパニーなどの演劇、ミュージカルの公演に利用。

Ⓕ ウッツォン・ルーム
Utzon Room

ウッツォンのデザインを再現し、木材やカラフルなフラワープリントで装飾されているおしゃれな空間。

Ⓒ ザ・スタジオ
The Studio

小規模なホールで、舞台と客席のアレンジにより約300席を用意。現代舞踊や演劇など、多様な演目に対応。

Ⓓ プレイハウス
Playhouse

全398席。客席との近さが特徴。室内楽用に設計されたが演劇にも使われ、シェイクスピア劇なども上演される。

⧼ 見学アドバイス ⧽

ガイドツアーに参加

歴史背景や建築に関する解説が聞けるシドニー・オペラ・ハウス・ツアーや、舞台裏を見学するバックステージ・ツアーを催行。ツアーでは一般立入禁止エリアも見学することができる。

模型などを見ながらわかりやすく解説

ⓈA$32〜（日本語ツアーの催行 11:00、13:30、14:30、15:30／所要30分〜）
☎02-9250-7250
※事前のオンライン予約がおすすめ

Take a Break ...

館内のおすすめスポット

ベネロング
Bennelong

オペラ・ハウス内の高級レストラン。オペラ鑑賞の前後に楽しむコースメニューもある。

Ⓗ月・火曜 Ⓛ17:30〜20:45（土曜12:00〜14:00、日曜12:00〜15:30）
♠オペラ・ハウス入口横
☎02-9240-8000

Ⓖオペラ・バー
Opera Bar

目の前にハーバー・ブリッジを眺めながら乾杯できるバー。毎晩ライブ演奏あり。

Ⓗ無休 Ⓛ11:00〜23:00（金・土曜〜24:00、日曜〜22:00）
♠オペラ・ハウス地下コンコース
☎02-8587-5900

Ⓗウェルカム・センター・ショップ
Welcome Centre Shop

©Daniel Boud

地下にあるギフトショップ。デザイン性の高いグッズを幅広くそろえている。

Ⓗ無休 Ⓛ9:00〜17:00
♠オペラ・ハウス地下コンコース ☎02-9250-7543

ハーバー・ブリッジを 深掘り

ブリッジクライムに参加して、橋の上からオペラハウスを見下ろしてみたい！

CARROT

オペラ・ハウスと並ぶ シドニーのランドマーク

シドニー港の北岸と南岸をつなぐ橋で、シングルアーチの橋としては世界で2番に長い。独創的な半月の形から「コートハンガー」の愛称で地元の人々に親しまれている。世界恐慌の不況対策として1923年に建設が始まり、1932年に完成した。車道が6レーンと線路が2本あり、シドニー・トレインズも走っている。歩行者も遊歩道を歩いて渡ることができ、橋の下には海底トンネルも。車で通過する場合は通行料がかかる。

ロックス／サーキュラー・キー ▶MAP P.217 E-1
🏠Circular Quay, Sydney（オフィス）

ロックス、サーキュラー・キーはこのあたり

パイロン展望台

最上部の高さ134m

ブリッジクライムはここを歩く

オペラ・ハウス側が歩道
反対側は自転車専用道

幅49m

全長1149m

SYDNEY

早わかり

観光スポット

おすすめエリア

グルメ

ショッピング

Nice View!

ハーバー・ブリッジの上は市内屈指の絶景スポット

Genic!

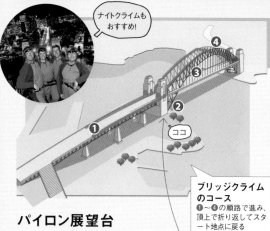

ナイトクライムもおすすめ！

④ ③ ② ①

ココ

ブリッジクライムのコース
①〜④の順路で進み、頂上で折り返してスタート地点に戻る

パイロン展望台

Pylon Lookout

橋を支える4つのパイロン（支柱）のひとつが、博物館を兼ねた展望台になっており、迫力ある景色が眺められる。階ごとに展示室があり、橋が完成するまでの経緯や橋の構造についての展示が見られるほか、橋にちなんだグッズを販売。

ロックス／サーキュラー・キー ▶ MAP P.217 E-1
㋠無休　🕙10:00〜16:00
Ⓢ A$24.95（ブリッジクライム参加者は半額）
☎02-8274-7777

パイロン展望台からの眺めも迫力満点

橋の上からシティを見渡す

ブリッジクライム

Bridgeclimb

ハーネス付きの専用スーツを着用し、ハーバー・ブリッジのアーチをリーダーの後に続いて歩き、頂上まで登るツアー。頂上までの道のりを進んだあとに見下ろす景色は格別。美しい夜景を眺めるナイトツアーもおすすめ。

ロックス／サーキュラー・キー ▶ MAP P.216 D-2
㋠無休　🕙事前に要確認
Ⓢ A$294〜　☎02-8274-7777
URL www.bridgeclimb.com.au

Check!

☑ **飲酒は厳禁**
お酒を飲んだ後でのツアー参加は不可。事前にアルコールチェックを受けるので気をつけて。

☑ **高所恐怖症でも大丈夫**
経験豊富な頼もしいリーダーが先導してくれるので安心。高いところが苦手な人もトライしてみて！

シドニーの絶景が見られる

シドニーの 2大ビーチで遊ぶ

#sydneybeach　#シドニー観光　#ビーチリゾート
#bondibeach　#manlybeach　#シドニーのビーチ　#コーストウォーク

ライフセーバー発祥の
ビーチエリア

ボンダイ・ビーチ

Bondi Beach

ライフセーバー発祥の地として有名なビーチは、世界中のサーファーに親しまれ、明るく開放的な雰囲気。メインストリートのキャンベル・パレードは、サーフショップが並ぶビーチカルチャーの発信基地だ。

MAP P.215 D-5

⊗ シドニー・トレインズ／ボンダイ・ジャンクション駅から車で約3分。Campbell Pde.にボンダイ・ツアー／Stop30がある

今日も
いい波だ

真っ青な海と白い砂が
美しい魅惑のビーチ

マンリー・ビーチ

Manly Beach

シティの北東約11kmにあるビーチタウン。絶好の波が来ることで知られ、多くのサーファーで賑わう浜辺や、海岸沿いのおしゃれな並木道がリゾート気分を盛り上げてくれる。

MAP P.215 D-1

⊗ サーキュラー・キーからマンリー・ワーフまでファストフェリー（高速船）で約15分、またはフェリーで約30分

アタック！

SYDNEY

早わかり

観光スポット

おすすめエリア

グルメ

ショッピング

アクティビティ

Take a Break ...

海を眺めて歩くボンダイ沿いのコーストウォーク

ボンダイ・ビーチからブロンテ・ビーチまでは海沿いに遊歩道が整備され、潮風を感じながら爽快なコーストウォークが楽しめる。毎日ここでウォーキングや犬の散歩をする地元の人も多い。距離は片道約2kmで所要30分ほど。

海を見渡す絶景レストラン

アイスバーグス

Icebergs Dining Room & Bar

地中海スタイルのダイニング&バー。「ベスト・バー」など数々の賞を獲得した注目の店で、贅沢な料理を味わえる。

MAP P.215 D-5

㊡月曜 ⓣ12:00〜深夜（ディナーは18:30〜）🏠1 Notts Ave.
☎02-9365-9000

新鮮なシーフードならココ！

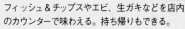
シーフード・プラッター

ボンダイ・サーフ・シーフーズ

Bondi Surf Seafoods

フィッシュ＆チップスやエビ、生ガキなどを店内のカウンターで味わえる。持ち帰りもできる。

MAP P.215 D-5

㊡無休 ⓣ10:00〜20:00 🏠128 Campbell Pde.
☎02-9130-4554

定番のフィッシュ＆チップス

ビーチに建つレストランでランチ

パントリー・マンリー

The Pantry Manly

目の前に広がる水平線を眺めながら、食事ができる絶好のロケーション。早起きして、ここで朝食を食べるのもおすすめ。

MAP P.215 D-1

㊡無休 ⓣ8:00〜11:30、12:00〜深夜 🏠Ocean Promenade, North Steyne, Manly ☎02-9977-0566

マンリーの夜を楽しむ

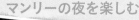

地下にある秘密のバー

ザ・カンバーランド　　The Cumberland

冷蔵庫の扉を開けてアクセスする隠れ家感が魅力のスペイン風バー。ウイスキーやカクテルが充実している。

MAP P.215 D-1

㊡月曜 ⓣ17:00〜24:00（金・土曜は〜翌1:00、日曜は16:00〜21:00）🏠17-19 Central Ave., Manly ☎02-9058-2877

Trip to Australia / SYDNEY

Sydney Map City

シティ周辺

シティのハイドパークからダーリングハーバーを散策。シドニータワーの展望台で街を見渡し、のどかな公園から港周辺のにぎやかな観光スポットを歩く。

TIME
2時間

ロックス～
サーキュラー・キー
ダーリングハーバー ウールー
シティ ムールー
サリー・ヒルズ
ダーリングハースト
セントラル駅
パディントン

どんなエリア?

州の議事堂やオフィスビルが建ち並ぶシドニーの政治と経済の中心地。エリアの最寄り駅はウィンヤード駅、マーティン・プレイス駅、セント・ジェームス駅など。

＼ ローカル度 ／　＼ 見どころ ／　＼ グルメ ／
★★★☆☆　★★★★☆　★★★★★

ビジネス街に広がる 自然いっぱいの公園

❶大きな木々がそびえるハイドパーク ❷ベンチで読書する人、ジョギングする人、パーソナルトレーナーについてトレーニングする人など、ランチタイムの過ごし方はさまざま ❸公園はビジネスセンターに隣接

＼ 緑ゆたかな公園 ／

ビジネスセンターの憩いの場

ハイド・パーク

Hyde Park

1810年、ロンドンのハイド・パークにならって名付けられた公園。広々とした芝生や遊歩道は休憩や散策に最適だ。園内にはフランスから贈られたアーチボルト噴水や、戦没者を慰霊するアンザック戦争記念館がある。

MAP P.48/P.219 E-3
🚉 Elizabeth St., Sydney　Ⓧ シドニー・トレインズ / ミュージアム駅またはセント・ジェームス駅からすぐ

シティMAP

0　　200m
周辺図 P.218

ウインヤード駅
ウインヤード
マーティン・プレイス
Martin Place
マーティン・プレイス駅
Sydney Trains

York St.
Clarence St.
Kent St.
Sussex St.

King St.

ニューサウスウェールズ州立美術館 Ⓑ

P.183 グレース・ホテル・シドニー Ⓗ
The Grace Hotel Sydney
Ⓢ ピット・ストリート・モール
Pitt Street Mall
St. James Rd.

シー・ライフ P.59 ストランド・アーケード
シドニー水族館 Strand Arcade
スイソテル Ⓗ
Ⓢ シドニー・タワー
セント・ジェームス駅
セント・メアリーズ大聖堂 ✝

Ⓔ ダーリング・ハーバー

Market St.

QVB

P.58 クイーン・ヴィクトリア・ビルディング Ⓢ
Queen Victoria Building (QVB)
Ⓗ ヒルトン
ハイド・パーク

タウン・ホール
Town Hall
ザ・ギャラリーズ
The Galeries

Park St.

College St.

セント・アンドリュース聖堂 ✝
タウン・ホール駅

ダーリング・クオーター
Darling Quarter
Bathurst St.
Elizabeth St.
タウン・ホール駅
オーストラリア博物館 Ⓐ

Harbour St.

イベント・シネマ・ジョージ・ストリート
Event Cinemas George Street
ハイド・パーク・イン Ⓗ
Hyde Park Inn
ミュージアム駅

オーヴェル Ⓒ
チャイナタウン
Chinatown

SYDNEY

早わかり

観光スポット

おすすめエリア

グルメ

ショッピング

アクティビティ

シドニーの文化に触れる

オーストラリア最古の歴史ある博物館

Ⓐ オーストラリア博物館

Australian Museum

1820年代に建てられた国内最古の博物館。アボリジナル文化や鉱物の展示室などがあり、歴史文化や自然について学ぶことができる。特別展やイベントも随時開催。カフェ、レストランも併設。

緑豊かなドメインの中にある。エントランスに建ち並ぶ6本の円柱が美しい

MAP
P.48/P.219 F-3
㉘無休
🕙10:00～17:00
💰無料（企画展は有料）
🏠1 William St.
☎02-9320-6000

ハイド・パーク近くにあり、公園でピクニックランチを楽しんだ後に博物館を訪れるのもいい

国内最大のコレクションを無料で鑑賞

Ⓑ ニューサウスウェールズ州立美術館

Art Gallery of New South Wales

国内外の優れた美術品が展示されている美術館で、17世紀から20世紀中頃の作品が多い。特にアボリジナルアートは国内最大の収集を誇り、無料で見られることから観光客にも人気が高い。

MAP
P.48/P.219 G-1
㉘無休 🕙10:00～
17:00（水曜は22:00）
💰無料 🏠Art Gallery
Rd., The Domain
☎02-9255-1700

❶アーティスティックな雰囲気が漂う店
❷フレンチとアジアをベースにしたフュージョン料理を提供

フレンチにインスパイアされた食空間

Ⓒ オーヴェル　Auvers

巨匠ゴッホが晩年過ごした村オーヴェル＝シュル＝オワーズにちなんで名づけられたレストラン。料理とアートの融合を楽しんで。

MAP P.48／P.218 C-5
㉘無休 🕙8:00～15:00、15:00～
17:30（木～日曜のハッピーアワー）
17:00～21:00（金・土曜は～深夜）
🏠Shop NE04, Nicole Walk,
Haymarket ☎02-9188-2392

見どころ満載のエンタメエリア

Ⓔ ダーリング・ハーバー

Darling Harbour

かつての貿易港が再開発により観光スポットとして生まれ変わった。海沿いにショップやカフェが建ち並び、周辺にはワイルドライフ・シドニー動物園やシー・ライフ・シドニー水族館などがある。

MAP P.48/P.218 B-1

💰シドニー・トレインズ/タウン・ホール駅から徒歩10分
巨大ショッピングセンターなどの商業施設も充実している

シティの中心部をお散歩

楽しく遊べるシンボルタワー

Ⓓ シドニー・タワー

Sydney Tower

晴れた日には展望台からブルー・マウンテンズまで望める見晴らしの良さ。タワー先端の小塔部には展望台や回転レストランがある。

MAP P.48/P.219 E-2
㉘無休 🕙10:00～20:00
💰A\$33（デジタルフォト込、オンライン予約の場合 A\$26.40）
🏠Sydney Tower Eye, Westfield, 108 Market St.
☎1800-614-069

╎ シドニータワーのアトラクション ╎

シドニー・タワー・アイ

開設30年を記念して誕生。シドニーの景色を、風やシャボン玉、火などの特殊効果を使って4Dで表現。

💰VRタワーコースターエクスペリエンス入場料＋A\$15

スカイ・ウォーク

地上260m、ハーバー・ブリッジの約2倍に相当する高さを歩く。通路の一部の床はガラス張りになっていてスリリング。

💰無料 💰A\$89～（入場料含む、所要約60分）

✒ 旅メモ　公園に面して建つセントメアリーズ大聖堂は、中世ヨーロッパのゴシック建築を再現している。

Sydney Map City

ロックス／サーキュラー・キー

ロックスとサーキュラー・キーは1788年に最初の移民団が到着した場所。岩場が多かったことからロックスと呼ばれたこのエリアは、今も入植当時の面影を残すレトロな街並みが魅力。

TIME 2時間

どんなエリア？

シドニー湾に向かって右手がオペラ・ハウス、左手がロックス。ハーバー・ブリッジへ向かう途中に見どころやグルメスポット、ショップが集まっている。

ロックス～
サーキュラー・キー
ウールームール
シティ　サリー・ヒルズ
ダーリングハースト
セントラル駅
パディントン

＼ ローカル度 ／	＼ 見どころ ／	＼ グルメ ／
★★☆☆☆	★★★★☆	★★★★★

シドニー最古の旧市街地

① 趣のある小さなカフェが点在
② ロックス・マーケッツに飾られた自転車
③ 地元の人や多くの観光客が訪れるエリア
④ ハーバー・ブリッジを望む街並み
⑤ 評判のケーキ屋

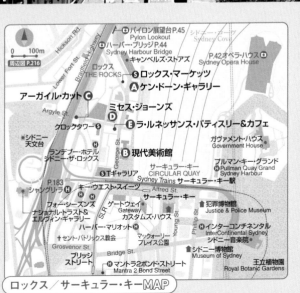

ロックス／サーキュラー・キーMAP

0　100m
周辺図 P.216

Hickson Rd
Bradfield Highway
Lower Fort St.

⑪ パイロン展望台 P.45
Pylon Lookout
ハーバー・ブリッジ P.44
Sydney Harbour Bridge
キャンベルズ・ストアズ
P.42 オペラ・ハウス
Sydney Opera House

ロックス
THE ROCKS ⑤ ロックス・マーケッツ
Ⓐ ケン・ドーン・ギャラリー

アーガイル・カット Ⓒ
Argyle St.
ミセス・ジョーンズ
クロックタワー ⑤
Ⓓ
Ⓔ ラ・ルネッサンス・パティスリー＆カフェ

シドニー天文台
ランデブー・ホテル
シドニー・ザ・ロックス Ⓗ
George St.
Ⓑ 現代美術館
ガヴァメント・ハウス
Government House

⑤ Tギャラリア
サーキュラー・キー
CIRCULAR QUAY
Sydney Trains サーキュラー・キー駅
プルマン・キー・グランド
Ⓗ Pullman Quay Grand
Sydney Harbour

P.183
シャングリラ Ⓗ
キー・ウエスト・スイーツ
Alfred St.
サーキュラー・キー
フォー・シーズンズ
ナショナル・トラスト＆
エルヴィン・ギャラリー
SLR
ゲートウェイ
Gateway
カスタムズ・ハウス
犯罪博物館
Justice & Police Museum

ハーバー・マリオット
マックォーリー
プレイス公園
Young St.
Phillip St.
Ⓗ インターコンチネンタル Sydney
InterContinental Sydney
シドニー音楽院

セント・パトリックス教会
Grosvenor St.
ブリッジ
ストリート
Bridge St.
⑪ マントラ2ボンド・ストリート
Mantra 2 Bond Street
シドニー博物館
Museum of Sydney
王立植物園
Royal Botanic Gardens

＼ 人気の週末マーケット ／

市内最大級のマーケットで200以上のお店が並ぶ

個性的なおみやげ探しにぴったり

ロックス・マーケッツ

The Rocks Markets

Must!

ローカルだけでなく観光客も必ず足を運ぶシドニーの定番観光スポット。おみやげにぴったりのポップな雑貨やハンドメイドの工芸品のブースのほか、フード屋台もあるので、食べ歩きしながら散策したい。

MAP P.50/P.216 D-2

SYDNEY

早わかり

観光スポット

おすすめエリア

グルメ

ショッピング

アクティビティ

名所ギャラリーをめぐってみる

Ⓐ ケン・ドーン・ギャラリー

Ken Done Gallery

オーストラリアを代表する アーティスト、ケン・ドーン氏の作品を展示するギャラリー。ショップも併設している。

MAP P.50/P.217 E-2

㊡無休 🕙10:00～17:00
🏠1 Hickson Rd., The Rocks ㊵無料

1884年建造の建物の中に、オペラ・ハウスを描いた原画をはじめ、限定版シルクスクリーンなどの作品が展示されている

館内のカフェも人気

Ⓑ 現代美術館

Museum of Contemporary Art (MCA)

アボリジナル・アートをはじめ、絵画、写真、彫刻、コンピューターグラフィックなど、国内だけでなく、各国の現代美術品を展示。さまざまなテーマでの特別展も開催する。眺めのいいオープンテラス席のあるMCAカフェやミュージアムショップも人気。

シドニー大学出身の芸術家が、私財を投じて造った美術館

MAP P.50/P.216 D-3

㊡無休 🕙10:00～17:00（金曜は21:00）㊵無料（特別展は別料金）🏠140 George St., The Rocks ☎02-9245-2400

流刑者が造ったトンネル

Ⓒ アーガイル・カット

映画「マトリックス」のロケ地にも使われた

Argyle Cut

ロックス地区を分断していた丘陵を切り開くため、英国からの流刑者たちが硬い砂岩をハンマーとノミだけで掘り進めたトンネル。完成までに24年（1843～1867年）の年月を要した。今もノミの荒々しい痕跡が残っている。

MAP P.50/P.216 D-3

🕙見学自由 🏠The Rocks

街で最も歴史あるパブのひとつ

Ⓓ ミセス・ジョーンズ

Mrs. Jones

シドニーのアイコン的存在であるレストラン、オリエント・ホテルの上階にあるルーフトップバー。開放感あふれる空間で、地元産食材を使った料理をカクテルとともに楽しめる。

MAP P.50/P.216 D-3

㊡無休 🕙12:00～22:30（金・土曜は～翌2:00）
🏠89 George St., The Rocks ☎02-9251-1255

人気のバー＆老舗パティスリー

❶ラズベリーのムースにパッションフルーツクリームがかかった「ゴヤ」 ❷ホワイトチョコにラズベリーや金箔、ピスタチオの色が映える「モネ」 ❸おいしそうなケーキがずらり

フレンチスタイルのおしゃれなケーキ

Ⓔ ラ・ルネッサンス・パティスリー＆カフェ

La Renaissance Patisserie & Cafe

入り口のショーケースに並ぶ宝石のように美しいケーキは、フランスの画家にちなんだネーミング。中庭のカフェでコーヒーとともに味わえる。

MAP P.50/P.216 D-3

㊡無休 🕙8:00～16:30（土・日曜～17:00）
🏠47 Argyle St., The Rocks ☎02-9241-4878

🐦 旅メモ 入植当時のロックスは宿屋や酒場が集まる、ちょっと物騒なエリアだったそう。

Sydney Map City

パディントン

オックスフォード通り沿いに続くパディントンは、小粋なカフェやショップが並ぶおしゃれタウン。ウィンドウショッピングや週末マーケットを楽しもう。

TIME **2時間**

どんなエリア？

個性的なショップが集まるパディントンは、芸術家たちに愛される流行発信地。シティ中心部からはバスで15分ほど。狭いエリアなので、歩いて散策できる。

ロックス・サーキュラー・キー
ダーリング・ハーバー　ウールー・ムールー
シティ　サリー・ヒルズ
ダーリングハースト
パディントン

＼ ローカル度 ／	＼ 見どころ ／	＼ グルメ ／
★★★☆	★★★☆☆	★★★★☆

個性的なショップや カフェが多い 流行発信地

❶マーケットで出会ったキュートな姉妹
❷古いテラスハウスを利用した小規模なお店が並ぶ
❸スイーツがおいしいカフェの店主
❹犬の散歩中の地元の人をパチリ

オーガニックの天然酵母パンがおいしいパン屋

／ 週末に訪れたい ＼

土曜だけのお楽しみ

パディントン・マーケッツ

Paddington Markets

アートクラフトや衣類、ジュエリーのほか、オーガニック食品やナチュラルコスメなど、ハンドメイドのものを扱うテナントが多いマーケット。フードの屋台やカフェエリアもあり、多くの人でにぎわう。

MAP P.52/P.215 B-4
🕐土曜10:00～16:00
🏠395 Oxford St., Paddington
☎0402-280-633 (火～金曜)

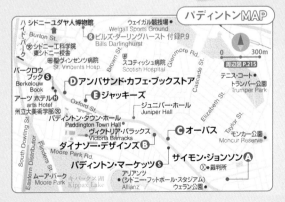

パディントンMAP

Ⓗ シドニーユダヤ人博物館
Ⓡ ウェイガル競技場
Weigall Sports Ground
Ⓡ ビルズ・ダーリングハースト 付録P.9
Bills Darlinghurst
シドニー工科大学院
東シドニー校舎
聖ヴィンセンツ病院
St. Vincents Hosp.
スコティッシュ病院
Scottish Hospital
Burton St.
Brown St.
Glenmore Rd.
Cascade St.

バークロウ ブック Ⓢ
Berkelouw Book
アーツ ホテル Ⓗ
arts Hotel
州立大美術学部Ⓗ

Ⓓ アンパサンド・カフェ・ブックストア

Ⓔ ジャッキーズ

Oxford St.
ジュニパー・ホール
Juniper Hall
パディントン・タウン・ホール
Paddington Town Hall
ヴィクトリア・バラックス
Victoria Barracks

ダイナソー・デザインズ Ⓑ
Ⓒ オーパス

Moore Park Rd.
Taylor St.
Elizabeth St.
モンカー公園
Moncur Reserve

パディントン・マーケッツ Ⓢ

Ⓧ 裁判所
Ⓐ サイモン・ジョンソン

ムーア・パーク
Moore Park
South Dowling St.
Flinders St.
Eastern Distributor
キッパックス湖
Kippax Lake
アリアンツ
(シドニー・フットボール・スタジアム)
Allianz
ウェラン公園

テニス・コート
トランパー公園
Trumper Park

0　　　300m
周辺図 P.215

SYDNEY

早わかり

観光スポット

おすすめエリア

グルメ

ショッピング

アクティビティ

高感度なShopをめぐる

上質なこだわり食品

Ⓐ サイモン・ジョンソン

Simon Johnson

チーズや調味料からスイーツまで、地元産と国外から輸入した食のセレクトショップ。キッチン雑貨も豊富に揃えている。

店内にはオーガニック素材の食品や料理が映える器などが並ぶ

MAP P.52/P.215 B-4
㉕無休 🕘9:30〜17:30（土曜は9:00〜17:00、日曜は10:00〜16:00） 🏠55 Queen St., Woollahra
☎02-8244-8255

樹脂製のオリジナル雑貨

Ⓑ ダイナソー・デザインズ

Dinosaur Designs

透明感のあるカラフルな樹脂素材・レジンを使った独創的でカラフルな雑貨とジュエリーの店。商品はすべてハンドメイドで、人工的な素材ながら不思議と温かみのある印象。落としても割れにくいので、実用性も高い。

30年前にパディントンの小さな店からスタート。色彩のグラデーションが美しいボウル

MAP P.52/P.215 B-4
㉕無休 🕘9:30〜17:30（日曜11:00〜16:00） 🏠339 Oxford St., Paddington ☎02-9361-3776 ＊シティのストランド・アーケードにもショップがある

通りに面し、グリーンの外観が目立つショップ

ポップな色合いのおしゃれなキャンドル

パステルカラーがかわいいアイマスク

バラエティ豊かな雑貨

Ⓒ オーパス

Opus

文具、キッチン用品、インテリアなど、ユニークな商品がそろう店。宝探しのように買いものを楽しめる。

MAP P.52/P.215 B-4
㉕無休 🕘9:30〜17:00（日曜11:00〜）
🏠354 Oxford St., Paddington ☎02-9360-4803

コーヒー片手にのんびり読書

Ⓓ アンパサンド・カフェ・ブックストア

Ampersand Café Bookstore

書店とカフェがひとつになったカフェ。チーズやナッツ、新鮮野菜がたっぷり入ったシーザーサラダやベーグルなど、食事メニューも本格的。

MAP P.52/P.215 B-4
㉕無休 🕘7:00〜16:00（土・日曜8:00〜）
🏠78 Oxford St., Paddington ☎02-9380-6617

パディントンらしいオシャレなブックカフェ

好きな席と本を選んでくつろげる

居心地のいいカフェで憩う

❶天気のいい日は中庭のテラス席がおすすめ
❷散策の休憩に最適

寿司も自慢のユニークなカフェ

Ⓔ ジャッキーズ

Jackies

開放的な中庭席があるおしゃれカフェ。朝食は卵料理やパンケーキが人気。ランチは刺身、寿司などの和食も味わえる。

MAP P.52/P.215 B-4
㉕無休 🕘8:00〜15:00（日曜は8:30〜）
🏠1C Glenmore Rd., Paddington ☎0460-682-871

✒ 旅メモ　裏道にはアイアンレースのバルコニーがおしゃれな、古いテラスハウスの住宅が並んでいる。

お肉？ それとも シーフード？

#シドニーグルメ #オージービーフ #シドニーシーフード #シドニーステーキ
#sydneygourmet #sydneydinner #sydneyeats #aussiebeef

シドニーでステーキといえばココ

アイム・アンガス・ステーキハウス

I'm Angus Steakhouse

ウォーターフロントにあるステーキレストラン。穀物で育った上質なアンガス牛の炭火焼きステーキを思う存分味わえる。

ダーリング・ハーバー
▶MAP P.218 B-3
㊡無休 ⊕11:30〜15:00、17:00〜22:00（日曜11:30〜22:00）
🏠 The Promenade, Cockle Bay Wharf, Darling Harbour
☎1300-989-989

マヨベースのソース

食べ応えがあるので、2〜3人でシェアしよう

ビールとバーベキューソースでマリネしたジャイアントビーフリブ

ステーキの注文は部位でオーダーしましょう

A：Chuck........... 肩ロース
B：Fore Rib:....... リブロース
C：Sirloin .... サーロイン
D：Fillet............ フィレ
E：Rump .... ランプ
F：Silverside .... 外モモ
G：Topside......... 内モモ
H：Thick Flank..... シンタマ
I：Brisket .... 肩バラ
J：Thick Rib ..... 肩サンカク
K：Shin .... 前スネ
L：Brisket......... 肩バラ
M：Flank.......... トモバラ

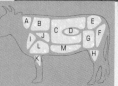

やわらかく上質なアンガス牛の炭焼きサーロインステーキは220g。マッシュポテトとローストしたベビーオニオン添え。ほかにテンダーロイン（200g〜）やスコッチフィレ（300g）も

骨つき牛肉フィレは320gとボリューム満点。お肉の素材を生かしたシンプルな味付け

本場のステーキを豪快に食べよう

チョップハウス

Chophouse

脂が少なく、肉本来の味を楽しめるオージービーフ。こちらの店では、3〜4名でシェアできるインパクト大の巨大トマホークステーキが人気。赤ワインジュースソースが牛肉の風味を引き立てる。

シティ▶MAP P.217 E-5
㊡日曜 ⊕12:00〜21:00（木・金曜は〜21:30、土曜は17:30〜21:30）🏠25 Bligh St. ☎02-9231-5516

Take a Break ...

海上からシドニーの街を眺める

キャプテン・クック・クルーズ

Captain Cook Cruises

ビュッフェ・ランチクルーズでは、ダブル・ベイやローズ・ベイにある住宅街のキュートな家並みやダーリング・ハーバーの景色を見ることができる。夜景を眺めるディナークルーズもおすすめ。

サーキュラー・キー
▶MAP
P.217 E-3

⏰ランチ12:00～、ディナー17:00～　Ⓢランチクルーズ
A\$95、ディナークルーズA\$89～　🚶Wharf6 Circular
Quay (乗り場)　☎02-9206-1111
URL www.captaincook.com.au

ダーリング・ハーバーの夜景を見ながらディナー

ニックス・シーフード・レストラン

Nick's Seafood Restaurant

すぐ近くのフィッシュ・マーケットから仕入れた新鮮なシーフードを使った料理が評判。テラス席で目の前に停泊するクルーザーを見ながら、リゾート気分で食事を楽しみたい。

ダーリング・ハーバー　**▶MAP** P.218 B-3
㊡無休　⏰11:30～15:00、17:30～22:00(日曜11:30～22:00)
🚶The Promenade, Cockle Bay Wharf, Darling Harbour
☎1300-989-989

最もポピュラーなシドニー・ロック・オイスター

一番人気のメニュー

ロブスターに生ガキ、カニ、エビなど盛りだくさんな内容のシーフード・プラッター

少し小ぶりな牡蠣は、うま味があって、いくつでも食べられそう

シドニー近海でとれた新鮮なシーフードをふんだんに使用

メニューが
毎日変わる
レストラン

セント・ピーター

Saint Peter

オーストラリアで採れた旬の食材を中心に展開しているシーフードレストラン。毎朝仕入れてくる魚の種類によりメニューが変わり、毎日違う味が楽しめる。

パディントン　**▶MAP** P.215 B-4
㊡火・水曜のランチ、月曜　⏰11:00～15:30、17:30～深夜
🚶362 Oxford St, Paddington
☎02-8937-2530

コチラもおすすめ

新鮮なシーフードをお腹いっぱい食べられる

シドニー・フィッシュ・マーケット

Sydney Fish Market

漁港に隣接している大きな魚市場。一般向けの競りの見学ツアーに参加できるほか、シーフードの料理教室もある。

▶MAP P.215 A-4
㊡店舗により異なる　⏰7:00～16:00(店舗により多少異なる)
🚶Bank St., Pyrmont　☎02-9004-1100

サーモンとホタテのお寿司

フレッシュオイスター

中にゴハンを詰めたホタテのチーズ焼き

スターシェフの美食を堪能

(#シドニーグルメ)(#スターシェフのレストラン)(#シドニーで美食体験)(#シドニーの高級レストラン)
(#sydneyrestaurants)(#finedining)(#sydneyfoodie)

窯焼きにこだわる独自の調理法

❶照明を抑えた店内 ❷圧巻のパフォーマンス ❸魚メニューも人気 ❹ドライエイジングビーフリブ ❺オイスターはライムを絞って

薪焼きが生み出す香ばしい味わい

ファイヤー・ドア

Firedoor

新鮮な食材をふんだんに使用したメニュー展開が魅力のレストラン。注文が入ってから調理する香り高い薪焼き料理がいただける。

薪で焼く調理法にこだわりあり

シェフのレノックス・ヘイスティ氏

サリー・ヒルズ ▶MAP P.215 A-4
🕐日・火曜　🕐17:30〜深夜
🏠23-33 Mary Street, Surry Hills
☎02-8204-0800

━━ ✦ Menu ✦ ━━
**シェフの5コースメニュー
Chef's 5 Couse Menu**
━━━━━━━━ A$185

多くの有名シェフが修行を積んだレストラン

❶広い敷地内には日本庭園もある
❷テツヤズの看板メニューであるオーシャントラウトのコンフィ
❸見事な庭園を眺める和モダンな店内
❹重厚な佇まいはまるでお屋敷のよう

━━ ✦ Menu ✦ ━━
**デギュスタシオン8コース
8 Couse Degustation**
━━━━━━━━ A$320

シェフの和久井哲也氏

シドニー最高峰と評される創作和食

テツヤズ　Tetsuya's Restaurant

レベルの高いシドニーのレストランでも最高峰といわれ、つねに満席という超人気店。和食とフレンチを融合させた料理が楽しめる。

シティ ▶MAP P.218 C-4
🏠529 Kent St.　☎02-9267-2900　🕐12:00〜、18:00〜(水・木曜は17:30〜)　🕐日〜火曜

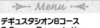

Take a Break ...

眺望自慢のレストラン

ロックスやサーキュラー・キーなどには、シドニー湾を望む絶景を眺めながら極上グルメを味わえるレストランも多い。シドニーの街を一望する特等席で優雅な美食体験を楽しもう。

キー・レストラン（▶MAP P.217 E-2）はオペラ・ハウスとハーバーブリッジを望む絶好の立地

シャングリ・ラ・ホテルの36階にあるアルティテュード（▶MAP P.216 D-3）の実力は折り紙付き

世界で一つだけの食体験を

ネル nel.

コンテンポラリーなオーストラリア料理が味わえるレストラン。味はもちろん、見た目にもこだわったコース料理はここでしか体験できない。メニューの内容は10週間ごとに変わる。

シティ ▶MAP P.219 E-5

㊡ 日、月曜　⏰17:15〜深夜（土曜は12:00〜15:00、17:15〜深夜　♠75 Wentworth Ave.　☎02-9212-2206

世界の有名レストランで修業したシェフによるオンリーワンの食体験を

シェフのネリー・ロビンソン氏

❶目にも美しい料理の数々は、すべてコースで供される　❷オセアニアの定番シリアル、ウィートビックスを使った一品　❸カラフルな野菜料理　❹遊び心のあるあしらいも魅力のひとつ

Menu

11コース
11 Courses of Degustation … A$185
ワインとのペアリングは＋A$155

世界各国の食文化を取り入れた斬新な料理に定評がある

東京など、海外でも複数のレストランを展開

シェフのルーク・マンガン氏

シックな空間で味わうフュージョン料理

グラス・ブラッセリー

Glass Brasserie

ヒルトンホテル3階にあるレストラン。伝統的なフランス料理とアジア料理の影響を受けたスタイリッシュなメニューの数々が楽しめる。

❶ガラスを多用したインテリアが特徴　❷料理はマルチカルチャーなエッセンスを取り入れている　❸ブラックアンガス牛フィレは、良質な熟成肉を使用　❹ジャパニーズスタイルのクラブオムレツ

シティ

▶MAP P.218 D-3

㊡火曜のランチ、日・月曜　⏰12:00〜15:00、18:00〜21:30（土曜は17:30〜）　♠Hilton Sydney, Level 2, 488 George St.　☎02-9265-6068

Menu

ブラックアンガス牛フィレ
Black Angus beef fillet
200g … A$65

歴史を感じるクラシックなアーケード

Must!

長い歴史を誇る
シドニーの
ランドマーク

優雅な建物の中で買いもの三昧

クイーン・ヴィクトリア・
ビルディング

Queen Victoria Building (QVB)

19世紀の建造物を改装したロマネスク
様式の建物で、1898年にヴィクトリア
女王即位60周年を祝って建てられた。
ドーム形の吹き抜けやステンドグラスな
どの装飾が美しい。

シティ ▶ **MAP** P.218 D-2

㊡無休 ⓢ店舗によって異なる

🏠455 George St. ☎02-9265-6800

❶ステンドグラスからやわらかい光が降り注ぐ
❷世界最大の吊り時計は必見。建物は1930年
代にはシドニー市役所として利用されていた

┝ おすすめのショップ＆カフェ ┥

パーフェクト・ポーション　Perfect Portion

日本でも人気のオーガニック・スキ
ンケアのブランド。日本では入手
できない製品をゲット　▶P.61

アボリジナル・アート・ギャラリー

Aboriginal Art Gallery

アボリジナルアートをモチーフにし
た小物などもあり、個性的なおみ
やげが見つかる

モンスタースレッド　Monsterthread

コンテンポラリーデザインと
ストリートアートが融合した
独特な世界観が支持されて
いる雑貨ショップ。

❶雨の日が楽しくなりそう
な華やかなプリントの傘
❷オージーアニマルがモチ
ーフのランチバッグ

SYDNEY

早わかり

観光スポット

おすすめエリア

グルメ

ショッピング

アクティビティ

Take a Break ...

週末に開催されるフリーマーケットでおみやげをGET

地元のオージーたちと交流しながら旅行の思い出の一点ものを探せるのが醍醐味。
下記の2ヵ所以外にも、あちらこちらで開催されているので、足を運んでみよう。

ロックス・マーケッツ ▶P.50

The Rocks Markets

観光客も多く訪れる名物マーケット。ヨットの帆を模したテントが雨や日差しを避けてくれる。

パディントン・マーケッツ ▶P.52

Paddington Markets

雑貨やジュエリーのほか、オーガニック食品や天然コスメなど、約150軒の屋台が並ぶ。

100年以上の歴史を誇るヴィクトリア様式の建物

❶中を通れば、ピット・ストリート・モールからジョージ・ストリートに出られる
❷アーケードには、ローカルのデザイナーブランドなど、約80軒が店を構えている

優雅な装飾に歴史を感じる

ストランド・アーケード

Strand Arcade

1891年に建てられたヴィクトリア様式のアーケード。オリジナルのまま現存しているヴィクトリア様式の建造物としては、シドニーではここだけ。開業当時から続く店から最新ブランドまで、約80店が軒を連ねている。

シティ ▶ **MAP** P.218 D-2
⑭⑤店舗によって異なる
🏠412-414 George St., Sydney
☎02-9265-6800

—┤ おすすめのショップ＆カフェ ├—

ココ・ブラック

Koko Black

メルボルン発祥の高級チョコレート店。プレミアムカカオを使ったチョコが評判。

❶地下にイートインがある ❷甘さ控えめなチョコは見た目もかわいい

アンドリュー・マクドナルド・シューメーカー

Andrew McDonald Shoemaker

本革の風合いがオシャレな靴職人の店。革のバッグなどもある。オーダーメイドも可能。

靴作りの基本を学ぶワークショップも行なっている

Shopping in Sydney

オーストラリア生まれのブランドをチェック

Fashion/Grocery

リゾートで映える
ラフィアのつば広帽子

**天然素材の
ラフィアの帽子**
柔らかいので、たたんで
バッグに入れられるなど
機能的。ラフィアで作
られたサンバイザーも上
品。ブランドロゴ入り **A**

日本でも人気の
サーフブランド

海に持って
いきたい

**リュックと
トートバッグ**
カラフルな色合
いのリュックやト
ートバッグは、アウ
トドアにも日常使
いにもOK **C**

ビーチに持っていきたい

**ラフィアの
バッグ**
ラフィア製のショルダー
バッグは手触りが抜群。
ナチュラルな色合いで
夏のリゾートファッション
に似合いそう **A**

リーズナブルな価格も魅力

甘過ぎないシック
な色合いのビー
チファッションは
大人女子におす
すめ **C**

種類豊富で選ぶのが楽しい

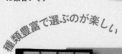

**フレーバー
ボックス**
16種類の紅茶
の詰め合わせ。
カラフルでポップ
なパッケージが
楽しい **B**

Design Goods

旅の思い出にゲットしたい

マグカップ
マーブルのような深
い青の色合いが印
象的なマグカップ **D**

好みのフレーバーを
チョイス

ティーリーフ
茶葉タイプとティーバックを用
意。「シドニーブレクファスト」
などご当地フレーバーも **B**

料理が映えそうなボウル

独特な色彩
が美しい

樹脂のボウル
透明感のある
樹脂の質感をい
かしたボウル **D**

SYDNEY

早わかり

観光スポット

おすすめエリア

グルメ

ショッピング

アクティビティ

SYDNEY

Take a Break ...

スーパーで買えるプチプラみやげ

現地のスーパーマーケットは、リーズナブルなおみやげ探しの定番スポット。オーストラリアでは、ウールワースやコールスといったスーパーが有名。シドニーをはじめ、国内のあちらこちらに店舗を展開している。

❶オーストラリア限定フレーバーの紅茶 ❷ティムタムのクッキーは定番のおみやげ

Skin Care Item

ディフューザー

シンプルなデザインの「ダークウッデン・アロマテラピー・ディフューザー」 **E**

オイルキット

5種類を詰め合わせた「オーストラリアン・エッセンシャルキット」 **E**

人気の
オーガニックコスメ

日本で未発売のアイテムも揃っているので、ジュリーク好きは要チェック! **F**

セレブにも愛用者が多い

Ⓐ ヘレン・カミンスキー Helen Kaminski

今や世界的に有名なブランド。創業者が子どものために作っていたラフィアバッグがヴォーグ編集者の目に留まったことがブレイクのきっかけ。

シティ▶MAP P.218 D-2
㉺無休 ⏱10:00～18:00（木曜～19:00、日曜11:00～17:00）
🏠Level,1 QVB Shop21-23, 455 George St.
☎02-9261-1200

メルボルン発のお茶専門店

Ⓑ ティー・ツー T2

紅茶やハーブティー、中国茶、緑茶など世界のお茶と茶器を扱う。パッケージもおしゃれでおみやげに最適。

シティ▶MAP P.218 D-2
㉺無休 ⏱9:00～18:00 🏠Shop 19-21, Lower Ground Floor QVB,455 George St. ☎02-9261-5040

1969年に誕生したサーフブランド

Ⓒ リップ・カール Rip Curl

日本でもすでに人気を博しているサーフ・ブランドの代表格。カラフルな水着やウェアは、ビーチ用に1枚欲しくなる。国内各地にショップを展開。

シティ▶MAP P.219 E-2
㉺無休 ⏱9:00～17:30 🏠Shop 82, Campbell Pde. ☎02-9130-2660

有名人にも愛好者が多い

Ⓓ ダイナソー・デザインズ Dinosaur Designs

透明感のあるカラフルな素材であるレジンを使った独創的な雑貨とジュエリーの店。国内外のファッション誌などでもたびたび紹介されている。 ▶P.53

オーガニック先進国ならでは

Ⓕ ジュリーク Jurlique

アデレード発の人気のナチュラル・コスメ。自社のオーガニック農場でバイオダイナミック農法によって栽培されたハーブを原料にしている。

シティ▶MAP P.218 D-2
㉺無休 ⏱9:30～18:00（木曜～20:00、日曜11:00～17:00）
🏠Shop68,Lower Ground 1 QVB,455 George St.
☎02-9160-9322

アロマの香りでリフレッシュ

Ⓔ パーフェクト・ポーション Perfect Portion

日本ではアウトドア用のオーガニック虫除けスプレーが人気。厳選されたナチュラルな原材料で製造する、多彩な商品を揃えている。

シティ▶MAP P.218 D-2
㉺無休 ⏱9:00～18:00（木曜～19:00、土曜～17:00、日曜11:00～17:00） 🏠Shop 5, Lower Ground 2, QVB, 455 George St.
☎02-9286-3384

✒ 旅メモ MOR、Bloomなど、オーストラリアではオーガニックコスメのブランドが多い。

ブルー・マウンテンズで絶景ウォッチ

#ブルーマウンテンズ #bluemountains #エコツアー #シーニックワールド

1000m級の山々と渓谷が広がる一帯に、多種多様なユーカリが生息するエリア。
2000年には「グレーター・ブルー・マウンテンズ地域」として世界遺産に登録されている。

山々が青く霞む不思議な風景
ブルー・マウンテンズ国立公園
Blue Mountains National Park

シドニーから西へ約110kmに位置し、26の街と村がある広大なエリア。ユーカリから発散される油分が太陽光に反射して山が青く霞んで見えるため、この名がついた。

`カトゥーンバ` ▶**MAP** P.211 G-4

Tours このツアーで行けます！

IECブルーマウンテンズ[山]
エコツアー
世界遺産ブルー・マウンテンズ＆
世界最古の鍾乳洞ジェノラン・ケーヴス

日本人ガイドによる送迎付きのツアー。エコー・ポイントやジェノラン・ケーヴスなどの必見スポットを巡る。

`問合わせ` IECオセアニア ☎ 02-8214-6410
`$` A$330 `⊙` 6:30〜19:30
`URL` www.iec-oceania.com.au

絶景を眺める展望台はココ

国立公園内には、太古の地球の躍動を感じさせるような奇景を一望できる展望台が点在。息を飲むような絶景をさまざまな角度から眺めよう。

伝説の奇岩が眺められる展望台
エコー・ポイント Echo Point

青霞に染まるジャミソン渓谷に突き出した崖の上に3つの奇岩が並ぶ「スリーシスターズ」を見るなら、エコー・ポイントがおすすめ。

写真を撮るなら午前中がベター。
観光案内所やギフトショップもある

MAP P.211 G-4
⌂ The End of Echo Point Rd., Katoomba
⊗ カトゥーンバ駅から巡回バスで35分

雄大な渓谷美を一望する
パルピット・ロック・ルックアウト
Pulpit Rock Lookout

海抜約1000mに位置する、隠れた名所といわれる展望台。3か所の展望ポイントから眺める景色は大迫力のスケール。

MAP P.211 G-4
⌂ Pulpit Rock Rd., Blackheath
⊗ カトゥーンバ駅から車で20分

❶荒々しい岩肌のグロス渓谷が目の前 ❷まるで地獄のぞきのよう

これが
スリーシスターズ

\\ nice view!

アトラクションが楽しいんです!

ブルー・マウンテンズの美しい景色をさまざまな角度から眺められる3種類の乗り物。まるでジェットコースターのようなスリリングなものもある。

\絶景!/

ケーブルウェイ
Cableway

四方のガラス窓から360度の大パノラマを眺めながら、ジャミソン渓谷を545m下る、84人乗り大型ロープウェイ。空中遊覧が楽しめる。

スカイウェイ
Skyway

足元の床がガラス張りの新型ロープウェイ。空中270mの高さを飛んでいるような気分で、途中に滝を見たりしながら720mほど進む。

\足の下もまる見え!/

レイルウェイ
Railway

自然岩のトンネルを抜けて、415m下の原始林までを結ぶトロッコ列車。最大傾斜52度で207mの標高差は、世界一の急勾配。

\スリリング!/

森を大胆に楽しむアトラクション
シーニック・ワールド
Scenic World

ブルー・マウンテンズの観光に欠かせないのが、シーニック・ワールド発着のアトラクション。ケーブルウェイとレイルウェイ、スカイウェイの3種類の乗り物で、ここでしか見られない迫力満点の景色を思う存分楽しむことができる。

カトゥーンバ ▶ **MAP** P.211 G-4

㉚無休
⏰10:00〜16:00(土・日曜9:00〜17:00)
㉕乗り放題パス A$50
(土・日曜は A$55)
🏠 Cnr. Violet St. & Cliff Dr., Katoomba　☎02-4780-0200

\スリー・シスターズの伝説/

ジャミソン渓谷に住む三姉妹がある日、魔王を怒らせてしまった。魔術師の父親は魔王から娘たちを守るために魔法の杖を使って姉妹を岩に、自分をコトドリに変えて逃げ延びた。しかし杖を谷底に落としてしまい、姉妹は岩のままに。コトドリの姿の父親は今でも杖を捜し続けているという。

ユーカリの樹海が広がる壮大な峡谷景観が、ブルー・マウンテンズ観光の醍醐味

シドニーから足をのばして

ポート・スティーブンスで イルカ と戯れる

(#ポートスティーブンス) (#portstephens) (#ドルフィンウォッチ) (#エコツアー)

海に面したポート・スティーブンスは、シドニーから北へ約220kmの美しい自然の宝庫。
とくに数多くの野生イルカが生息していることで有名だ。

ポート・スティーブンスって こんなところ

「イルカの都」と呼ばれるポートスティーブンス。ドルフィンクルーズが行なわれるネルソン湾には、約160頭のボトルノーズ・ドルフィンが生息している。

ポート・スティーブンス
▶MAP P.211 G-4

たくさんの野生イルカがお出迎え

甲板から
イルカを
探して

オーストラリアの魅力が凝縮

ポートスティーブンスを訪れるエコツアーでは、ネルソン湾でのイルカ・クルーズのほか、砂丘でのサンド・ボーディングや野生動物とのふれあいなど、オーストラリアらしいアクティビティの数々が楽しめる。

Tours このツアーで行けます！

IECポートスティーブンス（海）エコツアー
〜野生のイルカと大砂丘サファリ、
動物園訪問〜

IECオセアニア ㊡無休（ツアーは火・木曜休み） ⏰ツアーは日・水・金曜7:00〜 ⑤ A$340 ☎02-8214-6410
URL www.iec-oceania.com.au

❶クルーズ船に乗り込んで出発
❷遊び好きなイルカがボートに寄ってくる
❸呼吸をするために水面に出てくるイルカを船上からウォッチング

Dolphin

🍴ランチはフィッシュ＆チップスが味わえる🍴

ランチタイムには、クルーズ船上でフィッシュ＆チップスを。たっぷりの野菜やチキン、フレンチフライが付いたボリューミーなひと皿だ。

1 ストックトン砂丘で サンドボーディング

32kmにわたって大砂丘が広がるストックトン・ビーチは、南半球最大規模の移動性砂丘として知られる。4WDで駆けめぐったり、砂丘滑りをしたり、スリル満点のアクティビティにチャレンジできる。

\スピードが出てスリル満点！/

貝を拾いました

❶四駆の車で波打ち際を疾走。ビーチで貝拾いも楽しめる ❷砂丘では映画やCMの撮影も多く行われている ❸❹サラサラの砂丘を勢いよく滑る。汚れてもいい服装でチャレンジしよう

2 動物園でコアラや カンガルーと触れ合う

オークベール・ワイルドライフパークでは、広大な園内にほとんどの動物が放し飼いになっている。コアラを触ったり（抱っこは不可）、記念撮影することも可能。カンガルーやワラビーに直接エサやりもでき、楽しさ倍増。

やさしくタッチしてね

エサを食べるカンガルー

❹放し飼いにされている動物との触れ合いも ❺「世界一幸せな動物」クォッカにも会える

❶ツアーでは特別にコアラの柵内に入って撮影できる ❷手から直接エサを食べてくれる ❸オージーアニマルが勢ぞろいする動物園

OAKVALE FARM AND FAUNA WORLD
KOALA COUNTRY
KOALA BREEDING & EDUCATION CENTRE

旅メモ ネルソン湾でイルカに遭遇できる確率は年間を通して98％！ 国内屈指の高い遭遇率を誇る。

ハンター・バレーで極上ワインを飲む

#ハンターバレー #huntervalley #ワイナリーめぐり #テイスティングツアー

オーストラリアで最も歴史あるワインの里ハンター・バレーを訪れてみよう。
世界的に高い評価を受ける芳香な味わいに、心から酔いしれたい。

どこまでもぶどう畑が広が
るのどかな田園地帯

風味豊かな
ブドウが
たわわ

オーストラリアワインの発祥地にして名産地
ハンター・バレー
Hunter Valley

シドニーの北西約160kmに位置し、120以
上のワイナリーと国内屈指のワイン生産量
を誇るハンター・バレー。乾燥した温暖な気
候のもと、数々の受賞歴をもつ実力派ワイ
ンを生み出す。歴史の風格を残す街並みも
魅力のひとつ。

ハンター・バレー ▶ **MAP** P.211 G-4

人気のワイナリー

豊富な品ぞろえの大手ワイナリー
マクギガン・ワイン
McGuigan Wines

㊡無休 ⏰10:00～17:00
🏠 Cnr. Broke Rd.& McDonalds Rd.,
Pokolbin ☎02-4998-4111

❶大手だけにワインのストックが豊富。
デイリーワインから高級品までバラエテ
ィ豊か ❷重厚な赤ワインに定評あり

受賞歴が語る名門ワイナリー
マウント・プレザント
Mount Pleasant

㊡無休 ⏰10:00～16:00
🏠401 Marrowbone Rd.,Pokolbin
☎02-4998-7505

❶数々の賞を受賞したセミヨンが有名
❷1880年にこの地で初めてフランス
のブドウの木を植えた老舗ワイナリー

Tours このツアーで行けます！

ハンター・バレー・
ワインテイスティング・ツアー

日本語堪能なオージーガイドが案内する
ツアーで、ハンター・バレーにある人気ワ
イナリー3軒を巡る。市内のホテルから
の送迎付きで、現地でも申し込みもできる。

ジャックさんの楽しい日本語ツアー
⏰7:30～17:00 💰A$230 ☎02-9420-8055
URL www.jacksan.com

ハンター・バレー
チョコレート・カンパニー
Broke Rd. ピーターソン・ハウス
セスノック・エアポート
マクギガン・ワイン
スカボロー
マウント
プレザント
Oakey
Creek Rd.
ハンター・バレー
ガーデンズ
セスノック
Cessnock

0 2.5 約5km

周辺図 P.211 G-4

＼ Check! ／
ワイナリーでワインを試飲＆購入してみる

ワイナリーでの試飲はA$5～で、スタッフが次々
とワインを注いでくれる。白ワインから赤ワ
インの順番で試すのが基本。お気に入りのワ
インと出会ったらレジで会計し、その場で購
入できる。ほとんどのワイナリーでクレジッ
ト払いが可能で、海外発送を取り扱ってい
るところも少なくない。袋に包んでスーツケー
スに入れて持って帰ることもできるが、
割れることがあるので、海外発送にした方
が無難。

飲み残しは専用の桶に
捨てる。もちろん飲み
干してもOK

CAIRNS

KEYWORD

早わかり

70　ケアンズ早わかり

KEYWORD

観光スポット

74　キュランダを深掘り

78　ディンツリー国立公園で
　　自然に包まれる

80　オージーアニマルに会える
　　2大動物園

84　ケアンズでやるべきアクティビティ

KEYWORD

おすすめエリア

82　ケアンズシティ

KEYWORD

グルメ

86　地元で評判のレストラン

KEYWORD

ショッピング

88　ケアンズみやげはココで買う

OTHERS!

72　ケアンズの旅テク9

81　コアラについてのあれこれ

90　郊外の2大リゾートでリラックス

92　神秘的なアサートン高原へ

Cairns

Tourist spots in Cairns

オーストラリア北部の玄関口として、
多くの観光客が訪れる小さな街

CAIRNS
ESPLANADE

cairnsesplanade.com.au

街の中心部にある「エスプラネード・ラグー
ン」は無料の海水プール。海を見ながら泳
げる市民の憩いの場だ

Tropical rainforest that looks like
dinosaurs will come out.

太古の熱帯雨林が広がるキュランダをはじめ、近
郊には、壮大な自然を体感できるスポットが点在

CAIRNS, Quick Guide

ケアンズ早わかり

日本からいちばん近いオーストラリアの北の玄関口で、多くの観光客が訪れる。海と熱帯雨林の世界遺産に囲まれ、大自然にあふれる街。

どんな街?

クイーンズランド州北部の中心の街。周囲はグレートバリアリーフをはじめとする世界自然遺産が広がる南国リゾート。それらを巡るツアーの基点の街として多くの人が訪れる。

 人口
約17万人

 面積
約488km²

深い森と澄んだ川に癒される

A モスマン渓谷

Mossman Gorge

デインツリー国立公園の南にある渓谷で、緑生い茂る森林の中を透き通った川が流れる風景が美しい。川の周囲には約2.4kmの散策コースがあり、森林浴ウォークが楽しめる。

レトロな高原鉄道で行く

B キュランダ

Kuranda

ケアンズ北西に位置する、緑の木々が生い茂る熱帯雨林。1億年前の姿を今にとどめる太古の森を、鉄道やスカイレールに乗って眺めよう。シティ発着のツアーが便利。▶P.74

 キュランダ村 ▶P.76
レインフォレステーション ▶P.77

神秘的な植物が生息

C アサートン高原

Atherton Tableland

海抜400〜1000mの内陸高原で比較的涼しく、ケアンズ市民の避暑地的な場所。壮大な景観や迫力ある滝つぼ、珍しい植物など自然のパワーを感じることができる。
▶P.92

早わかり

観光スポット

おすすめエリア

グルメ

ショッピング

アクティビティ

ヤシの木が茂るリゾートタウン

G ポート・ダグラス
Port Douglas

ケアンズ・シティから気軽に訪れることができる高級リゾートで、モスマンとパーム・コーヴの中ほどに位置する華やかな港町。高級リゾートホテルやコンドミニアムがあり、リピーターが多い。
▶P.90

幻想的なサンゴの海

F グリーン島
Green Island

ケアンズから船に乗り、50分ほどでアクセスできるグリーン島は、日帰りツアーの定番スポット。グレートバリアリーフの北端に位置するサンゴ礁でできた島で、約6000年前に誕生したといわれる。　▶P.24

トリニティ・ベイ
Trinity Bay

■ミコマス・ケイ
Michaelmas Cay

■アーリントン・リーフ
Arlington Reef

F グリーン島
Green Island

⊕ケアンズ空港
Cairns Airport

D ケアンズ・シティ
Cairns

■フィッツロイ島
Fitzroy Island

819▲メイ・ピーク
May Peak

ゴードンヴェイル
GORDONVALE
■グレイ・ピークス国立公園
Grey Peaks National Park
ゴードンヴェイル駅
Gordonvale Sta.

コーラル海
Coral Sea

1274▲マシー山
Mt. Massie

静かなリゾートステイが叶う

E パーム・コーヴ
Palm Cove

ポート・ダグラスと同様、静かなリゾート地として人気のエリア。街の規模はコンパクトながら、高級リゾートホテルが建ち並び、ハネムーン客も多い。海風そよぐ海岸沿いをのんびり歩くだけで気持ちがいい。　▶P.91

世界遺産に囲まれたリゾート

D ケアンズ・シティ
Cairns City

オーストラリア北部の玄関口となるケアンズ。コンパクトなシティは碁盤の目のように整然とした街並みが続き、2時間ほどでぐるりと回れる。　▶P.82

 ケアンズ水族館 ▶P.83　　ナイトマーケット ▶P.89
エスプラネード・ラグーン ▶P.83

トロピカルな雰囲気

Cairns

ケアンズ の旅テク **9**

シティを拠点に
キュランダやグリーン島
など、郊外の人気スポット
へも出かけよう

#01

無料で利用できる
バーベキュースペース

ケアンズの海沿いや公園でよく見るバーベキュー設備。利用は無料で、食材を調達して自由に使うことができる。夜間に掃除されるので清潔だが、気になる場合はアルミホイルを持参してその上で焼くといい。なお、屋外での飲酒は禁止なので注意。

#02

ケアンズでの
お役立ちアプリ ベスト3

アプリがあれば、土地勘のない場所でもスムーズに旅を進める助けになる。ケアンズの観光や移動で役立つアプリをご紹介。

My TransLink

クイーンズランド州で使える交通系アプリのマイトランスリンク。公共交通機関を利用する人は事前にダウンロードしておこう。

Cairns Taxis

ケアンズ・タクシーズはケアンズエリアのタクシー予約アプリ。キュランダやポートダグラスなど、周辺の観光地での予約サービスも提供している。

Skyrail

キュランダへ行く人のマストアイテム。スカイレールや観光鉄道の各ポイントの解説を日本語で聞くことができる。下記HPからアプリをダウンロードできる。

URL www.skyrail.com.au/jp

#03

コアラ抱っこができる
ケアンズの新スポット

シャングリラホテル内のショッピングセンター1階にオープンした新しい施設。シティ中心部で手軽にコアラ抱っこができるスポットとして人気を集めている。コアラ抱っこ撮影セッションは1日8回、各回20名まで。

ケアンズ・コアラズ＆クリーチャーズ

Cairns Koalas & Creatures

`ケアンズシティ`
▶MAP P.223 D-4
㊑無休 ⏰9:00～17:00
🏠シャングリラホテル内、ピアショッピングセンター1階
☎07-4020-8200

#04

手軽にリゾート気分が味わえる
シティの 人工ラグーン

ケアンズ市民の憩いの場である人工海のエスプラネード・ラグーンはツーリストでも利用できる。プールは海水で、底には砂が敷かれている。監視員が常駐し、シャワーや更衣室も完備。なんと利用は無料だ。海を満喫したい人は、近郊のパーム・コーヴやグリーン島などのビーチへ行くことをおすすめ。

#05

5〜11月が
おすすめの旅行シーズン

ケアンズを旅するなら、おすすめは5〜11月頃。ケアンズは熱帯性気候に属しており、この期間は乾季にあたる。12〜3月の雨季は雨が多く、天候が不安定な日が多いが、乾季は比較的天候が安定しているうえ、気温も20℃くらいあるので、泳ぐことも可能だ。

#06

日帰りで行く
グレートバリアリーフ

実はケアンズの中心部には海水浴場がなく、あるのは人工の海水プールのみ。海を満喫したいなら、世界遺産グレートバリアリーフの一部であるグリーン島を訪れてみては？ ケアンズの中心部からはフェリーで約50分ほどと、手軽に訪れることができる。

#07

ラスティーズ・マーケットは
ケアンズ市民の台所

週末にケアンズに滞在するなら、中心部にあるラスティーズ・マーケット（▶MAP P.223 B-4）を訪れてみたい。金〜日曜にオープンするローカルな市場で、熱帯エリアならではの珍しい果物をはじめとする生鮮食品から雑貨などを販売。マーケット内で軽食を取ることもできる。

#08

床がガラス張りの
ゴンドラで空中散歩

キュランダを訪れる際に利用するスカイレールでは、通常のゴンドラ料金にA$28（片道）追加すると、床が透明な強化ガラスでできたゴンドラ「ダイヤモンドビュー」に乗車でき、世界最古の熱帯雨林をより楽しめる。

#09

ケアンズで
バンジージャンプにチャレンジ

ケアンズにも、スリリングなバンジージャンプスポットがある。シティからパーム・コーヴへ向かう途中にある「スカイパーク・バイ・AJハケット」（▶P.84）だ。森の中にそびえ立つ高さ50mほどの飛び込み台から、熱帯雨林へダイブする。

キュランダを深掘り

Deep Dive

まるで恐竜が出てきそうなジャングルの中を、列車やロープウェイで進んで行くよ。

CARROT

レトロかわいい列車

What's クイーンズランドの湿潤熱帯地域

1億3000万年前の白亜紀から存在するとされ、希少な植物が生息する世界遺産の熱帯雨林。キュランダやアサートン高原、デインツリー国立公園、モスマン渓谷などが含まれる。

原始の姿を今に残す熱帯雨林

キュランダ

Must!

Kuranda

ケアンズから日帰りで行ける人気スポット。レトロな雰囲気のキュランダ観光鉄道や、空中散歩を楽しめるロープウェイでアクセスして、各種アトラクションや、キュランダ村の散策を楽しもう。

キュランダ・ビジター・インフォメーション・センター
Kuranda Visitor Information Centre

`キュランダ` **▶MAP P.76**
㊡無休 ⏰10:00〜16:00
🏠Coondoo St., Kuranda

Take a Break …

ツアーで訪れるのが便利

ケアンズからキュランダを訪れる日帰りツアーには、列車やロープウェイの交通手段、レインフォレステーションの入場やコアラ抱っこなどが含まれているものもある。

キュランダデラックスツアー
オーストラリアンツアーリンク
㊡無休 ⏰8:00〜17:30 💲A$195〜
（ランチ、日本語ガイド付き）☎0410-010-165 `URL` www.doa.com.au
※2024年1月現在、ツアー休止中

観光列車で行く

100年以上の歴史をもつ観光列車

キュランダ観光鉄道

Kuranda Scenic Railway

ケアンズ駅とキュランダ駅間を結ぶ鉄道。物資輸送のため、困難に次ぐ困難を乗り越え、約37kmの距離に5年の歳月を費やして1891年に開通した。車窓からは森や谷、滝などの自然景観が眺められる。

`キュランダ` **▶MAP P.222 B-2**
⏰上り下りとも1日2便。所要2時間 💲片道A$50〜、往復A$76〜

⫽ 鉄道から見られる絶景ポイント ⫽

A バロン滝駅
Barron Falls Station
キュランダ観光の目玉。長さ265m、ケアンズ最大のバロン滝を間近に望める駅。停車時間は約10分。

B ストーニー・クリーク滝
Stoney Creek Falls
岩壁沿いに流れ落ちるすぐそばを通る人気の撮影スポット。直前は急カーブ。

CAIRNS

早わかり

観光スポット

おすすめエリア

グルメ

ショッピング

アクティビティ

ロープウェイで行く

熱帯雨林の中にあるキュランダ駅と、シティ中心部のケアンズ駅を片道約2時間で結ぶ

> 宙に浮いているみたい

ロープウェイから眼下にバロン川の絶景を望む

片道の乗車代にプラスA$28払えば、床がガラス板になっているダイヤモンドビューゴンドラに乗れる

キュランダ駅 — レインフォレステーション P.77
— バロン滝
A **D** **C** — スミスフィールド駅
スカイレール
バロン滝渓谷
国立公園
B
0 2.5 約5km
周辺図 P.222
キュランダ
観光鉄道
ケアンズ空港
ケアンズ
Cairns
ケアンズ駅

> 片道チケットください

熱帯雨林を眺める空の旅

スカイレール

Skyrail

6人乗りの安定感のあるゴンドラから熱帯雨林の景色が楽しめる。全長7.5kmで所要時間は約45分。途中下車もできるので、乗換駅にある散策路に寄りながら、終点のキュランダ・ターミナル駅をめざそう。

キュランダ ▶**MAP P.222 B-2**
㊡無休 ⏰8:45〜13:00(スミスフィールド発)
⑤片道A$62〜☎07-4038-5555

―――《スカイレールから見られる絶景ポイント》―――

C レッド・ピーク駅
Red Peak Staion
周辺に全長175mの遊歩道が整備されており、熱帯雨林に生息する植物が観察できる。

D エッジ
The Edge
2019年に完成した展望スポットからバロン滝を間近に見られる。床はガラス製でスリリング!

Skyrail
Rainforest Cableway

キュランダの二大スポット

❶ キュランダ駅からキュランダ村までは徒歩10分ほど
❷ 村の入り口に立てられたトーテムポールのような看板

アートを感じる小さな村

キュランダ村

Kuranda Village

1960年代頃から自然環境を愛するアーティストたちが暮らしており、ギャラリーや作品を扱うマーケット散策が楽しめる。希少な動物を飼育するパークがあるほか、ショップやレストランも多い。

キュランダ ▶MAP P.76

個性豊かなアイテムが並ぶ

キュランダ・ヘリテージ・マーケット

Kuranda Heritage Market

地元アーティストの作品を中心に扱うマーケット。手作りのブーメランやシルバーアクセサリーなど、観光客向けのおみやげが豊富。

キュランダ ▶MAP P.76

㊡月・火曜 🕐10:00〜15:30 🏠Rob Veivers Dr., Kuranda ☎07-4093-8060

甘いキャンディをおみやげに

キュランダ・キャンディ・キッチン

Kuranda Candy Kitchen

フルーツ味など多彩なフレーバーを揃える手作りキャンディのお店。カラフルなキャンディはおみやげにも喜ばれそう。

キュランダ ▶MAP P.76

㊡月・火曜 🕐10:00〜15:00 🏠21 Coondoo St., Kuranda ☎07-4093-9363

希少な地元産コーヒー

キュランダ・レインフォレスト・コーヒー

Kuranda Rainforest Coffee

キュランダに近いマリーバ産のコーヒー豆を自家焙煎して提供しているカフェ。希少なコーヒー豆はおみやげにもいい。

キュランダ ▶MAP P.76

㊡無休 🕐8:00〜14:00 🏠Shop 10, 17 Coondoo St., Kuranda ☎0414-790-034

食べごたえのあるソーセージ

ジャーマン・タッカー

German Tucker Wursthouse

スパイシーなソーセージにザワークラウトがたっぷり。本場ドイツの味。

キュランダ ▶MAP P.76

㊡無休 🕐10:00〜15:00（季節により変動あり）
🏠Shop14 Therwine St., Kuranda
☎07-4093-7398

キュランダを深掘り 🐨

CAIRNS

早わかり

観光スポット

おすすめエリア

グルメ

ショッピング

アクティビティ

Take a Break ...

キュランダにもあるコアラスポット

ヘリテージ・マーケットの中にあるキュランダ・コアラ・ガー
デンズや、レインフォレステーション内のコアラ＆ワイルド
ライフ・パークでも、コアラと触れ合うことができる。

どちらの施設で
も、コアラと一緒
に記念撮影 OK

3つのエリアが魅力のネイチャーパーク

レインフォレステーション

Rainforestation

水陸両用車の「アーミー・ダック」、ミニ
動物園「コアラ＆ワイルドライフ・パー
ク」、文化体験ができる「パマギリ・ア
ボリジナル体験」の3エリアからなる。

キュランダ ▶MAP P.75

㊡無休 🕐9:00〜15:30 🏠Kennedy Hwy.,
Kuranda ☎07-4085-5008 ⑤A\$59（アーミー
ダック,動物園,アボリジナル体験を含むフルパッケージ）

アボリジナルの文化紹介など、興味深いプログラムがいっぱい

╲ 3つのエリアはこんなところ ╱

コアラと一緒に記念撮影

コアラ＆ワイルド
ライフ・パーク

Koala & Wildlife Park

コアラやカンガルー、ワニ、
大蛇、ディンゴ、カソワリな
ど、オーストラリアならでは
の動物たちに会えるミニ動
物園。カンガルーの餌づけ
や、コアラの抱っこ写真も
可能。

コアラ抱っこ
のほか、カン
ガルーやワラ
ビーとも触れ
合える

豪快な6WDで探検!

アーミー・ダック

Army Duck

6輪駆動の水陸両用車「アーミー・ダック」
に乗り込んで、熱帯雨林の中を進むアクティ
ビティ。熱帯植物についての説明を聞きな
がら、深い森に分け入ったり、池の中に入っ
たりして冒険気分を味わう。

第二次世界大戦時に
造られた水陸両用車で
熱帯雨林の中を探索

アボリジナルの文化を学ぶ

パマギリ・アボリ
ジナル体験

Pamagirri Aboriginal Experience

熱帯雨林の中の円形劇場
で、パマギリ族の伝統的な
ダンスショーを鑑賞。アボ
リジナルから、民族楽器ディ
ジュリドゥの吹き方やブーメ
ランの投げ方を習う体験も。

ユニークなア
ボリジナル文
化を体験

先住民文化が
体験できる

デインツリー国立公園で自然に包まれる

#ケアンズ郊外の見どころ #デインツリー国立公園 #世界遺産
#ケープトリビュレーション #モスマン渓谷 #Daintree

自然の神秘が生んだ
世界最古の森へ

デインツリー国立公園で泊まるなら

スパで名高い癒しのリゾート

デインツリー・エコロッジ&スパ

Daintree EcoLodge & Spa

MAP P.222 A-1

Ⓢ A$520〜　♠ 3189 Mossman Daintree Rd.,
Daintree　☎ 07-4098-6100

森にたたずむ贅沢ロッジ

シルキー・オークス・ロッジ

Silky Oaks Lodge

MAP P.222 A-1

Ⓢ レインフォレスト・リトリート A$1170〜　♠ 423
Finlayvale Rd., Mossman　☎ 02-9918-4355

リバークルーズ

❶デインツリー川クルーズでは野生のワニ
が見られることもある ❷白砂のビーチと
木々の緑のコントラストが美しい

海と森の絶景に感動

ケープ・トリビュレーション

Cape Tribulation

ケアンズから約140km北にあるケープ・
トリビュレーションは、太古の熱帯雨林
とグレートバリアリーフの2つの世界遺
産が交わる場所として有名。深い緑に
映える真っ白なビーチは、まるで映画
のワンシーンのよう。

デインツリー ▶ **MAP** P.222 A-1

⊗ ケアンズから車で2時間

透明度の高いケー
プ・トリビュレーショ
ン・ビーチ

CAIRNS

早わかり

観光スポット

おすすめエリア

グルメ

ショッピング

アクティビティ

森林浴ウォーク

「絞め殺しイチジク」などの珍しい植物が生い茂る太古の森で、散策を楽しみたい

野生のカソワリ

色鮮やかな姿が印象的なカソワリには、森の中で遭遇できる

太古の自然が今も残る場所

デインツリー国立公園

Daintree National Park

世界遺産「クイーンズランドの湿潤熱帯地域」の一部で、デインツリー川を中心に広がる国立公園。さまざまなアクティビティがあり、なかでもマングローブが茂る森を船に乗って散策する「リバー・クルーズ」が人気。運がよければ、野生のクロコダイルが見られる。太古から息づく、手つかずの大自然からエネルギーをもらおう。

デインツリー ▶MAP P.222 A-1
㋫ ケアンズ中心部から車で2時間
ツアー・インフォメーション
ケアンズから出る日帰りツアーが多数ある。モスマン渓谷を訪れたり、リバークルーズを体験するなどツアー内容も多彩。
ケープ・トリビュレーション、デインツリー熱帯雨林＆モスマン渓谷ツアー
ダウンアンダー・ツアーズ ㋱ A$259（税込付、ランチ込み）
㋐ 6:45～19:00 ☎ 07-4047-9097
URL www.downundertours.com

原始の熱帯雨林

海と森のコントラストが美しい太古の森。シダの巨木など、見上げるほどの木々が生い茂る

リバーサップ

❶渓谷の水は透明度抜群。サップでのんびりと川面を散歩しよう ❷森の中に整備された散策コースには吊り橋もある

深い森と澄んだ川にリラックス

原始の熱帯雨林を冒険

モスマン渓谷

Mossman Gorge

デインツリー国立公園の南端にある渓谷で、透き通った水が緑茂る森林を優雅に流れる。その神秘的な光景は、豪州の熱帯雨林で最も美しいと評判。川の周囲には約2.4kmの散策コースがめぐらされており、マイナスイオンたっぷりの森林浴トレッキングが楽しめる。川で泳いだり、ボートで下ることもできるので、水着を忘れずに。

モスマン ▶MAP P.222 A-1
㋫ ケアンズから車で1時間15分

オージーアニマルに会える2大動物園

#ワイルドライフハビタット #ハートリーズクロコダイルアドベンチャーズ #ワニの餌付けショー
#カンガルーの餌やり体験 #オージーアニマル #コアラ抱っこ

のびのびと暮らす
ワイルドな動物たち

ワイルドライフ・ハビタット

Wildlife Habitat

コアラやカンガルー、エミューなどの動物や熱帯雨林の植物が自然に近い形で見られるテーマパーク。動物たちが歩き、鳥たちが飛びまわる園内でリラックスしながら楽しみたい。

ポートダグラス ▶MAP P.222 B-1
㊡無休 ⏰8:00〜16:00 ⑤ A$43
🏠 Port Douglas Rd., Port Douglas
☎ 07-4099-3235

カンガルーやワラビーのエサやり体験

Wildlife Habitat

ほとんどの鳥が放し飼い
小鳥と一緒に朝食（有料）

ワニの餌づけもできる
ケアンズ最大の動物園

ハートリーズ・クロコダイル・アドベンチャーズ

Hartley's Crocodile Adventures

園内には巨大ワニがたくさん生息しており、ボートクルーズからショーまで、プログラムが豊富。子どもから大人までまる一日楽しめる。ワニだけでなく、コアラなどのオージーアニマルにも会える。

ワンゲッティ ▶MAP P.222 B-1
㊡無休 ⏰8:30〜17:00 ⑤ A$45
🏠 Captain Cook Hwy., Wangetti Beach
☎ 07-4055-3576

間近でワニが見られるボートクルーズ

Hartley's Crocodile Adventures

餌づけ体験も！

迫力満点の餌づけショー

CAIRNS

早わかり

観光スポット

おすすめエリア

グルメ

ショッピング

アクティビティ

コアラについてのあれこれ

コアラは絶滅危惧種

世界でオーストラリアにだけ生息するコアラは絶滅の危機にある。森林火災や伐採などによって森が失われていることなどが原因。2016年には、IUCN（国際自然保護連合）の「レッドリスト」（絶滅のおそれのある世界の野生生物のリスト）の中で、絶滅の恐れが高いとされる「VU（危急種）」に選定された。

#主食はユーカリの葉

コアラはアボリジナルの言葉で「水を飲まない」という意味。ユーカリの木の葉を食べ、必要な水分もユーカリから摂取するコアラは水を飲むことは稀で、そのことが名前の由来になっている。1日のうち、18〜20時間は樹上で休んだり眠ったりして過ごす。

#コアラ抱っこOKな州とNGな州がある

オーストラリア国内には、コアラ抱っこが禁止されている州もある。許可されているのはクイーンズランド州、南オーストラリア州と西オーストラリア州だけ。ニュー・サウス・ウェールズ州やビクトリア州、オーストラリア首都特別区、タスマニア州、ノーザンテリトリーではNG。ただし、抱っこ禁止の州でも、コアラの隣で写真撮影などのサービスがあるところも少なくない。OKな州でも、動物園の方針によって抱っこができないところもあるので、事前に調べておこう。

#コアラ抱っこで気をつけたいこと

コアラはデリケートな動物。そのためクイーンズランド州では、1匹につき抱っこは1日30分までで、しかも4日おきと決まっている。コアラ抱っこをする際のアドバイスは次のとおり。

コアラ抱っこの注意点

1 服装は長袖がベター
コアラは爪が鋭いので、ひっかき傷ができてしまうことも。長袖を用意しておこう。

2 持参したカメラで撮ってもOK
動物園にもよるが、スタッフにスマホなどを渡して撮ってもらうこともできる。

3 身長制限があるところも
安全に抱っこするために、120〜140cm以下の子どもは1人で抱っこできないところもある。

コアラの顔と自分の顔が近づかないように

むやみにコアラを動かさず、自分が木になったつもりでじっとする

落とさないよう、お尻の部分をしっかり支える

Cairns Map City

ケアンズシティ

ケアンズの中心部は、海に面したトロピカルタウン。
ホテルやショップ、カフェ、レストランなどは
中心部に集まっている。
海沿いを歩きながら、南国ビーチ気分を味わおう。

TIME
2時間

どんなエリア?

碁盤の目のように整然とした街並みが続くケアンズシティ。街自体はコンパクトで、だいたい2時間あれば、ぐるりと回ることができる。

- ポート・ダグラス
- アウターリーフ
- モスマン渓谷
- ミコマス・ケイ
- パーム・コーブ
- グリーン島
- ケアンズ空港
- キュランダ

ケアンズ・シティ

- アサートン高原
- フィッツロイ島

＼ローカル度／	＼見どころ／	＼グルメ／
★★★☆☆	★★★☆☆	★★★★☆

見どころが凝縮された歩きやすい街

❶ランチをテイクアウトして、芝生の広場で食べるのも気持ちがいい ❷海に面したエスプラネード・ラグーンは無料のプール。監視員が常駐しているので安心 ❸シティにそびえる大きな木には、夕方になるとフルーツバット(果物を食べるコウモリ)が集まってくる ❹中心部にあるラスティーズ・マーケットではトロピカルフルーツが買える

ケアンズシティMAP

- キュランダ
- Kuranda Scenic Railway (Captain Cook Highway)
- マディーズ・プレイ・グラウンド Muddy's Play Ground
- Minnie St.
- Sheridan St.
- マンロー
- マーティン公園
- ラマダ・バイ
- ウィンダム・ケアンズ シティ・センター
- McLeod St.
- Florence St.
- クリスタル ❶
- ブルック・ライリー コレクションリゾート
- ダブルツリー・バイ ヒルトン・ケアンズ
- **ケアンズ水族館 C**
- P.184ノボテル・オアシス・リゾート ❶
- Aplin St.
- P.89
- ナイトマーケット ❸
- **D ボードウォーク**
- マントラ・トリロジー
- **クルーズ・コーヒー**
- ❸ケアンズ・セントラル
- **ケアンズ博物館 A**
- ケアンズ駅 Cairns Sta.
- Shields St.
- ❶ イル・パラッツォ・ブティック
- **B エスプラネード ラグーン**
- Abbott St.
- Esplanade
- Lake St.
- P.73 ラスティーズ・マーケット ❸
- Grafton St.
- オーキッド プラザ
- Spence St.
- **ケアンズ美術館**
- フォガティ公園
- リーフ・フリート ターミナル
- ❸ハーバー・ライツ
- ブルマンリーフ・ホテル・カジノ ❶
- ブルマン・インターナショナル ❶ P.184
- ヒルトン P.184
- North Coast Railway
- ブリスベン
- トリニティ・ベイ Trinity Bay
- 0 ── 200m
- 周辺図 P.222

▶街あるきの休憩スポット◀

珍しいオーストラリア産コーヒーも

クルーズ・コーヒー

Cruze Coffee

世界各国から厳選のコーヒー豆をそろえるこだわりのカフェ。好みの味を伝えれば、オリジナルブレンドを淹れてくれる(▶付録P.6)

街の歴史と文化

ケアンズの歴史を詳しく学ぶ

Ⓐ ケアンズ博物館

The Cairns Museum

100年ほど前に建造されたクラシカルな建物を
リニューアル。開拓以前から現在にいたるまで
の街の歴史を、パネルなどで詳しく紹介している。

ケアンズシティ ▶MAP P.82/P.223 B-4

㊡日曜 ⓧ10:00〜16:00 ⓢA$15
🏠 Cnr. Shields St. & Lake St. ☎07-4051-5582

ギャラリーは5つあり、ケアンズの歴史など興味深い展示が魅力。
Wi-Fiも完備

毎月異なる展示が楽しめる

見学に必要な時間は約40分。アボリジナルアートも鑑賞できる

Ⓑ ケアンズ美術館

Cairns Art Gallery

旧政府の建物を利用。3フロアに各々異なるテーマの作品が展示され、月ごとに内容が一新される。ギャラリーショップも併設しており、ひと味違った掘り出し物が見つかるかも。

ケアンズシティ ▶MAP P.82/P.223 C-4

㊡無休 ⓧ9:00〜17:00（土曜10:00〜、日曜10:00〜
14:00）ⓢ無料 🏠 Cnr. Abbott St. & Shields St.
☎07-4046-4800

小規模でも見応えたっぷり

グレートバリアリーフの海を再現した巨大水槽では、かわいいクマノミも観察できる

Ⓒ ケアンズ水族館

Cairns Aquarium

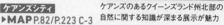

熱帯雨林、マングローブ、グレートバリアリーフなどテーマに沿った展示でクイーンズランド州北部の生態系を紹介。爬虫類もたくさん見られる。

ケアンズのあるクイーンズランド州北部の自然に関する知識が深まる展示が魅力

**ケアンズシティ
▶MAP** P.82/P.223 C-3

㊡無休 ⓧ9:00〜15:00（最終入館14:00）ⓢ A$52 🏠5 Florence
St. ☎07-4044-7300

海沿いの遊歩道を散策

Ⓓ ボードウォーク

Boardwalk

エスプラネードに並行して約600m続く海沿いの遊歩道。周辺には無料で使えるBBQ場などもあり、市民の憩いの場として親しまれている。

ケアンズシティ ▶MAP P.82/P.223 C-2

ⓧ散策自由 🏠 The Esplanade 沿い

ウォーキングやランニングに励むオージーも多い

リゾートらしい海辺の風景にひたる

天然ビーチがないケアンズに造られた人工海水プール

大人も子どもも楽しめる開放的な人工ビーチ

Ⓔ エスプラネード・ラグーン

熱帯魚を思わせるモニュメント

Esplanade Lagoon

エスプラネード沿いに造られた、人工の海水のプール。砂浜や芝生なども整備されており、ライフガードが常駐しているので子供も安心して遊ぶことができる。定期的に清掃もされるので清潔。

ケアンズシティ ▶MAP P.82/P.223 C-4

㊡水曜6:00〜12:00（清掃のため）ⓧ6:00〜21:00 ⓢ無料
🏠 The Esplanade ☎1300-692-247

🖊 **旅メモ** シティ中心部にもコアラ抱っこができる施設がある（▶P.72）。

CAIRNS

早わかり

観光スポット

おすすめエリア

グルメ

ショッピング

アクティビティ

ケアンズでやるべきアクティビティ

#ケアンズアクティビティ #熱気球 #バンジージャンプ
#遊覧飛行 #ラフティング #野生動物

運が良ければ日の出が
見られることも

ホット・エア・
バルーン・ケアンズ

Hot Air Balloon Cairns

雄大な自然を上空から眺めることがで
きる熱気球。早朝からのプランが多く、
さわやかな空気を吸い込んで大空へ飛
び立ち、日の出を見られることも。

ケアンズ
㉻無休 ⏱9:00～17:00(土・日曜～14:00、ツア
ーは6:30～8:00) ⑤A$420～
☎07-4039-9900 URL www.hot-air.jp

INFO
所要 30分～ 年齢制限 4歳以上
難易度 ★ 体力 ★

優雅に空中さんぽ
熱気球
朝日に染まる大地や
熱帯雨林を空の上か
ら眺められる

早朝の上空は冷えるの
で、羽織れる上着を持
っていくと便利

日の出を
見ながら大空へ

❶大きなバスケットに乗り込み、みんなで記念撮影
をしてから離陸 ❷約30分後に着陸。送迎車に
乗って、9:45頃にホテルに帰着

森に向かってダイブ!
バンジージャンプ
アドレナリン大放出間
違いなしのスリリング
なアクティビティ。

約50mの専用タワー
から森へ飛び立つ!

旅の思い出に飛んでみる?

スカイパーク・バイ
AJ ハケット

Skypark by AJ Hackett

シティから車で20分ほどの熱帯雨林の中に立
つジャンプ台で行う、スリル満点のバンジージ
ャンプ。足首をゴムロープなどで固定し、高台
から熱帯雨林に向かって飛び降りる。

ケアンズ
㉻無休 ⏱10:00～17:00 ⑤1回A$149～
☎07-4057-7188 URL www.skyparkglobal.com

INFO
所要 約1時間 年齢制限 10歳以上
難易度 ★★★ 体力 ★★★

真っ青な海を一望!

フライ・シー・イーグル

Fly Sea Eagle

ケアンズを出発し、緑生い茂るグリーン島やアーリントン・リーフ、砂の小島ブラソフ・ケイなどへ。上空から眺める45分のフライトを体験する。

`ケアンズ`
Ⓢ A$249〜　☎ 0448-531-704
`URL` www.seaeagleadventures.com

INFO

| 所要 45分 | 年齢制限 3歳以上 |
| 難易度 ★ | 体力 ★ |

Ready, set, go!

世界最大のサンゴ礁を見渡す

空から見る絶景
遊覧飛行

グレートバリアリーフの青さを感じるにはこれが一番。

眼下にきらめく海と美しいリーフを眺める感動の飛行体験ができる

ダイナミックに激流を下る

レイジング・サンダー・アドベンチャーズ

Raging Thunder Adventures

ラフトと呼ばれるゴムボートで急流を下るスリル満点のスポーツ。ラフティング愛好者に人気のタリー川とバロン川では、初心者から経験豊富な人まで楽しめる。

`ケアンズ`
Ⓗ 無休　Ⓛ 6:00〜19:00　Ⓢ バロン川半日 A$159〜（所要約3時間）、タリー川1日 A$225〜（所要約8時間30分）
☎ 07-4042-7300
`URL` www.ragingthunder.com.au

INFO

| 所要 約3時間〜 |
| 年齢制限 13歳以上 |
| 難易度 ★★ |
| 体力 ★★ |

野生動物を探す
動物探検ツアー

カンガルー、ポッサム、カモノハシなど、さまざまな野生動物に出会える。

動物を求めて探検

大自然動物探検ツアー

巨大アリ塚見学、ワラビーの餌付け、カモノハシ探しなどオーストラリアの動物と大自然に触れられる。星空観察とBBQツアーも楽しめる。

`ケアンズ`
Ⓗ 無休　Ⓢ A$190〜（送迎、夕食代込み）
☎ 07-4041-2583　FREE1800-444-154
`URL` mightyaussie.com

INFO

| 所要 約8時間 | 年齢制限 なし |
| 難易度 ★ | 体力 ★ |

激流に揉まれる
ラフティング

呼ばれるゴムボートに乗って急流を下るスリリングなスポーツ

世界的にも有名なタリー川。激流にもまれたい人にオススメ

スピード感がハンパない!

Take a Break ...

アクティビティの疲れをスパで癒す

大自然の中で思いっきり体を動かしたあとは、シティに点在するスパで疲れをほぐしてリラックスしよう。アボリジナル伝統の天然ハーブなど、オーガニック素材を使用しているスパが多いのも魅力。経験豊富なセラピストの巧みな手技で、心身ともにリフレッシュできる。

プルマン・インターナショナル内にある「ヴィー・スパ」では、天然ハーブを使用

MAP P.223 C-5

CAIRNS

早わかり

観光スポット

おすすめエリア

グルメ

ショッピング

アクティビティ

旅メモ　ほかに、スカイダイビングやパラセーリング、キャニオニングなども体験できる。

地元で評判のレストラン

#グルメ #シーフード #オージービーフ
#海が見えるレストラン #cairnsgourmet

アボリジニの料理を
モダンにアレンジ

オーカー

Ochre

数々の賞の受賞経験を
もつシェフが腕を振る
う有名店。カンガルー
やワニ、エミューなどの肉のほか、
ビーフや魚介など地元の食材を使
った料理を味わえる。味がいいの
はもちろん盛り付けも美しい。

ケアンズシティ ▶ MAP P.223 C-4
㊡日曜 ⏰11:30〜21:30 🏠6/1
Marlin Parade ☎07-4051-0100

❶オーストラリアの名物料理が目でも楽し
める ❷ケアンズ高原産ビーフテンダーロ
イン ❸海を見渡せるロケーション ❹ボ
ードウォーク沿って並ぶおしゃれなレスト
ランのひとつ

おすすめメニュー

**カンガルーサーロインの
炭火焼き A$46**
Char grilled Kangaroo sirloin
**オーストラリアン オード
ブルの 盛り合わせ A$48**
Australian Antipasto Plate

---

❶ポークリブ
❷アトランティッ
クサーモン
❸港を望むテラ
ス席

ヨットハーバーを眺めながら食事

ウォーター・バー&グリル

Water Bar & Grill

最高品質のステーキはもちろん、鮮度抜群のシーフードなど、
素材の味をそのままで味わえる人気レストラン。港を一
望する絶好のロケーションで、オージーフードを堪能しよう。

ケアンズシティ ▶ MAP P.223 D-4
㊡月〜木曜のランチ ⏰11:30〜14:30、17:30〜22:00
🏠The Pier at the Marina, Pier Point Rd. ☎07-4031-1199

おすすめメニュー

**プライム・リブ・アイ
(280g) A$48**
Prime Rib Eye
**車エビのグリル
モザンビーク風 A$52**
Mozambique Style Peri Peri Prawns

数えきれない受賞歴を
誇るバリの味

ベイリーフ

Bayleaf Balinese Restaurant

ケアンズ人気No.1との呼
び声が高いバリ料理店。
バリ島出身の実力派シェ
フが腕をふるう芸術的な
味わいは国籍・年齢層を
問わず幅広く愛される。
エキゾチックで優雅な雰
囲気が客の心を魅了する。

❶一歩足を踏み入れると、そ
こはまるでバリ島のよう
❷ビールからカクテル、ワイン
まで豊富にそろう ❸小鉢も
あれこれ楽しめて満足感抜
群。良心的な値段も人気の
秘密

ケアンズシティ ▶ MAP P.223 B-1
㊡土〜月曜のランチ
⏰6:30〜9:30、12:00〜14:00、
18:00〜深夜
🏠Cnr. Lake & Gatton Sts.
☎07-4047-7955

おすすめメニュー

ナシゴレン A$26.50
Nasi Goreng
**バリニーズ・コース
(2名より)A$64〜**
Balinese Rijsttafel

Take a Break ...

シドニー発のパイ専門店がケアンズにも

国内各地に店舗がある「パイ・フェイス」は、オーストラリアの国民食ともいえるミートパイ専門店。24時間営業いつでも焼きたてを食べられるので、小腹が空いたときに立ち寄ってみては？（▶MAP P.223 B-1）

ステーキ＆マッシュルームやチキンなど種類も豊富。

❶ウッディなインテリア ❷本場のイタリアンが味わえる実力派の料理

セレブも集うイタリア料理店

ヴィラ・ロマーナ

Villa Romana

ベストレストランの受賞歴もあるエスプラネード沿いの名店。つねに店内は満席で、地元の政治家や著名人にも常連が多いそう。

ケアンズシティ ▶MAP P.223 C-3
休無休 ⏰6:30～22:30
🏠99 The Esplanade
☎07-4051-9000

おすすめメニュー
パスタ A$28～48
Pasta
ピッツァ A$23～30
Pizza

味もロケーションもいい

ソルト・ハウス

Salt House

海に突き出た小さな岬の先端にあるオープンエアのレストラン＆バー。各国の料理法を取り入れたモダンオーストラリア料理を提供し、肉も魚もおいしいと評判。夜はバーに若者が集まり、バンドの生演奏が行われる。

ケアンズシティ ▶MAP P.223 D-4
休無休 ⏰11:30～24:00（金・土曜12:00～翌2:00）、レストラン12:00～15:00、17:30～21:00（金・土曜～21:30）
🏠6/2 Pier Point Rd., Marina Point ☎07-4041-7733

おすすめメニュー
地元リーフの日替わり魚 A$52
Local reef fish cooked over coral
シーフード・デラックス・ボード(2人前)A$175
Hot&Cold Seafood Deluxe Board For2

❶真空調理したやわらかなオーストラリア産和牛 ❷入って手前がバー、奥がレストランのスペース

おすすめメニュー
ジャンボ・プラッター(2～3人前) A$130
Jumbo Platter
タイガー・ブラウン(1～2人前) A$45
Tiger Prawns

エビ好きに最適な船上レストラン

プラウン・スター

Prawn Star

港に停泊している船をそのままレストランとして使用。潮風に吹かれてクルーズ気分を味わいながら身がプリプリのエビをたっぷりいただける。サーモンや牡蠣もおすすめ。

ケアンズシティ ▶MAP P.223 D-4
休無休 ⏰11:00～21:00
🏠Marlin Marina, E Finger–Berth 31, Pier Point Rd.
☎0497-007-225

❶牡蠣やクレイフィッシュも楽しめるジャンボ・プラッター ❷桟橋にあり、開放感たっぷり

旅メモ　オーストラリア産食材を使ったフレンチやイタリアン、中華など、各国料理のレストランも人気。

87

Shopping in Cairns

ケアンズみやげはココで買う

Tシャツ

エコバック

キーリング

クッカバラ（ワライカワセミ）を描いた、軽くて丈夫なエコバック

コアラをモチーフにしたキーリングは、ちょっとしたおみやげに

ご当地キャラクター「さかさコアラ」のデザインがかわいい

コアラのマーチ

マンゴー味のコアラのマーチはオーストラリア限定

ケアンズ最大の総合ギフトショップ

OKギフト・ショップ

OK Gift Shop

オリジナルの「さかさコアラ」シリーズや個包装のお菓子などの食品からユニークな雑貨小物、ファッションなど、年齢を問わない幅広いアイテムを取り揃えたギフトショップ。

ケアンズシティ ▶ **MAP** P.223 C-4

🈺無休　🕒9:00〜21:00　🏠Cnr. Spence St. & Abbott St.
☎07-4031-6144

サルの編みぐるみ

丸い形と革の持ち手がかわいいシンプルなバッグ。しっかりした作りで長く使えそう

ちょっと気弱な表情がキュートなサルの編みぐるみ。細かい部分までていねいに作られている

フラワーブローチ

フェルトを染めて作った花の形のブローチ。ぽってりした形が愛らしい。服や帽子に付けてワンポイントに

キュートでセンスのいいおみやげなら

ケアンズ美術館ギャラリーショップ

布のバッグ

Cairns Art Gallery Shop

ケアンズ・アート・ギャラリーのミュージアムショップ。雑貨やアクセサリーなど、オーストラリア人アーティストや工芸家によるポップなデザインのアイテムがいっぱい。

ケアンズシティ ▶ **MAP** P.223 C-4

🈺無休　🕒9:00〜17:00（土曜10:00〜、日曜10:00〜14:00）
🏠40 Abbott St.　☎07-4046-4800

ギフトタグ

2種類のイラスト各5枚セット。野菜からとったエコなインクを使用している

CAIRNS

早わかり

観光スポット

おすすめエリア

グルメ

ショッピング

アクティビティ

ケアンズの夜はナイトマーケットが楽しい

Must!

ナイトマーケット Night Markets

ケアンズに来たらはずせないのがナイトマーケットでのショッピング。ケアンズの特産物をはじめ、コアラやカンガルーをモチーフにしたアイテムが所狭しと並ぶ。夕方から夜遅くまで開いているので、ディナーのあとに立ち寄ってみたい。

ケアンズシティ ▶**MAP** P.223 C-3
㊡無休 ◷16:30〜22:30（一部店舗は異なる。フードコートは11:00〜）
🏠71-75 The Esplanade ☎07-4051-7666

おすすめのお店はコチラ

ケアンズのおみやげ探しに

レインフォレスト・ギフト

Rainforest Gift

地元産の希少なコーヒー豆や紅茶のほか、オーストラリア産ホホバオイルやエミューオイルなど、多彩なおみやげが揃う。

㊡無休
◷17:00〜23:00
🏠Shop 63

キュランダコーヒー300gA$23。系列のギフトショップもあり

おやつで小腹を満たす

クレープ・ショップ

The Crepe Shop

日本人スタッフが目の前で作ってくれる、甘さひかえめで心がなごむクレープ。クレープ片手にマーケットを回ろう。

㊡無休 ◷16:30〜22:30 🏠Shop 127

スイーツで元気回復

ぬくもり感じるマグネット

スプリング・ウッド・クラフツ

Spring Wood Crafts

ピスタチオの殻で作られたユニークなマグネットの店。デザインはすべてオリジナル。

㊡無休
◷16:30〜22:30
🏠Shop 61-62

コアラやコッカトゥなどかわいい動物のセット

ヘッドバンド

ポップでカラフルなアイテムが多い。ピアスはA$10〜

シュシュやヘッドバンドなどヘアアクセサリーはA$6〜

ピアス

女子好みのかわいいアイテムがそろう

メイキンウーピー・ギフトショップ

Making Whoopee Gift Shop

アーティストでもある3人の女性オーナーがセレクトしたおしゃれ雑貨が勢揃い。商品のほとんどがケアンズの作家によるハンドメイドで、ユニークなおみやげ探しにピッタリ。

ケアンズシティ ▶**MAP** P.223 B-4
㊡無休 ◷10:00〜17:00（土・日曜は〜14:00）🏠58 Shields St.
☎07-4041-1672

地球にやさしいギフトショップ

グリーン・ハウス・エンバイロメント・ショップ

The Green House Environment Shop

地元産と環境にこだわったアイテムを扱う店。アクセサリー、Tシャツ、ポストカードなどの幅広い品揃えでセンスも秀逸。

ケアンズシティ
▶**MAP** P.223 B-4
㊡無休 ◷10:00〜15:00（月曜11:30〜、水曜14:00、日曜9:00〜13:00）
🏠55 Spence St.
☎07-4031-8787

海をモチーフにした陶器製の花瓶。インテリア雑貨としてもおしゃれ

ソックス

タスマニアの女性アーティストがデザイン。オーストラリアの動物がモチーフ

フラワーベース

郊外の2大リゾートでリラックス

#ポートダグラス #portdouglas #パームコーヴ #palmcove

ケアンズから北西へ少し足をのばしたところに位置する2つのリゾート。
どちらも洗練された高級リゾートタウンとして知られ、ゴージャスなリゾートホテルが建ち並ぶ。

世界のセレブが集まる
ラグジュアリーなリゾート

Port Douglas
— ポート・ダグラス —

オーストラリア屈指の美しい港町

ケアンズから車で1時間半のポート・ダグラスは世界最古の熱帯雨林・モスマン渓谷の玄関口。ケアンズ中心部より観光客が少なく、落ち着いた優雅な雰囲気が漂う。ビーチ近くには高級リゾート施設が建ち並び、世界のセレブたちも休暇を楽しむためにこの地を訪れる。

ポート・ダグラス ▶MAP P.222 B-1

ポート・ダグラスへの行き方

空港や市内からポート・ダグラスへ移動するには、各社が運行しているシャトルバスが便利。BeepBeepTootのシャトルバスの場合、空港からポート・ダグラスまでA$48〜

トリニティ・ベイ
Trinity Bay
0 100 約200m
周辺図 P.222

難破船博物館
クラブ・トロピカル・リゾート
ノーティラス
サルサ・バー＆グリル
マントラ・ヘリテージ
コールス
観光案内所
オリジン・エスプレッソ
ル・シェール・ドゥ・モンド
マガジン島
ポート・ダグラス展望台
クリスタルブルック
スーパーヨット・マリーナ
コーラル・シー・ヴィラ
ハイビスカス・ガーデン
スパ・リゾート
ポートダグラス樹木園
メリディアン
ペニンシュラ
ハリソンズ・バイ・スペンサー・パトリック
シェラトン・グランド・ミラージュ・リゾート・ポート・ダグラス
プルマン・ポート・ダグラス・シー・テンプル・リゾート＆スパ
Warner St.
Macrossan St.
Murphy St.
Wharf St.
Bally Hooley Steam Railway

おすすめ ホテル＆レストラン

優雅にくつろげる一流ホテル

シェラトン・グランド・ミラージュ・リゾート・ポート・ダグラス

Sheraton Grand Mirage Resort Port Douglas

ポート・ダグラス屈指の最高級リゾートとして名高い老舗ホテル。プライベートビーチに美しいラグーンプールがあり、テニスやゴルフも楽しめる。一度は滞在したいラグジュアリー・リゾート。

ポート・ダグラス ▶MAP P.90/P.222 B-1

Ⓢ A$533〜 🏠168-190 Port Douglas Rd., Port Douglas ☎07-4099-5888

敷地内に海水のラグーンが8つあり、1年中泳げる

世界各国にファンをもつレストラン

ハリソンズ・バイ・スペンサー・パトリック

Harrisons by Spencer Patric

南仏ガーデンをほうふつとさせる優雅なレストラン。伝統的なフランス料理に芸術的なアイデアを吹き込んだ新感覚の美味が絶賛されている。

ポート・ダグラス ▶MAP P.90/P.222 B-1

㊡日・月曜 ⏰16:00〜21:00
🏠Sheraton Grand Mirage Port Doglas 内
☎07-4099-0852

洋ナシを使ったおしゃれな前菜

海岸沿いに椰子の木が並び
南国気分に浸れる大人のリゾート

Palm Cove
パーム・コーヴ

上品な雰囲気が漂う街で ゆったりとした時を過ごす

ケアンズから車で30分のパーム・コーヴは、国内で最も美しいビーチに選ばれたこともあるビーチリゾート。メインストリートは端から端まで歩いても15分程度とこぢんまりとした街だが、海に面して一流ホテルやレストランが建ち並んでいる。

パーム・コーヴ ▶MAP P.222 B-2

パーム・コーヴの行き方

空港や市内からパーム・コーヴへは、各社がシャトルバスを運行している。Beep BeepTootのシャトルバスの場合、空港からパーム・コーヴへはA$32～

ペッパーズ・ビーチ・クラブ &スパ
パラダイス・オン ザ・ビーチ・リゾート
0 150 約300m
周辺図 P.222
リーフ・ハウス The Reef House
リーフ・ハウス・レストラン Reef House Restaurant
Terebra St. ヴィーヴォ・バー&グリル
Veivers Rd. ドリフト・パーム・コーヴ
ヌ・ヌ・レストラン NU NU Restaurant
アラマンダ・パームコープ・バイ・ランスモア
プルマン・パーム・コーヴ シー・テンプル・リゾート&スパ Pullman Palm Cove Sea Temple Resort & Spa
ケアンズ
パーム コーヴ ビーチ

おすすめ ホテル&レストラン

エキゾチックで高級感漂うリゾートホテル

プルマン・パーム・コーヴ・ シー・テンプル・リゾート&スパ

Pullman Palm Cove Sea Temple Resort & Spa

東洋風のしっとりと落ち着いた雰囲気が評判のリゾート。コンドミニアムの客室から、中央のラグーンに直接アクセスできるスイムアウトルームやプライベートプール付きの部屋まで豊富に選べる。

パーム・コーヴ ▶MAP P.90

Ⓢ A$392～
🏠5 Triton St., Palm Cove
☎07-4059-9600

ホテルの中央にある 緑豊かなラグーン

5つ星のアラマンダ・ホテルにあるレストラン

ヌ・ヌ・レストラン

NU NU Restaurant

世界中を旅したオーナーシェフが、地産地消にこだわって始めた人気レストラン。日本や東南アジアのエッセンスを加えて作る斬新な創作料理が評判。

パーム・コーヴ ▶MAP P.90

㊡無休 ⏰7:00～深夜
🏠1 Veivers Rd., Palm Cove
☎07-4059-1880

椰子の新芽、メロン、 ココナッツのサラダ

神秘的な アサートン高原へ

#ケアンズ郊外の見どころ #熱帯雨林 #アサートン高原 #athertontableland

ケアンズの南西に広がる高原地帯で、巨大樹や美しい滝、
古城のようなパロネラ・パークなど、周辺の見どころが豊富。手つかずの原生林が広がっている。

What's
カーテン・フィグ・ツリー

無数の根がカーテン状に垂れたイチジクの大木。
主木に寄生して絡まり、主木の栄養を奪って絞め
殺してしまうことから「絞め殺しのイチジク」と呼
ばれる。**MAP** P.222 B-4

巨大樹が広がる丘陵地帯
アサートン高原 Atherton Tableland

ケアンズの南西に広がる海抜400〜1000mの広
大な高原地帯。湖や滝、森林など、美しい景観
に囲まれた自然の宝庫で、野性動物も多数生息
している。開拓された土地には広々とした牧場
もある。高原のハイライトは、自然の驚異を感
じさせられる巨大なカーテン・フィグツリー。

ケアンズ郊外 ▶**MAP** P.92/P.222 B-4
⊗ケアンズ中心部から車で1時間20分（ビジターセンター）

アサートン高原の必見スポット

熱帯雨林を裂いて流れ落ちる滝
ミラミラの滝
Millaa Millaa Falls

緑が生い茂る熱帯雨林に囲まれ
た崖から落ちる、高さ18mの美
しい滝。滝つぼでは泳ぐことも
できる。

ケアンズ郊外
▶**MAP** P.92/P.222 B-5

ミラミラとはアボリジナル
の言葉で「水が豊富な」「滝」
という意味

移民の夢を叶えた幻想的な古城
パロネラ・パーク
Paronella Park

1930年代にスペイン移民のホセ・パロネラが建設した
娯楽施設。スペインの古城のようなたたずまいで、世界
各国から旅行者が訪れる。

ケアンズ郊外
▶**MAP** P.92/P.222 D-5
®無休 ⊕9:00〜19:30
⑤ A$55
⌂1671 Japoonvale Rd.
☎07-4065-0000

─ TOUR INFO ─
アサートン高原を訪れるツアー

スピリチュアルな雰囲気が漂うアサートン高原を散策した後は、
ライトアップされて幻想的に浮かび上がるパロネラパークを訪
れる。ディナー付き。

アサートン高原とライトアップ・パロネラパーク
ジェイさんツアー ⏰13:10〜22:00
⑤A$279〜（送迎、夕食込み）☎07-4041-2583
URLwww.mightyaussie.com

GOLD COAST

KEYWORD
早わかり

96　ゴールドコースト早わかり

KEYWORD
グルメ

108　海を見渡すシー・ビュー・レストラン

KEYWORD
観光スポット

100　テーマパークを深掘り

102　オージーアニマルと触れ合いたい！

KEYWORD
ショッピング

110　オーストラリアメイドが買える店

KEYWORD
おすすめエリア

104　サーファーズ・パラダイス

OTHERS!

98　ゴールドコーストの旅テク10

106　お気に入りのビーチを探そう

112　ヒンターランドで大自然に抱かれる

Gold Coast

Tourist spots in Gold Coast

南北に長くのびる海岸線に
魅力的なビーチリゾートが点在

晴れた日には、バーレー・ヘッズ
からサーファーズ・パラダイスの
高層ビル群がよく見える

Lunch at a beachside restaurant.
Enjoy life-by-the-sea
on the Gold Coast.

ランチタイムは海沿いのレストランへ。ビーチを見
渡すテラス席で、のんびりと過ごしたい

ゴールドコースト早わかり

黄金色に輝く砂浜が約57km続く世界屈指のビーチリゾート。マリンアクティビティや熱帯雨林の散策、ショッピングやテーマパークと、楽しみ方は自由自在!

どんな街?

海岸線に沿って南北に広がるエリアに、個性的なビーチやテーマパーク、世界遺産のラミントン国立公園などが広がる自然に囲まれたリゾート地。

人口 約73万人　　面積 約1402km²

ゴールドコースト
GOLD COAST

ブリスベン

SYDNEY

サンクチュアリ・コーヴ
Sanctuary Cove

クーメラ駅
Coomera Sta.

ドリームワールド
Dreamworld

ウェットン・ワイルド
Wet'n Wild

ワーナー・ブラザーズ・ムービー・ワールド
Warner Bros. Movie World

パラダイス・カントリー・オージー・ファーム・ツアー
Paradise Country Aussie Farm Tour

ヘレンズヴェール駅
Helensvale Sta.

タンボリン国立公園
Tamborine National Park

ネラング駅
Nerang Sta.

Pacific Hwy.

City Train

シティトレイン

ゴールドコーストのアジアンタウン

A サウスポート

Southport

サーファーズ・パラダイスの北に広がる住宅エリアで、古さと新しさが混在する街。サーファーズ・パラダイスからは電車で約15分。

珍しい動植物が生息

B ヒンターランド

Hinterland

内陸部に広がる世界遺産の亜熱帯湿潤地域。ワラビーや野鳥、チョウが生息している。広大なエリアなので目的を絞って訪れたい。ラミントン国立公園内ではツリー・トップ・ウォークが楽しめる。
▶P.112

Must! オライリーズ▶P.113

ロウアー・ビーチモント
Lower Beachmont

アドバンスタウン湖
Advancetown Lake

B ヒンターランド
Hinterland

ビーチモント
Beachmont

スプリングブルック国立公園
Springbrook National Park

ラミトン国立公園
Lamington National Park

ネラング川
Nerang River

ビーチでのんびりしよう

GOLD COAST

早わかり

観光スポット

おすすめエリア

グルメ

ショッピング

アクティビティ

F メイン・ビーチ

Main Beach

のどかな空気が漂いながらも、高級ショップが集まるセレブな街。高級感漂う海沿いのエリアは、ショッピングセンター「マリーナ・ミラージュ」などがあり、おみやげ探しにもおすすめ。　▶P.106

最もにぎわう街の中心地

E サーファーズ・パラダイス

Surfers Paradise

ホテルが集まり、観光でにぎわうゴールドコーストの中心地。ビーチを訪れる人はもちろん、カヴィル・モールを中心に店が密集。ショッピングセンターも多く、買い物好きにも人気。

 ビーチフロント・マーケット▶P.104　　　▶P.104
スカイポイント展望台▶P.105

N

サウス・ストラットブローク島
South Stradbroke Is.

太平洋
Pacific Ocean

■ ラブラドール
　Labrador

サウスポート
Southport

Ⓐ　メイン・ビーチ Ⓕ
　　Main Beach

　　サーファーズ・パラダイス Ⓔ
　　Surfers Paradise

　　ブロードビーチ Ⓓ
　　Broadbeach

　　マーメイド・ビーチ
　　Mermaid Beach

コビーナ駅
Robina Sta.

ヴァーシティ
レイクス駅 Ⓒ
Varsity Lakes Sta.

　　バーレー・ヘッズ
　　Burleigh Heads

デイビッド・フレイ・ワイルドライフ・パーク
■ David Fleay Wildlife Park

　　パーム・ビーチ
　　Palm Beach

ランビン・ワイルドライフ・サンクチュアリ
Currumbin Wildlife Sanctuary

ゴールドコースト空港
Gold Coast Airport

ツイード・ヘッズ
Tweed Heads

シドニー

開発が進む注目エリア

D ブロードビーチ

Broadbeach

サーファーズ・パラダイスの南にある閑静なエリア。高級レストランやカジノが集まり、巨大ショッピングモールのパシフィック・フェアもここ。土・日曜に開かれるカラーラ・マーケットには多くの人が訪れる。　▶P.107

個性的な店が集まるビーチタウン

C バーレー・ヘッズ

Burleigh Heads

近年注目のおしゃれエリアで、サーフスポットとしても有名。パーム・ビーチはこのすぐ南にある。　▶P.107

トロピック
▶P.108

人気のビーチで
サーフィンのレッスンを
受けたり、テーマパークを
はしごして楽しもう！

#01

気になる

オージーアニマル はココで会える

ゴールドコーストは、珍しい
オージーアニマルを見られ
る施設が豊富。ゴールド
コーストのあるクイーンランド
州はコアラ抱っこもOK。

会える 動物 早見表	コアラ	カンガルー	ワラビー	ウォンバット	タスマニアンデビル	ディンゴ	カモノハシ	カソワリ	エミュー	クロコダイル	サメ	ペリカン
カランビン・ワイルド ライフ・サンクチュアリ	●	●	●	●	●			●	●	●		
パラダイス・ カントリー	●	●										
シー・ワールド											●	●
ドリームワールド	●	●	●	●	●					●		
デイヴィッド・フレイ・ ワイルドライフ・パーク	●	●								●		

#02

ゴールドコーストでの

お役立ちアプリ ベスト3

アプリがあれば、土地勘のない場所でもスムー
ズに旅を進める助けになる。ゴールドコースト
の観光や移動で役立つアプリをご紹介。

MyTransLink

バス、電車などの公共交通機関の利用を
より便利にしてくれるアプリ。現在地付近
の停留所の表示や目的地へのルートな
ど、多数の機能がある。

13 Cabs

ゴールドコーストでタクシーをよぶことが
できるアプリ。見積もり機能もあるの
で目的地までの概算も可能。帰りの
ホテルから空港までの移動に。

My G:

ゴールドコーストのトラム「G:link」のアプ
リ。ゴールドコーストのアトラクションや
トラムの時刻表などを見ることができる。

#03

テーマパークの

おトクなチケットってあるの？

サーファーズ・パラダイス近郊に点在するテーマパーク。
シー・ワールドとムービー・ワールド、ウェットン・ワイ
ルド、パラダイス・カントリーの4つのテーマパークで
使えるメガパス（A$299、14日間有効）がお得。公
式サイトで利用日の12ヵ月前から購入可能。主要ホ
テルからテーマパークまで送迎するバス「テーマパーク・
トランスファー」（▶P.224）を利用すると便利だ。

#04

観光に便利な

ゴー・カード を活用！

ゴールドコーストでバスやトラムなどの公共交
通機関を利用するなら、ゴー・カードという交
通系プリペイドカードを持っていると、おトク
に乗車できる。これを使うと現金で支払うよ
りも3割程度安くなるうえに、時間帯によって
はオフピーク料金が適用され、さらに割引が適
用される。購入は駅やコンビニなどで。

▶P.225

#05

のんびりステイには
コンドミニアム がおすすめ

ゴールドコーストの海沿いに建ち並ぶコンドミニアムは、キッチンや洗濯機などが付いたアパートメントタイプのホテル。目の前に広がる海岸線を眺めながら、のんびりと暮らすように滞在できる宿泊施設だ。ガラス張りのバスルームで、湯船に浸かりながら海を見渡すようなラグジュアリーなステイができるところもある。地元の食材を自分で料理するのも楽しみのひとつ。調理用具やカトラリーなどは揃っているが、調味料などは置いていないところがほとんどなので、キッチンをチェックしてから買い出しへ。

#06

ファクトリーショップ で

ムートンブーツをオーダーメイド

マイアミにあるUGG本社併設のファクトリーショップ「UGG シンス1974・ヘッドクォーターズ＆ファクトリー・アウトレットストア」（▶P.110）では、人気のムートンブーツをオーダーメイドすることが可能。注文から最短24時間（土・日曜を除く）でできあがる。

#07

ビーチアイテムは
現地調達 でOK

サーファーズ・パラダイスはサーファーが集まる街だけあって、ビーチ系ブランドが数多く揃っている。水着などのビーチアイテムはかわいいものがたくさんあるので、現地で購入するのもいい。

#08

郊外の大型アウトレット で

おトクにショッピング

郊外の「ハーバー・タウン・プレミアム・アウトレット」（▶MAP P.226 C-2）は、ファッションやコスメ、雑貨まで、220以上の店舗が並ぶ国内最大級のアウトレットモール。無料シャトルバスが利用でき、アクセス便利。

#09

ゴールドコーストで
サーフィン のレッスンはいかが？

60kmも続く海岸線にいくつものサーフスポットが点在するゴールドコーストは、世界有数のサーフ天国。ビギナー向けのサーフレッスンを行っているスクールも多く、日本人インストラクターが教えるところもある。ゴールドコーストでサーフィンデビューしてみては？

#10

ローカルみやげは
ナイトマーケット で探す

毎週水・金・日曜の夕方には、サーファーズ・パラダイスのビーチフロントでナイトマーケットが開催される。ローカルのアーティストによるクラフト雑貨やファッション、オーガニックコスメなどの露店も出るので、おみやげ探しにもいい。

テーマパークを深掘り

ゴールドコーストにはテーマパークがいっぱい！送迎シャトルバスでアクセスも便利

Cute Dolphins

海の動物たちの楽園

シー・ワールド

Sea World

シロクマやイルカ、サメなどの海の生物を見学できるほか、趣向を凝らしたさまざまなショーや、水や火の中を通るジェットコースターなどの各種アトラクションがあり、大人も子供も楽しめる。園内はモノレールで移動。サーファーズ・パラダイスから3kmと、街の中心部からのアクセスも抜群。

ペンギンのイベントも要チェック

(メイン・ビーチ) ▶**MAP** P.227 C-1
㉘無休 ⏱9:30～17:00(季節により変更あり)
⑤A$115～(アトラクション、ショー込み)
🏠Sea World Dr., Main Beach ☎133386

① イルカショーが行われるラグーンは緑がいっぱい。自然に近い環境を演出 ② ペンギンのエサやり見学は1日2回 ③ 人気のイルカショーも1日2回開催

※ 人気のアトラクションを体験！ ※

(ポーラー・ベア・ショア)

北極の自然を再現した大型プールの中を、シロクマが自由に泳ぐ姿を観察

(シャーク・ベイ)

世界最大の人工ラグーンで泳ぐダイナミックなサメの姿を観察。グラスボトムボートもある

Take a Break ...

まだある個性的なテーマパークへもGO!

ショー満載のファーム体験

パラダイス・カントリー

Paradise Country

アクティビティやショーが満載のパーク。羊の毛刈りショーや牧羊犬のデモンストレーションが楽しめるほか、カンガルーやコアラも間近で見学することができる。

▶P.103

映画のキャラクターに会える

ワーナーブラザーズ・ムービーワールド

Warner Brothers Movie World

映画の世界を再現したテーマパーク。園内には撮影所もある。

(オクセンフォード) ▶**MAP** P.226 B-2
㉘無休 ⏱9:30～17:00
⑤A$115～ 🏠Pacific Motorway, Oxenford7133386

フルーツ好きにはたまらない

トロピカル・フルーツワールド

Tropical Fruit World

採れたての南国フルーツが試食できる果物のテーマパーク。

(ドゥーンバ) ▶**MAP** P.226 D-5
㉘無休 ⏱9:00～16:00 ⑤ファームツアーA$56～ 🏠29 Duranbah Rd.,Duranbah ☎02-6677-7222

GOLD COAST

早わかり

観光スポット

おすすめエリア

グルメ

ショッピング

アクティビティ

3大テーマパークのひとつ

ドリームワールド

Dreamworld

アトラクションがある4つのセクションと、オーストラリア固有種などさまざまな動物を飼育するゾーンに分かれており、一日中飽きることなく過ごせる。新しいアトラクションやプログラムも続々登場。リニューアルしたトラのエリア「タイガーアイランド」も必見。

クーメラ ▶MAP P.226 B-1
㊀無休 ⏰10:30〜16:00(金・日曜10:00〜)
Ⓢ A$115〜
🏠Dreamworld Parkway, Coomera
☎07-5588-1111

Enjoy!

═══ 人気のアトラクションを体験! ═══

タイガーアイランド

コロボリー

間近で観察できるだけでなく、一緒に撮影することも可能

コアラを抱っこして記念撮影可(A$29.95〜、11:00〜15:30)

ホワイトウォーター・ワールド

ドリームワールドに隣接しているウォーターパーク。スリリングなウォータースライダーなどアトラクションがたくさん

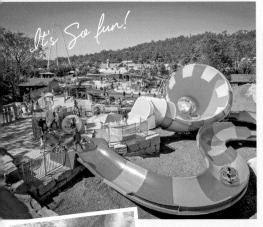
It's so fun!

アトラクションが豊富

ウェットン・ワイルド・ウォーター・ワールド

Wet'n Wild Water World

オーストラリア最大級のウォーターパークで、夏には多くの人で賑わうゴールドコーストの人気スポット。波のプールやウォータースライダーのほか、急流下りなど、日本のプールにはないようなスリル満点のアトラクションがそろい、子どもだけでなく、大人も思い切り楽しめる。

オクセンフォード ▶MAP P.226 B-2
㊀無休 ⏰10:00〜17:00(季節により変更あり)
Ⓢ A$99〜 🏠Pacific Motorway, Oxenford
☎133386

═══ 人気のアトラクションを体験! ═══

フローライダー

波が打ち寄せるサーファー用のプールで波乗り体験。

トルネード

15mの高さから長さ40mのトンネルの中を一気に滑り落ちる。

コンストリクター

3人乗りのチューブに乗り、時速30kmのスピードで360度回転しながら滑る。

Sightseeing in Gold Coast

オージーアニマルと触れ合いたい！

#ゴールドコーストの動物園　#オージーアニマル　#コアラ抱っこ
#動物とふれあえる　#タスマニアンデビル　#ディンゴ

コアラ抱っこも
できるよ

野生動物の保護区で
オージーアニマルと遊ぶ

オージーアニマルが大集合

野生動物専用病院を備えた、国内トップクラスの動物保護区

カランビン・ワイルドライフ・サンクチュアリ

Currumbin Wildlife Sanctuary

27haの広大な敷地に、コアラやカンガルー、ワラビーなど100種類以上が飼育されている野生動物の保護区で、自由に散策できる。

カランビン ▶MAP P.226 D-5
㊡無休 ⏰8:00〜17:00 💰A$59.95
🏠28 Tomewin St., Currumbin
☎07-5534-1266

❶ロリキートの餌づけ体験は毎日8:00、16:00の2回 ❷エサが入ったトレイめがけて、鳥たちがわっと集まってくる。エサがのった皿をしっかり持つこと

ほかにもこんな動物たちに会える

タスマニアン・デビル
Tasmanian Devil

ディンゴ
Dingo

ハリモグラ
Echidna

エミュー
Emu

Take a Break ...

オーストラリアにユニークな動物が多い理由

コアラやカンガルーに代表される有袋類など、オーストラリアだけに見られる珍しい生き物が多いのは、古くからこの国が大陸から切り離されていたため。特異な環境の中で、独自の進化を遂げた生き物たちは、見た目も行動もとても個性的だ。

オーストラリアのアイコン、コアラ。エサであるユーカリの葉には毒素があり、体内でその毒を分解するために1日約20時間を寝て過ごしている

バラエティ豊かなファーム体験

到着したら、まずは各ショーのスケジュールをチェックしよう!

パラダイス・カントリー

Paradaise Country

羊の毛刈りショー、シープドッグの羊追いショーなどアクティビティがいっぱい。各ショーの合間を縫って、動物たちとふれあう時間ももちたい。

オクセンフォード ▶ **MAP** P.226 B-2
㉫無休 ⏰10:00〜15:30（時期によって変動あり） Ⓢ A$54 🏠Paradise Country, Production Dr, Oxenford ☎133386

手から直接エサを食べるワラビーに癒される

❶ワラビーやカンガルーがモグモグ食べる姿はかわいくて必見 ❷ショーが多い楽しいファーム ❸羊や牧羊犬が見られるストックマン・ショーは、ストックマン＆シープドッグ・アリーナで1日2回開催

見たことがない珍しい動物がいっぱい

ウェットランドの動物たちに会える

各動物の生態を詳しく解説してくれるガイドウォークに参加したい

デビッド・フレイ・ワイルドライフ・パーク

David Fleay Wildlife Park

レインフォレスト、ウェットランド、ユーカリプスフォレストを園内に再現。それぞれのエリアごとに動物たちが展示されている。カモノハシがいる夜行性動物館も見逃せない。

バーレーヘッズ ▶ **MAP** P.226 D-4
㉫無休 ⏰9:00〜16:00 Ⓢ A$27.05〜
🏠 Cnr. Loman Ln. & West Burleigh Rd., West Burleigh ☎07-5669-2051

❶枝の上をジャンプして移動 ❷小型の有袋類レッドレッグド・パデモロン ❸カーペット・パイソンにタッチ ❹国内最大のトカゲ、レース・モニター

🖊 旅メモ　カランビン・ワイルドライフ・サンクチュアリでは、毎年12000匹以上の動物を治療している。

Gold Coast Map City

サーファーズ・パラダイス

ゴールドコーストで一番にぎわう場所がここ。海水浴
やサーフィンなどのビーチでの遊びはもちろん、
ショッピングやグルメも存分に楽しめる

⏰ TIME 2時間

どんなエリア?

南北にのびるビーチ沿いに
ホテルや高級コンドミニ
アムが建ち並ぶゴールド
コーストの中心地。ここを
拠点に街を満喫しよう。

ドリームワールド
ワーナー・ブラザーズ・
ムービー・ワールド
シー・ワールド
メイン・ビーチ
サーファーズ・
パラダイス
ブロードビーチ
ヒンターランド

＼ ローカル度 ／	＼ 見どころ ／	＼ グルメ ／
★★★☆	★★★★☆	★★★★★

ゴールドコーストで最もにぎやかなビーチ沿いの楽園

❶ヨーロピアンな雰囲気のショッピングセンター　❷地元のサーファーカップル
❸スカイポイントの外周を歩く「スカイポイント・クライム」はスリル満点　❹黄金色の
ビーチがどこまでも続く　❺ビーチ前のショッピングセンター

サーファーズ・パラダイスMAP

シェブロン
アイランド
Chevron Island

ネラング川
Nerang River

コーラル海
Coral Sea

❶・❺チャリス

シェブロン ●
ルネッサンス

ペッパーズ・ソウル ⓗ
サーファーズ・パラダイス

ビーチフロント
マーケット

サークル・オン・カヴィル ⓢ
Cavill Avenue

Orchid Ave.

ⓗ ハリケーン・グリル
＆バー P.109

ヒルトン・サーファーズ・パラダイス

カヴィル・モール ⓑ ●
Beach Rd.

ノボテル・サーファーズ・パラダイス ⓗ
パラダイス・センター ⓓ

サーファーズ
パラダイス・ビーチ
P.107

The Esplanade

Hanlan St.

Tricket St.

ⓗサーファーズ
インターナショナル
アパートメント

Watson Esp.

Surfers Paradise Blvd

パラダイス・アイランド ⓗ
リゾート

ⓗマントラ・レジェンズ・ホテルP.185

Laycock St.

パラダイス・アイランド
Paradise Island
P.185 ヴォコ・ゴールドコースト ⓗ

Clifford St.
Surfers Paradise

ⓗブレイクフリー
ペニンシュラ

スカイポイント展望台 ⓐ

Hamilton Ave.

G:link

Markwell Ave.

P.108 BMDノースクリフ・サーフ ⓡ
ライフ・セービング・クラブ

Enderley Ave.

Vista St.

Via Roma

Northcliffe St.

Thornton St.

0   200m

周辺図 P.227

周辺図 P.227

＼ ナイトマーケットへ ／

カラフルなテントが目印

ハンドメイド雑貨が見つかる

ビーチフロント・マーケット

Beachfront Market

ビーチフロントで毎週水・金・日曜に
開催されるマーケット。地元のアーティ
ストが、選りすぐりの作品を販売。

サーファーズ・パラダイス
▶**MAP** P.104／P.227 B-1
㉜月・火・木・土曜 🕐16:00〜21:00
🏠The Esplanade, Between Hanlan St. to
Elkhorn Ave., Surfers Paradise

GOLD COAST

早わかり

観光スポット

おすすめエリア

グルメ

ショッピング

アクティビティ

高層タワーから街を見渡す

超高層ビルからの眺望は最高

Ⓐ スカイポイント展望台

Skypoint Observation Deck ✷✷

80階建ての住居ビルで、ゴールドコーストのランドマーク。77階のスカイポイント（展望台）からは360度のパノラマが望める。

サーファーズ・パラダイス ▶**MAP** P.104／P.227 B-2

⊛無休 ⊙7:30〜21:00※日により異なるのでHPで要確認 ⑤展望台 A$31〜 ♠9 Hamilton Ave., Surfers Paradise ☎07-5582-2700

URL www.skypoint.com.au

❶高さ235mからの眺めは忘れられない思い出に ❷展望台のほか、レストランやホテルを併設

ショッピングセンターでおみやげをGET

ヨーロッパ調の建物のショッピングセンター

Ⓒ シェブロン・ルネッサンス

Chevron Renaissance

サーファーズ・パラダイス・ブルヴァードのランドマーク。ブティックやカフェがモール内に並ぶ。

サーファーズ・パラダイス
▶**MAP** P.104/P.227 A-1

⊛無休 ⊙6:00〜22:00（土曜7:00〜、日曜7:00〜21:00）♠3240 Surfers Paradise Blvd., Surfers Paradise ☎07-4413-7410

レストランが並ぶコートヤード。開放的なテラス席でゆっくり食事を楽しみたい

ビーチへと続くショッピングモール

Ⓑ カヴィル・モール Cavill Mall

サーファーズ・パラダイス・ビーチの入口からまっすぐに延びるショッピングモール。海に繰り出す前にビーチグッズをここで調達しよう。

ビーチに続くモールはいつも活気にあふれている

サーファーズ・パラダイス ▶**MAP** P.104／P.227 B-1

♠ Cavil Ave. ⊛⊙店舗により異なる

ビーチから一番近いショッピングモール

Ⓓ パラダイス・センター

Paradise Centre

サーファーズ・パラダイスの中心にある。各種専門店をはじめ、レストラン、スーパーマーケットなど100店舗以上が集う。

サーファーズ・パラダイス
▶**MAP** P.104/P.227 B-2

⊛無休 ⊙9:00〜22:00（店舗により異なる）
♠ Cavill Ave., Surfers Paradise ☎07-5592-0155

人気のフィッシュマーケットへ

新鮮なシーフードをテイクアウト

Ⓔ チャリス Charis

ゴールド・コーストで最大規模のフィッシュ・マーケットは、地元の人たちや長期滞在者に人気。新鮮なシーフードをたっぷりと味わいたければ、迷わず足を運んでみたい。

ラブラドール ▶**MAP** P.104／P.226 C-2

⊛無休 ⊙7:00〜19:00 ♠371 Marine Pde., Harley Park, Labrador ☎07-5527-1100

❶茹でたエビやカニは量り売りで1kg A$50〜60程度。魚は追加でA$10〜12程度払うと好みに合わせて料理してくれる ❷ブロードウォーターが目の前。ビーチではペリカンにも会える

個性いろいろ

お気に入りの
ビーチを探そう

サーファーズ・パラダイスを
中心に、白砂のビーチが
いくつも連なっているよ。

CARROT

A
SURFERS
PARADISE
BEACH

ビーチ沿いを
散歩しましょう！

B
MAIN
BEACH

ビーチから、サーファーズ・パラ
ダイスの高層ビル群を一望

Let's Surf!

D
BURLEIGH
HEADS BEACH

観光客が少ない、比
較的のんびりとした
ビーチ。徒歩10分
ほどの高台のビュー
ポイントは絶好の撮
影スポット

ビーチフロントに高
層ビルが建ち並ぶ、
ゴールドコーストら
しい風景

Must!

C
BROAD
BEACH

週末には地元の人たちで賑わうビー
チで、サーファーも多い

海辺でのんびりと過
ごすローカルのライ
フスタイルを垣間見る
ことができる

世界中のサーファーが集うビーチへ
A サーファーズ・パラダイス・ビーチ
Surfers Paradise Beach

ゴールドコースト中心部のビーチは、年間を通して観
光客でにぎわう。毎週水・金・日曜にはマーケットが
開催される。

サーファーズ・パラダイス ▶**MAP** P.227 B-1
♠ The Esplanade, Surfers Paradise　カヴィル・モ
ールから徒歩すぐ

＼ 周辺の見どころ ／

超高層ビルからビーチを見渡せる
スカイポイント展望台 ▶P.105
SkyPoint Observation Deck

毎週開催のナイトマーケット
ビーチフロント・マーケット ▶P.104
Beachfront Markets

地元で人気のサーフィンのメッカ
B メイン・ビーチ
Main Beach

リッチな人々が集まる、高級感が漂うエリア。高級ブ
ランド店が多く入っているショッピングモール「マリー
ナ・ミラージュ」やレストランやカフェが並ぶ「テダー・
アベニュー」も見どころ。

メイン・ビーチ ▶**MAP** P.227 D-2
⊗サーファーズ・パラダイスから車で10分

開発が進むバラエティ豊かなエリア
C ブロードビーチ
Broadbeach

オープンエアスタイルの開放的なカフェやレストランが
軒を連ねる。クイーンズランド州最大のショッピングセン
ター、パシフィック・フェア（▶**MAP** P.227 B-4）
もあり、トレンディなエリアとして開発が進む。

ブロードビーチ ▶**MAP** P.227 B-3
⊗サーファーズ・パラダイスから車で10分

サーファー憧れのビーチ
D バーレー・ヘッズ・ビーチ
Burleigh Heads Beach

サーフスポットとして有名。ビーチのすぐそばには、
レストランやサーフショップ、ビーチウェアや雑貨な
どの個性的な店が並ぶ。買い物好きの地元女子に混
ざって、ローカルな雰囲気を楽しんで。

バーレー・ヘッズ ▶**MAP** P.226 D-4
⊗サーファーズ・パラダイスから車で20分

good waves!

海を見渡す**シー・ビュー・レストラン**

#ゴールドコーストグルメ #海沿いのレストラン #シービューレストラン
#オーシャンフロントのレストラン #goldcoastgourmet

海を眺めながら絶品シーフードを

トロピック

Genic!

The Tropic

バーレーヘッズのビーチを望む絶好のロケーション。地中海にインスパイアされたシーフード料理が好評。ビーガンメニューも用意されている。

バーレーヘッズ ▶ **MAP** P.226 D-4

⊛ 無休 ⏱ 12:00～22:00（金・土曜は11:00～23:00、日曜は11:00～）
🏠 3b/43 Goodwin Terrace, Burleigh Heads
☎ 07-5661-9050

❶開放感あふれる空間でシーフードが味わえる ❷シーフードメニューの種類が豊富 ❸目の前に広がる海を眺めながら、のんびりと食事を楽しみたい

ビュー・ポイント
ビーチの上に建つ抜群のロケーション

黄色のパラソルが目印

オン・ザ・ビーチのレストラン＆バー

BMDノースクリフ・サーフ・ライフ・セービング・クラブ

BMD Northcliffe Surf Life Saving Club

ライフセーバーのために建てられた施設だが、レストランとバー、ゲームラウンジがあり、一般の人も利用できる。大きな窓の外には白砂のビーチが広がる。

サーファーズ・パラダイス ▶ **MAP** P.227 D-3

⊛ 無休 ⏱ 7:30～21:00
🏠 51 Garfield Terrace, Surfers Paradise
☎ 07-5539-8091

ビュー・ポイント
白砂のビーチの上に建ち、すぐ目の前が海

❶ソーセージやベーコン、ハッシュドポテトなど、盛りだくさんな朝食 ❷ヘルシーハーベスト（朝食）はA$16～

ボリューム満点のステーキが魅力

ハリケーン・グリル＆バー

Hurricane's Grill & Bar

プレミア品質の牛ステーキとリブの専門店。専門店だけあって肉の種類が豊富で、ステーキだけでもメニューは13種類。ショッピングモールのソウル・ボードウォークの2階にある。

サーファーズ・パラダイス
▶**MAP** P.227 B-1

㊡無休 ⏰12:00～15:00、17:00～21:00（土曜～22:00、日曜～21:00）
🏠Level 1, 4-14 The Esplanade, Surfers Paradise ☎07-5503-5500

❶窓側の席がおすすめ ❷フィレ＆サーロインの両方が楽しめるTボーンステーキ400gはA$60、サラダはA$24～

雰囲気も味も贅沢なレストラン

オメロス・ブラザーズ

Omeros Bros.

シェフ自慢のシーフード料理は世界中にファンをもち、高級感漂う雰囲気の店内は訪れる人を魅了する。海を望むロケーションで、とくに夕景がおすすめだ。

メイン・ビーチ ▶**MAP** P.227 D-1

㊡無休 ⏰11:00～14:20、17:00～22:30（金～日曜12:00～21:00）
🏠74 Seaworld Dr., Main Beach
☎07-5591-7222

❶盛り付けにもこだわった前菜。鮮度抜群の魚介を生かした味わい ❷海が見渡せるよう、大きな窓を設置。開放感も満点

マリーナを望むダイニングへ

グラス・ダイニング＆
ラウンジ・バー

Glass Dining & Lounge Bar

マリーナ・ミラージュにあるレストラン。バーとしても有名で、サンセット時になると、地元の人たちもここにきて、カクテル片手に楽しいひとときを過ごしている。

❶手の込んださまざまなタパス ❷新鮮なオイスターをいろいろな食べ方で味わえる ❸ワインもいいけれどカクテルもおすすめ ❹昼と夜では違った景色が楽しめる

メイン・ビーチ
▶**MAP** P.227 D-1

㊡無休 ⏰12:00～深夜
🏠74 Seaworld Dr., Main Beach
☎07-5527-1009

✒ 旅メモ　各ビーチのサーフ・ライフ・セービング・クラブの中にあるレストランは、誰でも利用できる。

GOLD COAST

早わかり

観光スポット

おすすめエリア

グルメ

ショッピング

アクティビティ

オーストラリアメイドが買える店

Fasion & Goods
ファッション雑貨

バッグはA$65
～365程度 **B**

ヘレン・カミンスキーの
バッグ A$425 **A**

ヘレン・カミンスキーの
たためる帽子 A$350 **A**

ホリデイブランドのシュ
ーズ各 A$99.50 **A**

フック A$21.95 **C**

キャンドル
A$34.95 **C**

ECOYA

シャツは
A$89～ **B**

┤ 人気のムートンブーツを買うなら ├

すべてここで職人が手作り
しており、正真正銘のメイド・
イン・オーストラリアにこだわ
る人は必訪。

職人が一足ずつていねいに手
作り

高品質なUGGブーツが勢ぞろい

UGGシンス1974・ヘッドクォーターズ＆
ファクトリー・アウトレットストア

UGG since 1974 Headquarters and Factory Outlet Retail Store

UGG本社に併設された工場兼直売ア
ウトレットストア。カラーやスタイル
のバリエーションが豊富に揃っている
ので、掘り出し物が見つかるかも。

オーダーメイドも
可能

マイアミ
▶MAP P.226 D-4
◷9:00～17:00 ⌂23 Christine Ave.,
Miami ☎07-5520-4066

GOLD COAST

早わかり

観光スポット

おすすめエリア

グルメ

ショッピング

アクティビティ

Foods
食品

Tridoshaのグルメソ
ルト＆ペッパー A$12
オーストラリアの海塩
にペッパーやハーブ、
スパイスをブレンド

MAGGIE BEERの
イチジク＆フェンネルペ
ースト。バゲットやハー
ドチーズと合わせて食
べるとGOOD

オーストラリアで受賞歴がある人
気のオリーブオイル

the source BULK
FOODSのナッツ入り
のチョコボール
A$5.99〜
量り売りなので好きな
分だけ購入できる

オーストラリア産のドライフルーツやマカダ
ミアナッツなどが入ったシリアル

赤のスパークリングはめ
ずらしく、自分用に購入
する人も

センスのよいコンセプトストア

Ⓐ ホリデイ・クロージング

Holiday Clothing

リネンやコットンなどを使った大人の女性の休日ウ
ェアや帽子、バッグ、靴を扱うブティック。ヘレン・
カミンスキーの帽子やバッグの取り扱いもあり。

`メインビーチ` ▶MAP P.227 D-1
㊷無休 ⏰10:00〜17:00 🏠Shop 8, Marina Mirage,
Main Beach ☎07-5591-5898

トレンドに敏感な女子御用達

Ⓑ ホワイト・ボヘミアン

White Bohemian

70年代風のヒッピースタイルをかわいくコーディネート
できる。チュニックからアクセサリー、バッグ、モデル
が愛用しているQuayのサングラスまでなんでもそろう。

`パームビーチ` ▶MAP P.226 D-5
㊷日曜 ⏰9:00〜17:00 🏠6/1160 Gold Coast Hwy.,
Palm Beach ☎0411-777-633

香りのアイテムが豊富

Ⓒ ゴールドコースト・キャンドル・カンパニー

Gold Coast Candle Company

メイド・イン・オーストラリアのフレグランスキャン
ドルやコスメ、ホームフレグランスなど幅広い品ぞろえ。

`バーレーヘッズ` ▶MAP P.226 D-4
㊷無休 ⏰9:30〜16:00（土曜10:00〜、日曜10:00〜14:30）
🏠7/50 James St., Burleigh Heads ☎07-5650-0769

ゴールドコーストに5店舗展開

Ⓓ フラナリーズ

Flannerys

食にこだわる人たちが足繁く通う老舗のオーガニッ
クスーパー。フラナリーズオリジナル製品も多い。
グルメに限らず、スキンケアなども充実。

`マイアミ` ▶MAP P.226 D-4
㊷無休 ⏰7:00〜19:00（土曜〜18:00、日曜〜17:00）
マイアミ店 🏠44 Pacific Ave., Miami ☎07-5526-1991

からだが喜ぶお店が勢ぞろい

Ⓔ ブリックワークス

Brickworks

カフェやライフスタイルショップ、ボトルショップ、
ベーカリーなどが集まった高級セレクトモール。見
ているだけでワクワクした気分に。

`サウスポート` ▶MAP P.227 C-2
㊷無休 ⏰8:00〜18:00
🏠107 Ferry Rd., Southport ☎07-5591-2944

✎ 旅メモ 同一店でA$300以上の買い物をすると、消費税（GST）の還付が受けられる（▶P.198）。

ヒンターランドで大自然に抱かれる

#ヒンターランド #hinterland #ラミントン国立公園 #スプリングブルック国立公園

ヒンターランドは古代植物が息づく広大な熱帯雨林。世界遺産に登録されている
国立公園内には、歩きやすいハイキングコースが整備されている。

古代植物が息吹く、世界遺産の熱帯雨林

ラミントン国立公園

Lamington National Park

クイーンズランド州とニュー・サウス・ウェー
ルズ州の州境に位置し、2万haの広さに雄大
な風景が広がる。ハイキングコースでは、ゴ
ンドワナ大陸の時代から息づくシダやコケ類
など貴重な植物が見られる。

マイナスイオン
たっぷり!

`ゴールドコースト郊外` ▶ **MAP** P.226 A-5
⊗ サーファーズパラダイスから車で1時間30分

ツアーに参加して、ヒンターランドへ

Goal **6. 帰りもミニバスで**
ホテルまで送ってもらえる

Start
1. ミニバスで出発

朝9時前後に日本語を話せるガイド
さんがお出迎え。ヒンターランド
に向かう途中にも野生動物に会え
るチャンスがある。

4. ワイナリーを見学

オライリーズが経営するワイナリーで
テイスティング。気に入ったワインを
おみやげに!

飲みすぎ
ちゃう!

5. アルパカ牧場に
立ち寄る

ファームでは、マスコットのロイ
君とふれあえる。牧場内のショッ
プではアルパカの毛を使ったグ
ッズも買える。

2. グリーンマウンテン
に到着

ボードウォークを歩いて森林浴を
楽しんだり、野鳥を観察したりで
きる。

約20頭の
アルパカを放牧

3. オライリーズでランチ

ボリュームたっぷりのオージーラン
チの後は、ショップで買い物をしたり、
カマラン展望台から景色を眺めたり。

久しぶりの
木登り

Tours 世界自然遺産グリーン・マウンテン・ツアー

アルパカ牧場、グリーン・マウンテン、
オライリーズを訪れる、日本人ガイ
ドによる送迎付きのツアー。ボリュ
ーム満点のランチ付。

キュー・ジェイ・エス
⏰ 9:00〜16:00 ㊙ A$128
☎ 0412-756-251
URL www.qjs.com.au

熱帯雨林の深い森に広がる樹海
グリーン・マウンテン
Green Mountain

ラミントン国立公園の西側に広がる大木の樹海。木々の間にめぐらせた吊り橋のツリー・トップ・ウォークやボードウォークを歩くことができる。

亜熱帯の森で森林浴を楽しみたい

高さ約15mの吊り橋を歩く
ツリー・トップ・ウォーク
Tree Top Walk

森林を野鳥の視点から観察できるよう、高さ約15mの高さに架けられた空中遊歩道。亜熱帯雨林の生態を間近で観察できる。

ゆらゆらと揺れる吊り橋はスリル満点

ワイナリー併設の巨大リゾート
オライリーズ
O'Reilly's

ホテルや、ティーハウス、ワイナリーなどを敷地内に持つ巨大リゾート。ツアーで訪れる際にはここで昼食をとる。野鳥の餌づけ体験が人気。

ロゼラやキングパロットなど、カラフルな野鳥が集まってくる

What's ヒンターランド？

ゴールドコーストの内陸部に広がる亜熱帯気候の丘陵地帯のこと。1986年には、ラミントン国立公園やスプリングブルック国立公園を含むエリアが「オーストラリアのゴンドワナ多雨林」として世界遺産に登録された。世界最古のシダや絶滅危惧種の植物も自生する。

MAP P.226 A-5

ヌミンバー・コレクショナル・センター
Numinbah Correctional Centre

ビンナ・ブラ・ロッジ
Binna Burra Lodge

オライリーズ
ナチュラル・ブリッジ
Natural Bridge

グリーン・マウンテン
ベスト・オブ・オール展望台
Best of All Lookout

ラミントン国立公園
Lamington National Park

マクファーソン山脈
Mcpherson Range

0　1.5　3km
周辺図 P.226

土ボタルが生息する洞窟も

スプリングブルック国立公園

Springbrook National Park

ラミントン国立公園と並んで知られるこの国立公園は、標高900mにあるため夏でも涼しく、冷温帯雨林に生育する植物を観察できる。コーストラインを望む展望台がいくつもあり、清流や滝をめぐるハイキングが楽しめるほか、土ボタルが見られる洞窟ナチュラル・ブリッジも人気。

ゴールドコースト郊外 ▶ MAP P.226 B-5

Ⓧ サーファーズ・パラダイスから車で約1時間

壮大な景色を眺めるポイント
Ⓐ キャニオン展望台
Canyon Lookout

約4kmのウォーキングトレイルを歩いて行き、展望台からは遠くゴールドコーストが望める。

森全体が見渡せる
Ⓑ ベスト・オブ・オール展望台
Best of All Lookout

かつて火山があったことを示す、南半球最大のカルデラが目の前に広がる。

落差100m超えの瀑布
Ⓒ パーリングブルック滝
Purling Brook Falls

200mほどのトレイルに沿ってピクニックエリアから温帯雨林の森を歩き、展望台からは豪快な滝が眺められる。

ナイトハイキングで土ボタルを観察
Ⓓ ナチュラル・ブリッジ
Natural Bridge

国内最大の土ボタル生息地。滝の裏にある洞窟に土ボタルが生息し、日が暮れると洞窟内の天井が無数の青白い光で埋め尽くされ、天然のプラネタリウムのよう。

土ボタルは幼虫だけが光る発光虫。尾の先の発光器官から青白い光を放つ

珍しい土ボタルを見に行こう

ICE

/Tours **世界遺産土ボタルツアー**

国内で最も多くの土ボタルが生息する世界遺産指定の国立公園を訪れ、夜の森のジャングルウォークと洞窟内で輝く神秘的な土ボタルの光を眺める。

ツアー・ゴールドコースト
🕐 18:00～21:30 ⊛ A$130
☎ 07-5641-1800
URL www.tourgc.com.au/jpn

0　1.5　3km
周辺図 P.226

パーリングブルック滝

スプリングブルック国立公園
Springbrook National Park

キャニオン展望台

ナチュラル・ブリッジ

ベスト・オブ・オール展望台

何を楽しむ？

BRISBANE

KEYWORD
早わかり

118　ブリスベン早わかり

KEYWORD
観光スポット

122　ブリスベンのアニマルスポット

KEYWORD
おすすめエリア

124　シティ／サウスバンク
126　ウエスト・エンド

KEYWORD
グルメ

128　地元で評判のレストラン＆カフェ

KEYWORD
ショッピング

130　クイーン・ストリート・モールで
　　　ショッピング

OTHERS!

120　ブリスベンの旅テク9
132　モートン島で
　　　イルカ・フィーディングを体験

Brisbane

Tourist spots in Brisbane

蛇行する川沿いに街が広がる
水と緑が豊かな州都

碁盤の目状に整備された美しいシティには、歴
史的建造物や美術館が点在。のんびりした空
気が流れる川沿いの遊歩道を散策したい

Watch the city bathed in a beautiful sunset from the hotel's rooftop pool.

シティの中心部に建つ高
層ホテルのインフィニティ
プールは、ブリスベンリ
バーと都会の景色が一望
できる絶景スポット

BRISBANE, Quick Guide

ブリスベン早わかり

クイーンズランド州の州都であるブリスベンは、うねりながら街を流れる川が印象的な、緑の多い街。洗練された街の光景と、周囲に広がる大自然の両方を楽しめる。

どんな街?

蛇行する川の周囲に街が広がるブリスベンはシドニー、メルボルンに次ぐオーストラリア第3の都市。碁盤の目状に整った街には歴史的建造物や美術館が点在し、川辺には緑豊かな公園が整備され、そぞろ歩きが楽しい。おしゃれなカフェやショップ、川面を見渡すレストランで、シティライフを思う存分に楽しみたい。

 人口
約263万人

 面積
約4673㎢

ブリスベン
BRISBANE

• SYDNEY

ケルビン・グローブ
Kelvin Grove

ブリスベン植物園 ■

C

A マウント・クーサ
Mount Coot-tha

ウエスト・エンド
West End

タリンガ
Taringa

セント・ルシア
St. Lucia

B

フィグ・ツリー・ポケット
Fig Tree Pocket

ブリスベン川
Brisbane River

ローン・パイン
コアラ・サンクチュアリ

コリンダ
Corinda

ブリスベン市内を一望できる

A マウント・クーサ

Mount Coot-tha

ブリスベン郊外にある小高い山「マウント・クーサ」へは、市内中心部から車で約25分。頂上付近の展望台からはブリスベン市内が一望でき、夜景スポットとしても人気。

世界最大級のコアラ保護区がある

B フィグ・ツリー・ポケット

Fig Tree Pocket

コアラが130頭以上もいるローン・パイン・コアラ・サンクチュアリがあることから、多くの観光客が訪れる。

 ローン・パイン・コアラ・
Must! サンクチュアリ ▶P.122

BRISBANE

早わかり

観光スポット

おすすめエリア

グルメ

ショッピング

アクティビティ

CBDとも呼ばれるブリスベンの中心地

F シティ

City

シティの中心部を流れる大きなブリスベン川に、赤や青のフェリーが行き交う景色は、ブリスベンならでは。リバーフロントに高層ビルや商業施設が建ち並び、洗練された都会の景色と自然豊かでのどかな雰囲気が共存している。　▶P.124

Must! クイーン・ストリート・モール ▶P.130

ブリスベン空港

ブリンバ
Bulimba

モートン島

セントラル駅
Central Sta.

市庁舎

F シティ
City

カンガルー・ポイント
Kangaroo Point

キャノン・ヒル
Cannon Hill

サウス・バンク
South Bank

D

クイーンズランド大学
University of Queensland

キャンプ・ヒル
Camp Hill

Logan Rd.

タラギンディ
Tarragindi

トゥーイー森林公園
Toohey Forest Park

ブリスベン川の川辺に突如現れる断崖絶壁

E カンガルー・ポイント

Kangaroo Point

シティの対岸にある、川辺から岩がそそり立つ場所。崖の上はシティの全景を望む絶好のロケーション。リバークルーズの船からロッククライミングを楽しむ人も見える。

川面と緑が美しいエリア

D サウス・バンク

South Bank

シティの対岸に広がり、美術館や博物館が並び建つ見どころが多いエリア。シティから無料のフェリー、シティホッパーに乗って出かけよう。　▶P.124

Must! サウス・バンク・パークランド ▶P.125

おしゃれな人が集まる注目エリア

C ウエスト・エンド

West End

多国籍カルチャーがミックスされエスニックな雰囲気漂う街。シティとはひと味違う、個性豊かな街並みを散策したい。　▶P.126

Must! ウエストエンド・マーケット ▶P.126

119

Brisbane
ブリスベン の旅テク **9**

フェリーやバスを
うまく使いこなすのが、
この街の
移動のコツ！

#01

週末はノースショアの
イート・ストリートへ

ブリスベン川沿いにあるイート・ストリートは、週末のみオープンするブリスベン最大級のグルメ・マーケット。コンテナを利用した各国料理の屋台が約70軒並ぶほか、雑貨ショップなどもある。中心部からはフェリーで1時間ほど。終点のノースショア・ハミルトンからすぐ。

イート・ストリート・ノースショア
Eat Street Northshore

ハミルトン ▶**MAP** P.230 D-3
㉄ 月～木曜 ㉘16:00～22:00（日曜～21:00）㉕入場料
A$6 ♠221D MacArthur
Ave.,Hamilton
URL eatstreetnorthshore.
com.au

#02

ブリスベンでの
お役立ちアプリ ベスト3

MyTrainsLink
クイーンズランド州政府のアプリ。バス、電車、フェリー、トラムなどの時刻表や情報を見ることができる。

Brisbane
ブリスベン・シティカウンシルが運営するブリスベンガイドのアプリ。グルメやショップ、観光スポットなどを紹介。

NextThere
現在地に近いバス停や駅などから、目的地までの交通手段や所要時間などを調べるのに便利。フェリーにも対応。

#03

市内屈指の展望スポット
マウントクーサ

中心部からバスで30分ほどのマウントクーサは標高287mの低山。山頂付近にある展望台は、高層ビル群やブリスベン川が一望できる絶景スポットで、美しい夜景が見られることでも知られている。展望台は入場料不要でカフェ、レストラン、おみやげもの店もある。

#04

無料の施設を
狙って、おトクに観光

キング・ジョージ・スクエアに建つ市庁舎では、1日に2～3回無料の館内ツアーが行われ、歴史的建造物を案内してもらえる。併設のブリスベン博物館もぜひ訪れたい。また、サウスバンク・パークランドの人工ビーチも無料で利用可能。クイーンズランド博物館も常設展も無料で見学できる（サイエンスセンターは有料）。

ブリスベンのランドマークでもある市庁舎。無料のガイドツアーは事前に予約を

サウスバンク・パークランドの人工ビーチの白砂は、モートン島から運ばれたもの

#05

「Go SeeQ Card」で
公共交通機関が乗り放題

ゴールドコーストやブリスベンの交通系ICカード「ゴー・カード Go Card」（▶P.225）は、現地の人や長期滞在者向け。短期滞在の旅行者には「ゴー・シーキュー・カード」（Go SeeQ Card）が便利。期間限定でトランスリンクのバスや電車、トラム、フェリーなどの公共交通機関が乗り放題に。3日間と5日間の2種類があり、ブリスベン空港とゴールドコーストを結ぶエアトレインにも2回まで乗車可能。公共交通機関を多く使う予定がある場合は、駅で購入しよう。
3日間 A$79／5日間 A$129

#06

中心部のストリート名は
英国王室に由来

シティ中心部を東西に貫く目抜き通りのクイーン・ストリートは、ビクトリア女王に敬意を表して名付けられたもの。平行する通りにはシャーロットやエリザベスなど英国の女王や王女の名前が付いており、それらに交差する南北のストリートには、ジョージ、ウィリアムなど男性王族の名前が付いている。

#07

ブリスベンでも
ブリッジクライムができる

ブリッジクライムといえば、シドニーのハーバー・ブリッジが有名だが、ブリスベンでもブリッジクライム体験が可能。1940年に完成したブリスベンのランドマーク・ストーリーブリッジで、橋の鉄塔に登るアクティビティが行われている。高さ80m、長さ777mの橋を登り、ブリスベンの街を一望してみては？

URL storybridgeadventureclimb.com.au

#08

ブリスベンから
周辺都市への移動時間

ブリスベン-ゴールドコースト間は鉄道とトラムで約2時間、車なら1時間強。ケアンズへは飛行機で2時間20分。シドニーへは飛行機で1時間30分。

#09

フェリーを乗りこなして
おトクに観光

リバーシティ・ブリスベンでは、バスや電車と同様、フェリーは一般的な公共交通機関。地元の人々は通勤や通学、買い物の足として日常的に使っている。もちろん観光客も利用可能。フェリーとバスをうまく使うのが、この街の移動のコツだ。

2つのフェリーを使い分けて、街をラクラク移動

シティキャット
CityCat

ゆったりした造りの高速フェリー。5:30〜23:40の間、1時間に2〜4便運航。ゴー・カード利用可（A$2.84〜）。2時間以内なら何度でも乗船可能（ゴー・カード使用時は3回まで）。

シティホッパー
CityHopper

街の中心部を往来する無料フェリー。North QuayとSydney Streetを結び、5:30〜翌0:20の間、30分に1便運航。地元の人や観光客の足として活躍。

ブリスベンのアニマルスポット

#ブリスベンの動物園　#オージーアニマル　#コアラと記念撮影
#動物とふれあえる　#ローンパインコアラサンクチュアリ

世界最大かつ最古の
コアラ保護区

ローン・パイン・
コアラ・サンクチュアリ

Lone Pine Koala Sanctuary

コアラ飼育数で世界一を誇る1927年開園の動物園。130頭以上のコアラがおり、園内のあちらこちらで観察できる。コアラとの記念撮影は1日2回でA$39。市内の中心部からバスでアクセス可能。

フィグ・ツリー・ポケット
▶**MAP** P.230 A-5
㊡無休　🕘9:00〜17:00　Ⓢ A$49
🏠708 Jesmond Rd., Fig Tree Pocket
☎07-3378-1366

①カンガルーやエミューに直接エサをあげる体験も。小さな子どもでも大丈夫　②エントランスで、親子コアラのオブジェが出迎えてくれる　③牧羊犬の賢さがわかるファームショー
④園内には、ほかにカモノハシやタスマニアンデビル、ディンゴにカソワリなど、珍しい動物たちが見られる

Trip to Australia / BRISBANE

園内MAP

ユーカリの森
カモノハシ
コアラの森
ショップ Ⓢ
コアラ
エサやりゾーン
タスマニアンデビル
カンガルー
リザーブ
コアラ
コアラ
カメ
コアラ
リタイヤした
コアラ
クロコダイル
カソワリー
コアラ
両生類と
爬虫類
ディンゴ
コッカトゥ
こうもり
オオトカゲ
コアラ
ウオンバット
シープドッグショー
出入口

ⓘ レセプション
Ⓡ 飲食店
Ⓢ ショップ
🚻 トイレ

早わかり

観光スポット

おすすめエリア

グルメ

ショッピング

アクティビティ

⊢ Check! ⊣

園内プログラムの時間

🕘 9:45　バーン・エンカウンター
🕘 10:00～11:00
　　コアラの触れ合い体験
🕘 11:00～12:30　コアラ抱っこ

🕘 11:20～11:35
　　シープドッグエンカウンター
🕘 12:30～12:45　ヘビとの記念撮影
🕘 13:15～13:30
　　ラプターエンカウンター

🕘 14:00～15:30　コアラ抱っこ
🕘 15:15～15:30　ディンゴ エンカウンター
🕘 15:15～15:45　コアラの触れ合い体験

人気アニマル狙いうち！

園内を効率的に回るため、見たい動物はあらかじめ絞っておこう。

ユーカリの葉が好物

エミュー
Emu

オーストラリアの国鳥。体長は約1.7mとダチョウに次いで大きい。

カモノハシ
Platypus

カモのような口ばしと、ビーバーのような体が特徴の単孔類。

コアラ
Koala

オーストラリア南東部のみに生息する世界的にも珍しい動物。

クロコダイル
Crocodile

淡水域に生息するものと海水域に生息するものに大別される。

タスマニアンデビル
Tasmania Devil

タスマニア島に生息する世界最大の肉食性有袋類。鳴き声が不気味。

ウォンバット
Wombat

南部やタスマニア島に生息。昼は眠っていて夜に草や根を食べる。

ディンゴ
Dingo

オージーアニマルでは数少ない肉食性。ほかのイヌ科と同様に群れで行動。

カンガルー
Kangaroo

大型種は体長約1.5m、小型種は約30cmと種類によって大きさが異なる。

GAOOO

絶滅危惧種のディンゴ

🖋 **旅メモ** コアラは性別によって大きさが違う。オスの体長は約80cm、メスは少し小さく約70cm。

123

シティ／サウス・バンク

ほどよい都会の雰囲気とのどかな自然が共存する
シティ。対岸のサウス・バンクは川沿いの散策が
気持ちのいいエリア。無料のフェリーを利用して、
街歩きを楽しもう。

TIME
3時間

カンガルー・ポイント
シティ
ウエスト・エンド
サウス
バンク
クイーンズランド大学

どんなエリア？

ブリスベン川の流れと豊
かな緑が印象的で、気持
ちのいい街歩きが楽しめ
る。シティとサウスバン
ク間の移動は無料のシテ
ィホッパーが便利。

＼ ローカル度 ／	＼ 見どころ ／	＼ グルメ ／
★★★☆☆	★★★★☆	★★★★★

水と緑を眺めながら
のんびり散策したい

❶ブリスベン川の流れを眺めながら、川沿いでくつろぐ人々
❷シティにある植物園は市民の憩いの場 ❸高層ビル群を
背景にした写真映えスポット ❹英国王族にちなんで付けら
れているストリート名 ❺サウス・バンクは川沿いの散歩が気
持ちいい

シティ／サウスバンクMAP

セントラル駅
シティトレイン
City Train
Roma St.
ソフィテル ブリスベン
H セントラル P.186
Riverside
（シティキャット）
市庁舎 C
P.130 フェリックス
フォー・グッドネス R
クイーン・ストリート・モール
シティホッパー
D クイーンズランド
現代美術館
North Quay
（シティキャット・
シティホッパー）
E
クイーンズランド博物館
パフォーミング
アーツ・コンプレックス
サウス・ブリスベン駅
South Bank
（シティキャット・
シティホッパー）
コンベンション
センター サウス・バンク
South Bank ・人工ビーチ
A サウス・バンク
パークランド
クイーンズプラザ P.131
ブリスベン・アーケード P.131
イーグル・ストリート・ピア
観光案内所
イビス スタイルズ ブリスベン
エリザベス ストリート P.186
トレジャリー
カジノ
H カプリ・バイ・フレイザー
ブリスベン P.186
シティ
City
植物園
QUT Gardens Point
（シティキャット）
0   200m
周辺図 P.231

＼ リバークルーズで観光 ／

地元の人も活用
しているシティホッパ
ーは、赤い船体が
目印

無料で乗船できるフェリー

シティホッパー

City Hopper

街の中心部を行き来する無料のフェリーが30
分おきに運航しており、地元の人や観光客の
足として人気。有料の高速フェリーもある。

ランドマークをめぐってみる

のんびり過ごしたい緑豊かな公園

Ⓐ サウス・バンク・パークランド

South Bank Parklands

1988年に開催された万博跡地に造られた公園。広い敷地内には白砂の人工ビーチやブーゲンビリアのトンネルなどがあり、レストランも多く市民の憩いの場となっている。

サウスバンク ▶MAP P.124/P.231 B-5

㊡無休 ⏲9:00～17:00（サウスバンク・ビジターセンター） 🏠South Bank ☎07-3867-2111（サウスバンク・ビジターセンター）

ウィンドーショッピングが楽しい

Ⓑ クイーン・ストリート・モール

Queen Street Mall

ジョージ・ストリートとエドワード・ストリートの間に延びるシティの中心的な通り。ショッピングモールやブランドショップ、おしゃれなレストランが軒を連ねる。

シティ ▶MAP P.124/P.231 B-3

🏠Queen St.

ブリスベンのシンボル的存在

Ⓒ 市庁舎

City Hall

キング・ジョージ・スクエアに建つ、1930年に完成した石造りの建物。高さ92mの時計台から周囲を眺められる。文化や歴史の展示を行うブリスベン博物館を併設。

シティ ▶MAP P.124/P.231 B-3

㊡無休 ⏲8:00～17:00（土・日曜、祝日9:00～）、塔10:15～16:45 🏠64 Adelaide St. ☎07-3339-0845（ガイドツアー予約）

現代アートをゆっくり鑑賞

併設カフェが人気のアートギャラリー

Ⓓ クイーンズランド現代美術館

Gallery of Modern Art

隣接するクイーンズランド美術館と合わせQAGOMAと称されるアートスポット。世界各国から収集した19000点以上の芸術作品を所蔵。館内のカフェ「QAGカフェ」（▶P.129）は休憩にぴったり。

サウスバンク ▶MAP P.124/P.231 A-4

㊡無休 ⏲10:00～17:00 Ⓢ無料（有料の企画展あり）
🏠Stanley Place, South Bank ☎07-3840-7303

充実したミュージアムで展示を見学

動物や昆虫の標本がいっぱい

Ⓔ クイーンズランド博物館 Queensland Museum

クイーンズランドの自然と科学に関する展示を行う博物館。恐竜の骨格標本やザトウクジラの実物大模型、アボリジナルに関する展示が興味深い。常設展は無料で見学可能。

サウスバンク ▶MAP P.124/P.231 A-4

㊡無休 ⏲9:30～17:00 Ⓢ博物館は無料。スパークラボはA$16
🏠Cnr. of Grey St. and Melbourne St., South Bank ☎07-3840-7555

Brisbane Map City

ウエスト・エンド

サウス・ブリスベンの一角にあるウエスト・エンドは、かつての倉庫街から生まれ変わった注目エリア。多国籍なショップやレストランが並ぶ個性的な街並みが魅力。

MAP P.230 B-4

TIME
2時間

カンガルー・ポイント
シティ
サウス・バンク
ウエスト・エンド
クイーンズランド大学

どんなエリア？

ウエスト・エンドの中心部へは、シティのAdelaide St. Stop 20 near City Hallから199番などのバスで約15分。バウンダリー・ストリートを基点に歩くと、スムーズに散策できる。

＼ ローカル度 ／	＼ 見どころ ／	＼ グルメ ／
★★★★☆	★★★★☆	★★★★★

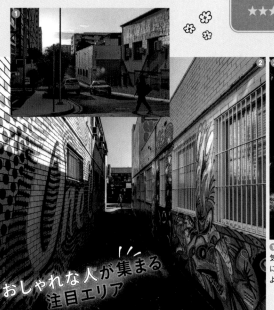

❶かつての倉庫や工場跡が街並みにレトロな雰囲気を醸し出す ❷古い倉庫やビルの壁をキャンバスにしたストリートアートも見どころのひとつ ❸季節によって彩りを変える公園

おしゃれな人が集まる
注目エリア

ウエスト・エンドMAP

ブリスベン川
Brisbane River

Coles コールズ **S**

ウエスト・ビレッジ **E**
ヌック **C**

デイビーズ・パーク
ウエスト・エンド・マーケット
ブリスベン・ブリューイング A
モーニング・アフター B ・ Vulture St.

マスグレイブ公園
Musgrave Park

Browning St.

バス停
Boundary St. at
West End, Stop 7

Trang チャン

D 花匠

クアン・タン
Quan Thanh
S マルシアズ・オン・モンタギュー
Marcia's on Montague

Montague Rd.

Spring St.

Brighton Rd.

Whynot St.

Bristol St.

Jones St.

バウンダリー・ストリート
Boundary St.

K レフカス・タベルナ
Lefkas Taverna
キャラバンサライ **K**
Caravanserai
Dornoch Terrace

0　　　　300m

周辺図 P.230

世界の料理が味わえる
マーケット

友達とシェアして、各国料理を食べ比べてみるのも楽しい

ウエスト・エンド・マーケット

West End Market

川沿いにある公園 Davies Park で毎週土曜の午前中に開催されるマーケット。新鮮な野菜やシーフードなどの食材から古着やアクセサリー、雑貨など、100以上の露店が並ぶ。タイやギリシャ、トルコなどの各国料理の飲食店やスイーツショップもある。

🕐 毎週土曜6:00〜13:00
🏠 Montague Rd.& Jane St.,West End

おしゃれなグルメスポットへ

自家製ビールで乾杯

Ⓐ ブリスベン・ブリューイング

Brisbane Brewing

クラフトビールの醸造所兼バー。おすすめはもちろんブリスベン生まれのブリスベンペールエール。フルーティーであっさりとした味わい。

MAP P.126
㊡無休 ⏱16:00〜21:00（金・土曜12:00〜24:00、日曜・祝日12:00〜）🏠124 Boundary St., West End ☎07-3891-1011

アルコール度数4.5％で飲みやすいブリスベンペールエールはA$11

ケールやアボカド、カボチャ、チキンなど具材たっぷりのブレックファストボウル

フレンドリーな人気カフェ

Ⓑ モーニング・アフター

Morning After.

地元産の食材を使った健康的な料理を提供。食事のメニューも多く、レストランとしての利用もできる。ホームメイドケーキも充実。

MAP P.126
㊡無休 ⏱7:00〜15:00 🏠Cnr.Vulture St.& Cambridge St., West End ☎07-3844-0500

オージー雑貨の品ぞろえが豊富

Ⓒ ヌック Nook

ウエスト・ビレッジのショッピングエリアにあるポップ・アップ・ストア。作家さんによる1点ものの陶器やジュエリーのほか、洋服なども並んでいる。

MAP P.126
㊡月・火曜 ⏱10:00〜17:00（土・日曜〜16:00）🏠97 Boundary St., West End ☎なし

ポップなデザインの雑貨が見つかる

オージー雑貨を物色すべし！

ギャラリーテイストのフラワーショップ

Ⓓ 花匠 Hanasho

地元アーティストのアート作品や、クラフトも扱う花屋さん。陶器作家でもある日本人オーナーの作品も販売している。

MAP P.126
㊡無休 ⏱9:00〜17:30（土・日曜〜15:00）🏠235 Boundary St., West End ☎07-3844-2777

買い物もグルメも楽しめる

Ⓔ ウエスト・ビレッジ West Village

マンション、オフィス、商業施設が集結した複合コンプレックス。自然派スーパーのハリス・ファーム・マーケットもあり、カフェ、レストランも多数。イベントも開催される。

MAP P.126
㊡無休（店舗により異なる）⏱7:00〜22:00（日曜9:00〜、店舗により異なる）🏠97 Boundary St., West End ☎1300-985-465

❶コートヤードもあるおしゃれなショッピング施設 ❷全3フロアの館内にさまざまな店が集まっている

 旅メモ ノースショアで週末にオープンするイート・ストリートも人気がある（▶P.120）。

地元で評判のレストラン&カフェ

#ブリスベングルメ　#地元で人気のレストラン　#カジュアルランチ
#ニョッキ専門店　#brisbanegourmet

❶国内に7店舗を展開する人気店。店内はカジュアルで入りやすい雰囲気　❷クリーミーロブスターとバラマンディのニョッキ A$16.90

シチリア名物の「アラチーニ」。イタリアのトリュフ・パナードの風味がたまらない

大人気のニョッキ専門店

ニョッキ・ニョッキ・ブラザーズ

Gnocchi Gnocchi Brothers

「本場イタリアのニョッキが食べられる」と地元で大人気のニョッキ専門店。毎日作るニョッキは、モチモチで美味しいと評判。ニョッキの種類は6種類から選べる。

`サウスバンク` ▶**MAP** P.231 B-5
㊡無休 ⏰12:00〜21:00 🏠Shop 10 Little Stanley St., South Brisbane ☎07-3734-2280

カジュアルでリーズナブル

ゼウス・ストリート・グリーク

Zeus Street Greek

フレンドリーなスタッフが出迎えてくれる。アットホームな雰囲気の中、出される料理はどれも絶品。ピタ、スヴラキ、ディップなど本格的ながらリーズナブル。

`サウスバンク` ▶**MAP** P.231 B-5
サウスバンク店 ㊡無休 ⏰11:30〜21:00(金・土曜〜21:30) 🏠Shop 13 / 14 Little Stanley St., SouthBank ☎07-3846-0200

ピタは
各 A$13.50

国内に多くの店舗を展開する人気店。カフェのような感覚で気軽にギリシャ料理が味わえる

ヴィーガンサラダ
A$8.00〜

スタイリッシュで都会的な空間

モーダ

Moda Restaurant

スペイン人シェフ自ら市場へ足を運び、素材を厳選するほど、こだわりをもったダイニング。料理はスペイン料理をベースにしたモダンなオーストラリアキュイジーヌといった感じ。

シティ ▶ **MAP** P.230 B-3

㉘日・月曜 ⏰11:30～深夜（火曜16:30～）🏠The Barracks,61 Petrie Terrace ☎07-3221-7655

ちょっと珍しいチキンコロッケ3コでA$14 ♪ ♫

仕入れ次第で変わる本日の魚料理A$35は人気の一皿

❶ライブ感あふれるオープンキッチン ❷店内にあるワインルームはムード満点

アート鑑賞後のランチはここで

QAGカフェ

QAG Cafe

サウス・ブリスベン駅から徒歩5分ほどの近代美術館内にあるカフェ。個性派アートが壁一面に描かれた店内には、緑豊かな中庭席も。料理には地元農家から仕入れた食材を使用。

サウスバンク ▶ **MAP** P.231 A-4

㉘無休 ⏰10:00～16:00 🏠QAGOMA,Stanley Place,South Brisbane ☎07-3840-7303

❶サンドイッチ、パスタなどのほか、ワインも揃う ❷館内にはビストロも併設 ❸メイン料理はA$20～

手頃なアジアンダイニング

メルローズ

Melrose

天井が開閉式のガラス張りになっており、陽光が降り注ぐ明るい雰囲気。和食やタイ料理などをモダンにアレンジしたメニューが人気を集めている。前菜A$9～、メインはA$12～とリーズナブル。

ブリンバ ▶ **MAP** P.230 C-3

㉘月・火曜 ⏰17:00～22:00（金～日曜12:00～）🏠Level 1,37 Oxford St.,Bulimba ☎07-3899-3371

スタイリッシュな空間でアジアンフュージョン料理が味わえる

❶広い店内はダイニングエリアとバーコーナーに分かれている ❷ブリンバのフェリー乗り場から歩いてすぐ

BRISBANE

早わかり

観光スポット

おすすめエリア

グルメ

ショッピング

アクティビティ

クイーン・ストリート・モールでショッピング

#ブリスベンショッピング　#クイーンストリートモール　#queenstreetmall　#ハイブランド

INFO

セントラル駅

駅からクイーンストリートモールまでは徒歩5分。アクセスが便利で観光客も多く訪れる。

ショッピングの合間にひと息つくなら

フェリックス・フォー・グッドネス

Felix For Goodness

クイーン・ストリート・モールから1本入った場所にあり、休憩にうってつけ。

シティ ▶ MAP P.231 B-3
㊡ 日曜・祝日　㉑ 8:00〜14:00
🏠 50 Burnett Lane　☎ 07-3161-7966

地元産のオーガニック食材を使った軽食がそろう

路地裏にある隠れ家のようなカフェ

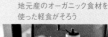

Queen St.

A

オージーブランド
「R.M.Williams」
のレザーサドルバッグ

ここに来れば何でも揃う

A アップタウン

Uptown

約130店を揃えたブリスベン最大のショッピングスポット。6フロアにデパートからスーパー、映画館、レストランまであらゆる店が集結。地下にはバスターミナルがあるので通勤や通学にも便利。

シティ ▶ MAP P.231 B-3
㊡ 無休　㉑ 9:00〜17:30（金曜〜21:00、土曜〜17:00、日曜10:00〜17:00）　🏠 91 Queen St.
☎ 07-3223-6900

❶アップタウンの入り口
❷陶磁器メーカー「ロバートゴードン」とオーストラリア人アーティストのコラボシリーズ。館内の「マイヤー」のみでの扱い

欲しいものがいっぱい！

早わかり

観光スポット

おすすめエリア

グルメ

ショッピング

アクティビティ

歴史を感じるアーケード ※

B ブリスベン・アーケード

Brisbane Arcade

1923年にオープンしたブリスベン最古のショッピングセンター。個性的な店舗が約40軒揃う。クラシカルな建築の美しさも見どころ。

パナマ、キャップなどさまざまな帽子を扱う専門店「ブリスベン・ハッターズ」。A$110～

シティ ▶MAP P.231 B-3

㉻無休 ⏰9:00～17:00（日曜10:00～16:00） 🏠160 Queen St. ☎07-3231-9777

「ザ・ティーセンター」は紅茶から緑茶、中国茶まで多彩なお茶を扱う

B

C

ファッションブランドのほか、ポップカルチャーの雑貨店などもある

本格的なハイティーが楽しめる店。食器やインテリア雑貨も販売

徒歩
5分

D

❶真珠のジュエリーを扱うPapaley
❷ Aje はフェミニンなデザインのファッションブランド
❸ガラスを用いた高級感のあるモダンな外観

高級ブランドが揃うファッションビル

C クイーンズプラザ

QueensPlaza

シャネル、バレンシアガといった世界の一流ブランド店を揃えた5階建ての高級ショッピングセンター。デパートやレストランもあって便利。

シティ ▶MAP P.231 B-3

㉻無休 ⏰9:00～17:30（金曜～21:00、土・日曜～17:00） 🏠226 Queen St. ☎07-3234-3900

親切なスタッフが旅の相談にのってくれる

ショッピングの前に情報収集

D ブリスベン・ビジター・インフォメーション・アンド・ブッキングセンター

Brisbane Visitor Information and Booking Centre

通り沿いにある観光案内所で、マップや交通案内のパンフレットなどが入手できる。かつて劇場だったというゴージャスな建物は必見。

シティ ▶MAP P.231 C-3

㉻無休 ⏰9:00～16:00（土・日曜、祝日10:00～） 🏠The Regent, 167 Queen St.Mall ☎07-3006-6290

モートン島で イルカ・フィーディング を体験

#ブリスベン郊外の見どころ #モートン島 #イルカの餌付け #moretonisland

世界で3番目に大きな砂の島モートン島へは、ブリスベン港から高速カタマランで約75分。
野生イルカの餌づけで知られており、夕方になるとイルカたちが島の桟橋付近に集まってくる。

モートン島ってこんなところ

全体が国立公園に指定されている細長い島。南西部にあるタンガルーマ・アイランド・リゾートが唯一の観光施設で、それ以外の場所は豊かな自然が広がる。海のアクティビティだけでなく、4WDで島を探索するツアーも人気。

ブリスベン近郊 ▶MAP P.226 D-1

野生のイルカとふれ合う

しっかりと魚を持って
怖がらずにしっかり魚を持つ。イルカはちゃんとエサだけをくわえる。

イルカを待つ
イルカが集まるのは暗くなってから。ビーチで現れるのを待つ。

イルカが来た!
エサを奪い合うこともなく、順番を待つ行儀のいいイルカたち。

直接イルカの口へ
手から上手にエサを食べてくれる賢いイルカに感激

ほかにもこんな体験ができる

シーカヤック

バギー 2

サンドボード 3

シュノーケリング 4

❶島の周辺で難破した船の残骸が見られるところも ❷4輪バギーで疾走するアクティビティもある ❸想像よりもスピードが出るサンドボードでアドレナリンが爆発 ❹エメラルド色に輝く海の中をシュノーケリングで海中散歩

Check!

イルカの餌づけルール
餌づけ体験ができるのは、船が到着する桟橋の横。手を消毒する、イルカに触らないなどのルールは餌づけが始まる前に教えてくれる。

Tours このツアーで行けます!

ワイルド・ドルフィン・フィーディング
ブリスベンまたはゴールドコーストのホテルからの送迎と、島への往復のフェリー、ランチ、デザートサファリツアー、イルカの餌付けが含まれる。

🕐7:00〜22:45 ⑤イルカの餌づけができる日帰りツアーA$255〜 **URL** www.veltra.com/jp

MELBOURNE

KEYWORD
早わかり

136 メルボルン早わかり

KEYWORD
観光スポット

140 ガーデンシティの見どころ攻略

KEYWORD
おすすめエリア

142 シティ

KEYWORD
グルメ

146 目にもおいしいクリエイティブな料理

148 美食の街メルボルンの楽しみ方

150 個性派ぞろいの大人バー

KEYWORD
ショッピング

152 大型ショッピングセンターが楽しい

154 メルボルンならではの雑貨を探しに

OTHERS!

138 メルボルンの旅テク10

156 奇岩が連なる
　　絶景ドライブルート

158 ヤラ・バレーでワイナリーめぐり

159 ダンデノン丘陵で蒸気機関車に乗る

160 ペンギンパレードを見に、
　　フィリップ島へ

Melbourne

Tourist spots in Melbourne

ビクトリア調の建物が建ち並ぶ街は、
「南半球のヨーロッパ」と例えられる

迷路のように続くレーンウェイ
（裏通り）やアーケードには、客
足が絶えない人気のカフェやレ
ストランが軒を連ねる

A must-visit trip to Melbourne is visiting cafes. Experience the Melbourne lifestyle at an early morning café.

オーストラリアのカフェ発祥の地といわれる
メルボルンの中心部はカフェ激戦区。早朝か
ら行列ができるカフェもある

MELBOURNE, Quick Guide

メルボルン早わかり

ビクトリア州の州都で、国内第2の都市であるメルボルンは「南半球のロンドン」と称されることも。緑豊かな街をレトロなトラムでめぐってみよう。

メルボルン
MELBOURNE

どんな街?

メルボルンは「世界で最も住みやすい都市」に選ばれたことがある街。ガーデンシティと呼ばれる市内には、約450もの公園がある。ビクトリア朝の重厚な建築が建ち並ぶ中心部は比較的コンパクトで、フリンダース・ストリート駅を中心に、名物のトラムでめぐることができる。

 人口
約580万人

 面積
約8806km²

街の中に世界遺産がある

A シティ

City

シティの中心部はグルメやショッピングスポットが充実。碁盤の目のように区画整理され、初めての人でも迷う心配はない。移動には、市内を網羅するトラムが便利。ただし、市民も愛用しているので、通勤時間帯には混み合うこともある。ビクトリア湾に面した港湾地域に広がるドックランズは再開発が進む注目エリアで、最新鋭のレストランやショップが集結している。

▶P.142

Must!

カールトン・ガーデン
▶P.140

カフェ巡りをしようかな

ヤラ川の南側に広がるエリア

B サウス・メルボルン

South Melbourne

ヤラ川をはさんでシティの対岸に広がるエリアで、眺めのいいレストランやセンスのよいショップが多い。周辺には広大な植物園もあり、気持ちよく散策できる。

アーティストやクリエーターなど個性派が多い

E フィッツロイ

Fitzroy

流行に敏感な人やアーティストなどが多く暮らすフィッツロイ。中でも人気のブランズウィック通りには、レトロな店と最先端の店が軒を連ねていておもしろい。色あせた壁画や植木鉢が並ぶ小窓など、アーティスティックな風景に出会える街。

Must!

フィッツロイ・ガーデン
▶P.141

フィッツロイ E
Fitzroy

ヤラ川 Yarra River

Wellington St.
Hoddle St.

コリンウッド駅
Collingwood Sta.

王立展示館
Royal Exhibition Building
カールトン・ガーデン
Carlton Gardens

セント・パトリック大聖堂
St. Patrick's Cathedral
パーラメント駅
Parliament Sta.
フィッツロイガーデン
Fitzroy Gardens
ジョリモント駅
Jolimont Sta.

ノース
リッチモンド駅
North Richmond Sta.

ウエスト
リッチモンド駅
West Richmond Sta.

Church St.

リッチモンド駅
Richmond Sta.

ヤラ川 Yarra River

イースト
リッチモンド駅
East Richmond Sta.

王立植物園
Royal Botanic
Gardens

Domain Rd.

サウス・ヤラ駅
South Yarra Sta.

D サウス・ヤラ
South Yarra

St. Kilda Rd.

ホークスバーン駅
Hawksburn Sta.

Punt Rd.

プラーン駅
Prahran Sta.

Williams St.

Upton Rd.

ウィンザー駅
Windsor Sta.

Dandenong Rd.

Fitzroy St.

C

Chapel St.

Hotham St.

セント・キルダ
St. Kilda

おしゃれな店が多い高級住宅街

D サウス・ヤラ

South Yarra

高級住宅街として知られるサウス・ヤラは、上流階級の人々が暮らした邸宅(コモ・ハウス)が点在するハイソサエティな街。おしゃれなショップやレストランが多いのも魅力。

ポート・フィリップ湾に面したビーチタウン

C セント・キルダ

St. Kilda

海沿いに広がる街で、開放的な雰囲気が漂う。エントランスが印象的な遊園地のルナ・パークがあるほか、ビーチの近くでサンデーマーケットが開かれるため、週末にはシティから足を運ぶ人も多い。

Melbourne
メルボルン の 旅テク **10**

#01

効率よく観光するには
シティサイトシーイングを利用

時間がない人におすすめの手段がこれ。メルボルン動物園やフィッツロイ・ガーデンなど、メルボルン市内の主な観光名所を巡る2階建ての赤いダブルデッカーバスだ。ガイドアナウンスを聞きながら、約2時間で主な観光スポットを回る。

#03

無料の施設を巡って
歴史ある建造物を見学

シティに点在する美しいビクトリア様式の歴史的建造物の数々。無料で館内を見学できるところも少なくない。フリンダース・ストリート駅の前に建つセントポール大聖堂はメルボルンの3大ゴシック建築のひとつで、緻密なステンドグラスが美しい。州遺産にも登録されている19世紀の建築物である市庁舎は平日（火曜以外）の11時と13時に無料の館内ガイドツアーを行っている。

#04

世界的に有名な
イベントをチェックする

テニスの世界4大大会のひとつである全豪オープンテニスや、世界最強のレーサーたちが爆音を上げてスピードを競い合うF1オーストラリアングランプリ、国民的行事ともいわれるメルボルンカップ・カーニバルなど、国際級のイベントがメルボルンで開催され、毎年多くの観客が世界中から集まる。

#02

メルボルンでの
お役立ちアプリ ベスト3

アプリがあれば、土地勘のない場所でもスムーズに旅を進める助けになる。メルボルンの観光や移動で役立つアプリをご紹介。

Public Transport Victoria

滞在中にトラムや電車、バスなどの公共交通機関を利用する人は、事前のダウンロードをお勧め。現在地から最寄りの駅や、プラットフォームを教えてくれるので、乗り換えも簡単。遅延情報もわかる。

tramTracker

トラムの時間がわかる交通系アプリ。乗りたいトラムをクリックすると、何分後にくるのかを知らせてくれる。

TripView

シドニーとメルボルンの電車やトラム、バスなどの時刻表やルートを調べることができるアプリ。時刻の検索機能だけなら、無料版のTripView Liteで十分だが、有料版では検索した情報をアプリに保存できるので、便利。

#05

観光に便利な
マイキーカードを活用！

メルボルンのトラム、バス、電車に乗るには、パブリック・トランスポート・ビクトリアが発行しているICカード「マイキー（myki）」が必要。主要駅やコンビニで購入し、駅やトラムストップの専用機などで必要金額をチャージして利用する。

あらかじめチャージされたマイキーカードと地図、アトラクションの割引券などがセットになったツーリスト向けのパッケージも販売されている。

#06

ビルの88階で体験できる
スリル満点のアトラクション

ヤラ川沿いの高層ビル88階にある「メルボルン・スカイデッキ」は、地上285mからメルボルンの大パノラマを一望できる南半球で最も高い展望台。ここで体験できるアトラクション「エッジ」はスリル満点。建物内の真っ白な小部屋に入り、扉が閉まると部屋が動き出して、突然、全面ガラス張りの状態になるというもの。小部屋はビルの外側に出ていて、まるで空中に浮かんでいるような感覚が味わえる。

メルボルン・スカイデッキ

Melbourne Skydeck

`シティ` ▶MAP P.235 D-3
⊛無休 ⏲12:00〜21:30 ⑤入場料 A$28〜、エッジ A$43〜（入場料込み）🏠 Riverside Quay, Southbank
☎03-9693-8888

#07

観光スポットになっている
ストリートアート

フリンダース・ストリート駅に近い「ホージア・レーン」は、小さな路地の両壁に描かれた壁画アートが有名なシティの映えスポット。落書きとは一線を画す芸術性の高いストリートアートを鑑賞するために、世界各国から観光客が訪れる。

#08

迷路のような レーンウェイ

メルボルンで街歩きをするなら、レーンウェイ（裏通りの細い路地）やアーケード巡りがおすすめ。通りの両脇には、地元の人に愛される小さなカフェやレストランが軒を連ね、多くの人で賑わっている。歴史あるロイヤル・アーケードやブロック細工が美しいブロック・アーケードでは、建物内部の装飾を見るのも楽しい。

#09

通勤時間帯のトラムは
混雑する

シティを縦横に走るトラムは、中心部のエリアであれば無料で乗車できるので市内観光にフル活用したい。ただし、地元の人が通勤や通学、買い物の足として利用しているため、通勤・通学の時間帯には混み合うことがある。スケジュールには余裕を持って移動しよう。

#10

世界一美しいといわれる 図書館

「世界で最も美しい図書館」のひとつに選ばれたビクトリア州立図書館は、1854年に設立されたオーストラリア最古の公共図書館。ドーム状の天井から光が降り注ぐ吹き抜け空間は、大聖堂のような美しさ。ドームを一望する最上階の観覧バルコニーから館内を撮影できる。

ビクトリア州立図書館

State Library Victoria

`シティ` ▶MAP P.235 A-2
⊛無休（祝日は閉館の場合あり）⏲10:00〜18:00 ⑤入館無料 🏠328 Swanston St. ☎03-8664-7000

Sightseeing in Melbourne

ガーデンシティの見どころ攻略

#メルボルンの見どころ #ガーデンシティ #世界遺産
#メルボルンで庭園巡り #リバークルーズ #carltongardens

Must!

気軽に訪れることができる シティの世界遺産

世界文化遺産の建築と憩いの庭園

王立展示館とカールトン・ガーデン

Royal Exhibition Building and Carlton Gardens

1880年開催の万国博覧会の会場として建てられた、オーストラリア初のヨーロッパ建築。当時メルボルンで活躍していた建築家ジョセフ・リードが設計を担当している。内部に施された神々などのレリーフが美しい。

❶1880年のメルボルン万博のために建設された建物 ❷水しぶきが美しい庭園の噴水

カールトン
▶MAP
P.234 C-2
🕐催しにより異なる。庭園は入園自由 Ⓢ見学ツアーA$29（所要1時間。オンライン予約）
♠9 Nicholson St., Carlton ☎131102

⊣ Check! ⊢

庭園内に建つ メルボルン博物館

環境や歴史をテーマにした博物館で、ビクトリア州の森を再現したフォレストギャラリーや、先住民族文化を紹介するアボリジナルセンターなどがある。カールトン庭園を訪れたら、ぜひ立ち寄りたい。 ▶P.143

MELBOURNE

早わかり

観光スポット

おすすめエリア

グルメ

ショッピング

アクティビティ

広大なキングス・ドメインの中の市民の憩いの場

花に彩られた由緒ある英国式庭園

王立植物園

Royal Botanic Gardens

19世紀後半に造園家のミューラーによって設計された、敷地面積40万㎡の植物園。オーストラリアで見られる約1万2000種の植物を栽培するほか、50種以上の野鳥が生息している。

サウス・メルボルン ▶**MAP** P.234 C-3

🕖 7:30〜17:30　Ⓢ 無料
🏠 Birdwood Ave., South Yarra
☎ 03-9252-2300

❶ 広い園内には湖もある
❷ 湖面から王立植物園の美しい自然を眺めることができる　❸ 園内にあるベトナム料理のレストラン

豊かな緑が広がるメルボルンを象徴する公園

ユニオンジャック型の庭園

フィッツロイ・ガーデン

Fitzroy Gardens

イギリス国旗を模して造園された緑豊かな庭園で、彫刻や噴水などが優美に配置されている。熱帯の花が咲いている温室や、イギリスの古い村を再現したミニ・チューダー・ビレッジもある。

フィッツロイ
▶**MAP** P.234 C-2
㊡ 無休
🕐 入園自由（施設は9:00〜17:00）
🏠 Wellington Pde., East Melbourne
☎ 03-9658-9658

❶ かつては街の建築に使うブルーストーンの石切り場だった場所
❷ ミニ・チューダー・ビレッジも見どころ
❸ 1770年に上陸したキャプテン・クックの像

リバークルーズに参加してヤラ川から街を眺める

ヤラ川を巡るクルーズ船

メルボルン・リバー・クルーズ

Melbourne River Cruises

サウス・バンク・プロムナードの2番停泊所から乗船。所要1〜2時間の観光クルーズやサンセットクルーズなど、さまざまなコースが用意されている。

▶**MAP** P.235 D-3
㊡ 無休　🕐 10:30〜16:00　Ⓐ A$38〜
🏠 Berth2, Southbank Promenade（乗り場）
☎ 03-8610-2600　URL www.melbcruises.com.au

❶ ちょっとした船旅気分が味わえる　❷ 美しい街並みを川面から眺める

✎ 旅メモ　王立植物園（▶**MAP** P.234 C-3）の中のベトナムレストラン「ジャーディン・タン」は、自家栽培の野菜を使った料理が評判。

Melbourne Map City

シティ

メルボルンの市内観光はトラム利用が便利。
中心部の区間は無料で乗車できるので、ぐるっと
一周してシティの雰囲気をつかもう。

TIME 2時間

どんなエリア？

レトロなビクトリア様式
の建物の間をトラムが走
る風情ある街並み。個
性的な店が軒を連ねる
裏通り（レーンウェイ）の
散策が楽しい。

ローカル度　★★★☆☆　　見どころ　★★★★☆　　グルメ　★★★★★

①メルボルンのカフェ人気を牽引する「セント・アリ」
（▶付録 P.5）　②カフェ激戦区メルボルンの中でも
トップクラスの人気を誇るカフェ「セブンシーズ」
③平日でも多くの人が行き交う中心部の目抜き通り
スワンストン・ストリート

シティMAP

周辺図 P.234

E クイーン・ビクトリア マーケット
メルボルン博物館 D
P.140 王立展示館

フラッグスタッフ・ガーデン
Flagstaff Gardens
Melbourne Central Sta.

カールトン・ガーデン A

Flagstaff Sta.
La Trobe St.

P.152
メルボルン・セントラル S
メルボルン
州立図書館
State Library

P.152 エンポリウム S
Lonsdale St.
Bouke St.

ビクトリア州議事堂

サザン・クロス駅
Southern Cross Sta.

ビジター・ハブ P.145
メルボルン市庁舎 P.145

Parliament Sta.

Collins St.

Flinders St.

P.145 セントポール大聖堂

P.141 フィッツロイ・ガーデン

フリンダース・ストリート駅
Flinders St. Sta.

イアンポッターセンター
（NGVオーストラリア）C

ビクトリア国立美術館 B

フリートラムで観光

便利でおトクな移動手段

碁盤の目のようにトラムが市内を
網羅。Free Tram Zoneと呼ばれる
中心部の範囲（P.233路線図のピン
ク部分）なら、路線にかかわら
ず、どのトラムに乗っても無料
で乗り降りできる。市内観光の
足としてフル活用したい。

MELBOURNE

早わかり

観光スポット

おすすめエリア

グルメ

ショッピング

アクティビティ

市内にある世界遺産を見学

オーストラリアで初めて世界文化遺産に登録

世界文化遺産の庭園でくつろぐ

Ⓐ カールトン・ガーデン Carlton Gardens

街の北東に広がる、1856年開園の広大な庭園。敷地内に建つ王立展示館とともにユネスコ世界文化遺産に登録されている。アカシアやポプラの並木道が整備され、メルボルンの人々の憩いの場になっている。

カールトン ▶MAP
P.142/P.234 C-2
㊡無休 ⏰入園は自由
🏠1-111 Carlton St.,Carlton
☎03-9658-9658

アート&カルチャーにふれる

アボリジナルアートのコレクションが充実

Ⓒ イアンポッターセンター(NGV オーストラリア)

The Ian Potter Centre

アボリジナルアートから現代アートまで、オーストラリアを代表する画家の作品が一度に見られる。

シティ ▶MAP P.142/P.235 C-2
㊡無休 ⏰10:00~17:00
⑤常設展無料
🏠Federation Square, Cnr.Russell& Flinders St.
☎03-8620-2222

Ⓑ ビクトリア国立美術館

NGV International

16世紀から20世紀のヨーロッパの絵画や彫刻など、幅広いコレクションを展示。

サウスバンク ▶MAP P.142/P.234 C-3
㊡無休 ⏰10:00~17:00 ⑤常設展無料
🏠180 St. Kilda Rd., Southbank
☎03-8620-2222

コレクション数は約7万点

Ⓓ メルボルン博物館 Melbourne Museum

世界遺産のカールトン庭園内に建つ博物館。恐竜の骨格など600以上の動物の標本や、人間の心と体に関する展示もある。

カールトン ▶MAP P.142/P.234 C-2
㊡無休 ⏰9:00~17:00 ⑤A\$15(特別展は別途)
🏠11 Nicholson St., Carlton ☎131102

カフェとギフトショップを併設

にぎわうマーケットを散策

1日中楽しめるメルボルンの台所

Ⓔ クイーン・ビクトリア・マーケット

Queen Victoria Market

メルボルン市民の食や生活を支えてきた、約150年の歴史あるマーケット。グルメツアーや料理教室が開催されるほか、世界の食のイベントが開かれることも。夏は毎週水曜にナイトマーケットを開催。

❶1878年創業のメルボルンの台所
❷小さい店内に、ところ狭しと商品が並ぶ

シティ ▶MAP P.142/P.234 B-2
㊡月・水曜(季節によって異なる) ⏰火・木・金曜6:00~15:00(土曜~16:00、日曜9:00~16:00) 🏠513 Elizabeth St.
☎03-9320-5822

 旅メモ カールトン・ガーデン内の王立展示館では見学ツアーを開催(A\$29、所要1時間)。

レーンやアーケードをめぐる

個性的な壁画アートは見逃せない

ホージア・レーン　　Hosier Lane

路地の両壁に描かれたストリートアートで知られる。落書きとは一線を画す芸術性の高いアートを鑑賞するために、世界各国から観光客が訪れる。

▶MAP P.235 C-2

Genic!

歴史と伝統のアーケード

ロイヤル・アーケード／ブロック・アーケード

Royal Arcade / Block Arcade

市内最古のロイヤル・アーケードは、1870年築のビクトリア様式の建物に店が軒を連ねる。ブロック・アーケードはブロック細工の内装が華やか。

▶MAP P.235 B-3

❶シンボルの大時計と天井のアーチが美しい　❷中世ヨーロッパにタイムスリップしたよう

旧英領ならではの趣あるティールーム

ホープトンティールーム

Hopetoun Tea Rooms

1892年創業。20種類の紅茶と美しい多彩なスイーツ、クラシックなサンドイッチなど、旧英領の味が人気。平日でも行列ができる。

シティ ▶MAP P.235 B-3
㊡無休
🕐8:00～17:00（日曜9:00～）
🏠421 Bourke St.
☎03-9650-2777

世界各国の素材を集めた
スパイス専門店

ゲヴォーツハウス

Gewürzhaus

オーストラリアのネイティブハーブや岩塩、世界各国から集めた素材を調合して作るオリジナルスパイスが評判。

シティ ▶MAP P.235 B-3
㊡不定休　🕐9:30～17:00（日曜10:00～16:00）
🏠Shop26, The Block Arcade, 282 Collins St.　☎03-9639-6933

❶店名はドイツ語でスパイスハウスという意味
❷瓶詰めのほか、量り売りもある

紅茶と美味なケーキに
親子3代のファンも

レトロで居心地のいいカフェ

❶朝食からディナーまで幅広く利用できる
❷外のテラス席も人気

デグレーブス・
エスプレッソ・バー

Degraves Espresso Bar

街の中心部に店を構えた最初のカフェのひとつ。古い映画館のような趣の店内は、窓際に座って行き交う人を眺めるのも楽しい。

シティ ▶MAP P.235 C-3
㊡無休　🕐7:00～深夜（日曜8:00～16:30）　🏠23-25 Degraves St.
☎03-8395-6511

デグレーブス・ストリート

Degraves Street

狭い路地の両側にバーやカフェなどが軒を連ねるにぎやかな通り。1日を通して、外のテーブル席で食事やお茶を楽しむ人が絶えない。

MAP P.235 C-3

裏道が楽しいメルボルン

レーンやアーケードをつなげて続く裏道散歩がメルボルン観光の魅力のひとつ。現地在住ガイドが案内する「裏道さんぽツアー」も行われており、短時間で効率よく裏道歩きを楽しめる

街のランドマークをチェック

クラシックな時計台があるヒストリカルスポット

メルボルン市庁舎

Melbourne Town Hall

スワンストン・ストリートとコリンズ・ストリート
の角に建つ市庁舎は、19世紀に建てられたビク
トリア様式の歴史的建造物で、州遺産に登録され
ている。

シティ ▶MAP P.235 B-2
㊡土・日曜 ⏰7:30〜18:00
🏠90-130 Swanston St. ☎03-9658-9658

❶❷コンサートやコメディフェ
スティバルなど、さまざまなイ
ベントの会場として市民に親
しまれている。夜にはライトア
ップされ、荘厳な雰囲気に

人気のグルメスポットを はしご

滞在中にぜひ訪れたいカフェ

ブラザー・ババ・ブーダン Brother Baba Budan

メルボルンの有名カフェ。小さな店内はオープン
直後から閉店間際まで、常に混み合っている。
コーヒーのおいしさもさることながら、天井から
いくつものイスが吊り下げられたインテリアがユ
ニーク。▶付録P.11

❶ユニークなインテリア
は一見の価値あり
❷現地でポピュラーなフ
ラットホワイト

夜景を一望できるバー

トランジット・ルーフトップ・バー

Transit Rooftop Bar

フェデレーション・スクエアに建つビルの屋
上にあるバー。夜は、ヤラ川の対岸にある
アーツ・センターがライトアップされ、幻想
的な夜景が眺められる。▶P.150

メルボルンの3大ゴシック建築のひとつ

セント・ポール大聖堂

St.Paul's Cathedral

約130年前に建てられた
イギリス国教会派の教会
セント・ポール大聖堂は、
3つの尖塔が印象的。

シティ ▶MAP
P.235 C-2
⏰10:00〜18:00(土曜〜
15:00) 🏠209 Flinders
Lane ☎03-9653-4333

緻密なステンドグラスが美しい。中
で宗教音楽のコンサートが開催され
ることも

スタイリッシュなレストラン

オム・ノム Om Nom

フリンダース・レーンに面した
アデルフィ・ホテルの2階に
ある人気のレストラン。料理、
デザートともに、趣向を凝ら
した絵画のような美しい盛り
付けが評判。▶P.146

❶チェリーの
ジェルがた
っぷりかかっ
たチョコレー
トムース
❷店員さん
も美しい

❶シェーカーを振
る手さばきが見事
なバーテンダーの
女性 ❷フルー
ティな味わいで色
鮮やかなカクテル

＼ビジター・ハブで情報集め／

市庁舎の中に観光パンフレットが豊富にそろう観光案内
所がある。館内のカウンターでは経験豊かなボランティ
ア・ガイドが質問に答えてくれるほか、ツアーの予約も
できる。街歩きの第一歩には最適なスポット。

▶MAP P.235 B-2

Gourmet in Melbourne

目にもおいしいクリエイティブな料理

#メルボルングルメ #美食の街 #スタイリッシュなレストラン
#モダンオーストラリア料理 #melbournegourmet

味覚と視覚で旬を楽しむ

オークション・ルーム

Auction Rooms

オークション会社だった建物を改装し、約10年前にオープン。メルボルン近郊で収穫した旬の野菜や果物を使って作る彩り豊かな料理は、味はもちろん、目でも楽しめる。

ノース・メルボルン
▶**MAP** P.234 B-2
⊛無休
🕐7:00〜17:00（土・日曜7:30〜）
🏠103-107 Errol St., North Melbourne ☎03-9326-7749

❶ブレックファスト・ボードと、季節のフルーツサラダ ❷改装前の古い看板をそのまま残した壁 ❸広々とした店内 ❹ラテアートも楽しみのひとつ

❶パッションフルーツとバジルの組み合わせがさわやかなデザート ❷店員さんも洗練されている ❸チェリーのジェルがたっぷりかかったチョコレートムース

スタイリッシュなレストラン

オム・ノム Om Nom

フリンダース・レーンに面したアデルフィ・ホテルの2階にある人気のレストラン。料理、デザートともに、趣向を凝らした絵画のような美しい盛り付けが評判。

シティ▶**MAP** P.235 C-2
⊛月・火曜 🕐17:00〜22:30（金・土曜12:00〜23:30、日曜12:00〜22:30） 🏠187 Flinders Lane ☎03-8080-8888

ローカルが集うモダンな店

ボタニカル・ホテル・ブラッセリー

The Botanical Hotel Brasserie

緑豊かな王立植物園を望む店。ローカルに人気のカフェやレストラン、種類豊富なワインルームなど4つのエリアからなる。

サウス・ヤラ
▶**MAP** P.234 C-3
⊛無休 🕐7:00〜深夜
🏠169 Domain Rd., South Yarra ☎03-9820-7888

❶40日間以上熟成させたビーフはうま味たっぷり ❷有名シェフ、チオン・リュー氏の作る料理は地元でも人気

MELBOURNE

早わかり

観光スポット

おすすめエリア

グルメ

ショッピング

アクティビティ

Take a Break ...

オージービーフの選び方

さっぱりとした赤身の肉が食べたい時は、牧草をエサに飼育されたグラスフェッド（Grass Fed）、脂肪分が多い霜降り肉が好みなら、穀物をエサに飼育されたグレインフェッド（Grain Fed）がおすすめ。メニューに書いてあるので、選ぶ基準にしよう。

❶チキンを丸ごと粗塩で豪快に焼いた料理 ❷個性的な照明が印象的な店内

名シェフの哲学を反映するイタリアン

グロッシ・フロレンティーノ

Grossi Florentino

地元産の素材とトラディショナルな料理法を尊重する国内で最も有名なイタリアン・シェフ、グロッシ氏の哲学が反映されたレストラン。店内は「セラーバー」、贅沢なインテリアもごちそうの「ザ・レストラン」、その中間の「グリル」の3つからなる。

[シティ]▶MAP P.235 B-1

㊡日曜 ⏰セラーバー 8:00〜深夜（グリルは12:00〜、17:30〜、ザ・レストランは18:00〜）🍴80 Bourke St., Melbourne ☎03-9662-1811

❶伝統的な料理法から生まれる独創的な料理の数々 ❷盛り付けにも哲学が表れている

東洋のテイストをプラス

カトラー＆コー Cutler & Co.

世界中で数々のレストランを成功させたメルボルン出身のアンドリュー・マッコーネル氏のレストラン。素材の味を生かしながら、アジアンテイストを織り交ぜた料理が味わえる。

[フィッツロイ]▶
MAP P.234 C-2

㊡月・火曜 ⏰17:30〜深夜（土曜17:00〜、日曜12:00〜）🏠55-57 Gertrude St.,Fitzroy ☎03-9419-4888

素材にこだわるシーズナルなメニュー

ナンバー35

No.35

ソフィテルの35階にある展望レストラン。店内からメルボルン・シティを見渡しながら、盛り付けの美しい料理を堪能できる。グラスワイン付き2コースのランチがおすすめ。

[シティ]▶MAP P.235 C-1

㊡月・火・土曜のランチ、日曜のランチとディナー ⏰7:00〜10:30、12:30〜15:00、17:30〜22:00🏠Level 35, 25 Collins St.,ソフィテル内 ☎03-9653-7744

❶床から天井までガラス張りで店内には明るい光が降り注ぐ ❷日没後は、きらびやかな街の夜景を見ながら、ロマンチックなディナータイムが過ごせる ❸フレッシュオイスター ❹一粒一粒丁寧に焼き上げられたホタテのたたきとカリフラワーのピュレ

✎ **旅メモ** スミレなど、エディブルフラワーと呼ばれる食用の花が、料理に彩りを添える。

美食の街 メルボルンの楽しみ方

モダンオーストラリア料理って?

「モダンオーストラリア料理」とは、世界中の多様な食文化が融合した創作料理で、世界各国からの移住者が多いこの国ならではの料理ジャンル。オーストラリアの中でも、国際的に有名なシェフのレストランが集まるメルボルンは、「オーストラリア料理の首都」と評される美食の街だ。メルボルンでは、人気シェフが腕を振るう注目のレストランで、至高のグルメ体験を楽しみたい。

#ミートパイは ご当地ファストフード

ミートパイはオーストラリアの国民食。もとはイギリスの開拓者が持ち込んだもので、牛肉やラム肉などのひき肉とグレービーソースをパイ生地で包んだテイクアウト・フードだ。街のあちこちにあるミートパイ専門店のほか、パブやカフェ、レストランなど、どこでも食べられる。

#市場で地元食材を調達

クイーン・ビクトリア・マーケット(▶P.143)は、生鮮食料やおみやげなど600以上の店が集まる南半球最大級のマーケット。「アルティメット・フーディー・ツアー」に参加すると、ガイドと一緒にマーケットの人気店を巡って名物グルメが味わえる。

Queen Vic Market Ultimate Foodie Tour

🕐木〜土曜の10:00
〜(所要約2時間)
💲A$99
URL qvm.com.au/tours

#異文化ストリートを食べ歩く

移民大国で多様な食文化が入り交じるオーストラリア。特に移住者が多く暮らすメルボルンには、市内にチャイナタウンやリトルイタリーなどの異文化ストリートがあり、各国料理のレストランが軒を連ねている。こうした通りを巡って、各国グルメの食べ歩きをするのも楽しい。

リトルイタリー

イタリア系コミュニティが多いカールトン。なかでも、Lygon St.沿いはイタリアン・レストランやジェラートのお店が軒を連ね、リトル・イタリーを形成している。

ギリシャ人街

ギリシャ以外でギリシャ人が最も多いといわれるメルボルン。Lonsdale St.周辺のギリシャ人街には本格的なギリシャ料理の店が並び、スブラキやムサカといった名物が味わえる。

チャイナタウン

Little Bourke St.やLonsdale St.を中心に広がる中華街は、南半球最大で最古。有名な四川料理や小籠包のレストランのほか、裏通りには庶民的な店もある。

ベトナム人街

リッチモンドのVictoria St.周辺はベトナムかと錯覚するほどローカル感たっぷり。おいしくてヘルシーなフォーはオージーも大好きで、食事時はどこの店も混み合う。

#現地で必ず食べたい
オージーグルメ

新鮮なシーフードや旨味が凝縮したオージービーフなど、大自然が育んだ極上の食材が盛りだくさんのオーストラリア。多民族が集まる国だけに料理の種類もバラエティ豊かだ。ミートパイやフィッシュ＆チップスといった、伝統的な名物グルメも味わいたい。

肉料理
定番のオージービーフはもちろん、カンガルー肉やラム肉、ミートパイといったオーストラリアならではのメニューも味わいたい

ビーフステーキ
Beef Steak
脂肪が少なく、肉本来の味が楽しめる定番の調理法

ハンバーガー
Hamburger
気軽にオージービーフを楽しめるおなじみのメニュー

カンガルーステーキ
Kangaroo Steak
低脂肪で高タンパク、低コレステロールの注目食材

ミートパイ
Meat Pie
オーストラリアの国民食ともいえるファストフード

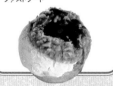

ラムチョップ
Lamb Chop
骨付き仔羊のグリル。肉質はやわらかくてジューシー

シーフード・プラッター
Seafood Platter
カキやエビ、カニ、ムール貝など、魚介を盛り合わせた料理

ロー・オイスター
Raw Oyster
肉厚でおいしいオーストラリアの生ガキ

シーフード
海に囲まれたオーストラリアのシーフードは新鮮。定番のエビやカニをはじめ、日本にはない珍しい魚も味わえる

バラマンディ・グリル
Barramundi Grill
淡白な味わいのバラマンディはスズキの一種

ディープ・フライド・マッドクラブ
Deep Fried Mud Crab
高級食材のマッドクラブ（カニ）の揚げもの

スキャンピ・グリル
Scampi Grill
甘みの強い手長エビをグリルしたシンプルな一皿

Gourmet in Melbourne

個性派ぞろいの大人バー

#メルボルンのナイトスポット #大人のバー #ルーフトップバー #ワインバー #melbournebar
#メルボルンのナイトスポット #大人のバー #ルーフトップバー
#ワインバー #melbournebar

カフェのように気軽に訪れたいワインバー

早朝から深夜まで利用できる

シティ・ワイン・ショップ

City Wine Shop

ビクトリア州を中心に、世界各国のワインをそろえるボトルショップ兼ワインバー。セラーで購入したボトルワインはA$20を追加で払えば、店内で飲むことができる。

シティ ▶MAP P.235 B-1

㊡無休 🕐12:00～深夜 ♠159 Spring St. ☎03-9654-6657

❶居心地のいいバーカウンター ❷壁一面のワインセラー
❸外のテーブルでくつろぐ人も ❹グラスワインはA$10～

夜景を一望できるバー

トランジット・ルーフトップ・バー

Transit Rooftop Bar

フェデレーション・スクエアに建つビルの屋上にあるバー。夜は、ヤラ川の対岸にあるアーツ・センターがライトアップされ、幻想的な夜景が眺められる。

シティ ▶MAP P.235 C-2

㊡無休 🕐15:00～23:00（金・土曜～24:00）♠Level 2 Transport Hotel Federation Square,Cnr. of Swanston St.& Flinders St. ☎03-9654-8808

メルボルンの夜景を眺めるビュースポット

❶フレンドリーなスタッフ
❷アーツ・センター・メルボルンなどの夜景が広がる
❸種類が豊富なバーメニューは、定期的に入れ替わる

MELBOURNE

早わかり

観光スポット

おすすめエリア

グルメ

ショッピング

アクティビティ

Take a Break ...

ルーフトップ・バーが人気

オーストラリアの都市部では、ビルの屋上を利用したルーフトップ・バーが人気。空の下でくつろげるオープンな空間は開放感たっぷり。昼間から空いているお店もあるので、ビールやワイン片手にランチを食べるのにもおすすめ。

❶ビル群の中にある屋上のバー ❷ランチを食べに訪れる地元の女性の姿も

一流のおもてなしを体験する

オー・ド・ビー

Eau De Vie

お店を見つけるのも1つの楽しみ。隠れ家という言葉がぴったりのお店はシックな雰囲気で洗練された大人のためのバー。カクテルはすべてオリジナル。

シティ▶MAP P.235 C-1
㊡無休 ⏰17:00〜翌1:00（金・土曜16:00〜、日曜16:00〜23:00）
🏠1 Malthouse Lane
☎03-8393-9367

大人の夜を楽しむ隠れ家バー

Rum & Honey

❶1920年代のアメリカのバーをイメージしたカクテルラウンジ ❷ウイスキーボトルが飾られた特別な部屋 ❸スパイスが効いたラム＆ハチミツのカクテル

Espresso Martini

❶❷メルボルン・セントラルやQVなどが近く、街歩きの後にゆったりと過ごすのに最適 ❸コーヒーの香りが心地よいエスプレッソマティーニ ❹開放感あふれる空間

青空の下で昼飲みしたい

ルーフトップ・バー

Rooftop Bar

シティの真ん中にある建物の屋上バー。8種類のオリジナルカクテルを中心に、ビールやワインなど幅広くお酒の種類が揃っている。

シティ▶MAP P.235 A-2
㊡無休 ⏰12:00〜翌1:00 🏠Level 7, Curtin house, 252 Swanston St.
☎03-9654-5394

老若男女が集まるカジュアルなバー

✎ 旅メモ 多くのバーでは15:00〜18:00頃までハッピーアワーを設定。通常よりリーズナブルに楽しめる。

Shopping in Melbourne

大型ショッピングセンターが楽しい

セントラル駅に直結

人気店をCHECK!

オージーテイストの雑貨ショップ

ミリグラム
milligram

キュートで実用的な文具が充実。カードの種類も多い。オーストラリアのアーティストが作ったカップやボトルも。
☎ 03-9242-0812

メルボルン・セントラルの2階にある

駅と直結。ユニークなインテリアも特徴

メルボルン・セントラル
Melbourne Central

印象的な建物は黒川紀章氏の設計によるもの。トレンドに敏感なショップなどが約300店。ポップアップショップや、舗道にワゴンも並び、いつ訪れてもにぎわっている。

シティ
▶MAP P.235 A-3
㉺無休 ◷10:00〜19:00(木・金曜〜21:00) ♠Cnr. of La Trobe St. & Swanston St.
☎ 03-9922-1122

お茶のことなら何でもそろう

ティー・ツー　T2

国内各地にショップを展開するティーショップ。ご当地フレーバーの「メルボルン・ブレックファスト」はおみやげに人気。
☎ 03-9662-1155

選ぶのが楽しくなる詰め合わせボックス

ファッションに注目

ラグジュアリーなブランド店も多い

エンポリウム・メルボルン
Emporium Melbourne

2014年にオープンした7階建てのショッピングモール。約220ある店舗はハイセンスで質の高いブランド店が多い。ユニクロや無印良品といった日本の店も。4階にはリーズナブルなフードコートがある。

シティ
▶MAP P.235 A-3
㉺無休 ◷10:00〜19:00(木・金曜〜21:00)
♠287 Lonsdale St.

人気店をCHECK!

シドニー発のファッションブランド

ベイシーク　Bassike

オーガニックコットンジャージを用いたTシャツなどが人気。国内に8店舗を展開。
☎ 03-8677-5703

パース発のセレクトショップ

ピジョンホール　Pigeonhole

メルボルンメイドの感度の高いアクセサリーや服などがそろい、ウインドーショッピングも楽しい。
☎ 03-9639-9487

コスメやファッション、インテリア雑貨など、おしゃれなアイテムが多い

MELBOURNE

早わかり

観光スポット

おすすめエリア

グルメ

ショッピング

アクティビティ

個性派が
そろう

路地裏のような入口がいっぱい!

キューブイ

QV

アーティスティックでユニークな雑貨や服を扱うお店が揃う。地上階にはフードコート、お酒の買えるダン・マーフィーズ、地下階にはウールワースもあるのでとても便利。

シティ
▶ MAP P.235 A-2
🅿 無休 🕙 10:00～19:00
（木・金曜～20:00）
🏠 Cnr. of Swanston St. & Lonsdale St.

人気店をCHECK!

ユニークなテイストの雑貨がいっぱい

モンスタースレッド
Monsterthreads

オーストラリアのアーティストによるカラフルな服や弁当箱、バス用品など小さくてかわいい雑貨が充実。ベビー用品も豊富。 ☎ 03-9663-7039

個性的な柄のワンピース

日本にもあるお茶の専門店

ルピシア Lupicia

世界各国のお茶を揃える店で日本にもショップがある。メルボルンにしかないフレーバー茶は、おみやげに最適。

☎ 03-9662-9988

缶入りの「サザンクロス」

人気店をCHECK!

ゴージャスなデザインが人気

モア MOR

パッケージのデザインと香りのよさが人気のボディケア・ブランドで、ソープやハンドクリーム、フレグランスなどを中心に展開。「マシュマロ」など、複数のラインから好みの香りを選べる。

❶ 高級感のあるパッケージも魅力のひとつ
❷ 香りがいい「ポメグラネイト（ざくろ）」のシリーズ

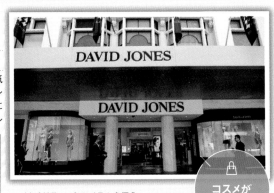

コスメが
充実

ハイクオリティーなアイテムを扱う

デビッド・ジョーンズ

David Jones

オーストラリアを代表する老舗高級デパート。コスメ売場が充実しており、オージー・コスメのまとめ買いにぴったり。

シティ
▶ MAP P.235 B-3
🅿 無休 🕙 10:00～19:00（土曜9:00～、木・金曜～21:00）
🏠 310 Bourke St. ☎ 133357

Take a Break ...

マーケットはおみやげ探しの宝庫

市民の台所であるクイーン・ビクトリア・マーケット（▶ P.143）を筆頭に、市内には人気のマーケットが点在。地場野菜などの食品が中心だが、地元の工芸家が手がけるクラフト雑貨の店などもあり、おみやげ探しをするのも楽しい。

日本にはない珍しい野菜や果物が豊富

サウス・ヤラにあるプラーン・マーケット

 旅メモ　キッチン設備が整ったアパートメントスタイルのホテルに宿泊し、マーケットの食材で料理を作るのもおすすめ。

Shopping in Melbourne

メルボルンならではの雑貨を探しに

#メルボルン雑貨　#クラフト　#メルボルン発のブランド

#メルボルンみやげ　#melbourneshopping

デグレーブス通りのおしゃれな雑貨店

クレメンタインズ

Clementine's

メルボルンを中心に、ビクトリア州のアーティストの雑貨類を扱うショップ。ジャムやピクルスなど地元で採れた農作物の加工品も、パッケージがかわいいのでおみやげによさそう。

シティ ▶ MAP P.235-C-3
㊗無休　⏰11:00〜17:00(月・火曜〜16:00、日曜〜15:00)　🏠7 Degraves St.　☎03-9639-2681

お手頃な値段で幅広い商品がそろっている

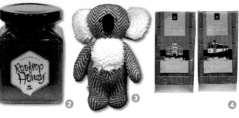

❶ちょっとマヌケな表情がかわいいカモノハシのぬいぐるみ　❷ビルの屋上で採取されたメルボルン産のハチミツ　❸抱き心地のいいコアラのぬいぐるみ　❹メルボルンのアイコンがプリントされたチョコレートバー

エントランスも
スタイリッシュ

地元アーティストの
作品が整然と並ぶ

ビクトリア州のクリエーターの作品を
集めたショップ

クラフト　Craft

ビクトリア州のアーティストを中心に、年間約150名の作家の作品を扱っている。陶器や衣類、アクセサリーなどアイテムの種類は多種多様。併設ギャラリーでは、不定期で地元作家の展示会を開催している。

シティ ▶ MAP P.235 C-2
㊗日・月曜　⏰11:00〜17:00(土曜〜16:00)　🏠Watson Pl.　☎03-9650-7775

❶手すきの和紙で作られたキャップ。蜜ろうでコーティングされており、耐水性もある　❷もと料理人という経歴を持つメルボルン在住の日本人陶芸家・平田照信による片口　❸Anna Varendorff作、ハンドメイドの真鍮製一輪挿し

オリジナリティあふれるデザインが魅力

メルボルンスタイル

melbournestyle

オーナー兼アーティストであるマリーさんの作品を中心に、地元作家の一風変わった雑貨が見つかるデザインショップ。ローカルな地図やトラムの標識などをあしらったクッションなど、デザイン性の高いアイテムが多い。

サウス・メルボルン ▶MAP P.234 B-3
㊡月・日曜 ⏰10:00～17:00（土曜11:00～16:00）
🏠155 Clarendon St., South Melbourne ㊞トラム12番/126からすぐ ☎03-9696-8445

❶スタイリッシュなモノクロのコーヒーカップ＆ソーサー ❷セント・アリ（▶付録P.5）の近く ❸カンガルーなどオージーアニマルをモチーフにした動物シリーズのプレイスマット ❹コアラの箸置きはセット ❺オーナー兼アーティストのマリーさん

キッチン雑貨や文房具も

ウィルキンス・アンド・ケント

Wilkins and Kent

メルボルン在住作家が作るアクセサリーや実用的でセンスあふれる生活道具など、さまざまな雑貨がところ狭しと陳列されたショップ。気の利いたおみやげが見つかりそう。

シティ ▶MAP P.235 B-3
㊡無休 ⏰10:00～17:00（木・金曜～17:30、土曜11:00～、日曜11:00～16:00） 🏠372 Little Bourke St. ☎03-9670-5624

メルボルン発の
バッグ・ブランド

クランプラー

Crumpler

1995年にメルボルンの3人の自転車便メッセンジャーによって誕生したバッグのブランド。機能性とデザイン性を兼ね備えた丈夫なバッグは、日本でも注目されている。

シティ ▶MAP P.235 B-3
㊡無休 ⏰10:00～18:00
🏠349 Little Bourke St.
☎0459-394-989

❶日本未輸入のアイテムがずらりと並ぶ ❷リトル・バーグ店のほか、フィッツロイにもショップがある ❸ノートパソコンがすっぽり入る「Art Collective」 ❹ポシェットサイズのショルダーバッグは旅先で重宝する

❶キッチン用品やクラフトがそろう ❷虫除けのハーブを詰めたニワトリの置物 ❸メルボルンのロゴが入ったペンケース

✒ 旅メモ イアンポッターセンター（▶P.143）の中のショップでは、地元アーティストのデザイン作品が購入できる。

奇岩が連なる絶景ドライブルート

#メルボルン郊外の絶景　#奇岩群　#グレートオーシャンロード　#greatoceanroad

全長243kmに渡る海岸沿いの「グレート・オーシャン・ロード」は、国内屈指の景勝地。
迫力のある自然の造形は息を飲むほどの美しさだ。

オーストラリアでも屈指の景勝地
グレート・オーシャン・ロード
Great Ocean Road

メルボルンの南西約100km、海沿いに約243kmも続く風光明媚なドライブルート。ハイライトはポート・キャンベル周辺に点在する奇岩群。複雑に入り組んだ断崖絶壁に、何万年もの太古から浸食によりでき上がった奇岩群が並ぶ景色は神々しいほど。大自然が創り出した見事な景観を前に、ただただ圧倒される。

メルボルン郊外
▶MAP P.234 A-5

グレートオーシャンロードの見どころ

Anglesea
アングルシー

ロンドン・ブリッジ **D**
London Bridge

Port Campbell
ポート・キャンベル

ロック・アード・ゴージ **C** **B**
Loch Ard Gorge

12使徒
Twelve Apostles

Lorne
ローン

ケネット・リバー ★
Kennet River

Kennet River
ケネット・リバー

Apollo Bay
アポロ・ベイ

オトウェイ国立公園
Otway National Park

ケープ・オトウェイ灯台 **A**
Cape Otway Lightstation

森を見下ろす世界最大級の遊歩道を歩く
オトウェイ国立公園
Otway National Park

レインフォレストを約35m の高さから見下ろしながら歩く「ツリー・トップ・ウォーク」は世界最大規模の長さと高さ。

野生のコアラが間近で見られる
ケネット・リバー
Kennet River

駐車場の奥に入って行くと、ユーカリの木の上でのんびりと寝ている野生のコアラを見つけることができる。

ちょっと寄り道

ヘリコプターで空から見学

ダイナミックな断崖絶壁や12使徒などの奇岩群などの絶景を、上空から眺めるヘリコプター遊覧飛行も人気。料金は1人A$165〜（15分〜）。オンラインで事前予約ができる。

URL www.12apostleshelicopters.com.au

操縦士のガイド（英語）を聞きながらパノラマビューを見下ろす空中散歩は、忘れられない思い出になる

Must!

\| **Superb View** /

1 岬の突端まで行ける遊歩道から12使徒を撮影
2 遊歩道の入り口にある看板で記念撮影する人も多い

Twelve Apostles
Port Campbell National Park

\\グレートオーシャンロードの絶景スポット/

 A 岬にそそり立つ国内最古の灯台
ケープ・オトウェイ灯台 Cape Otway Lightstation

国内で現存する最古の灯台。急ならせん階段を上って着く頂上からの景色は絶景。かつての灯台守の小屋や電報局も見学できる。

▶**MAP** P.156

 B 絶景ロードのハイライト
12使徒 Twelve Apostles

群は1000万年以上前に始まった浸食とサザン・オーシャンの強風がつくり出したもの。この姿になるまでの悠久の時間と神秘を感じる。

▶**MAP** P.156

 C 切り立った崖の壮大な景色
ロック・アード・ゴージ Loch Ard Gorge

バス海峡とサザン・オーシャンが合流する海域は海の難所。この岩は1878年に難破した船、ロック・アード号から名付けられた。

▶**MAP** P.156

 D 大自然のエネルギーを感じる
ロンドン・ブリッジ London Bridge

かつてはダブル・アーチ型で橋のように見えたが、浸食で崩れ落ちてしまい、現在の姿に。自然のパワーを実感する眺め。

▶**MAP** P.156

旅メモ 風光明媚なドライブルートだけに、車のCM撮影などにもよく使われる。

ヤラ・バレーで**ワイナリーめぐり**

#メルボルン郊外のワイナリー #ヤラバレー #yarravalley #メルボルンでワイナリーめぐり

メルボルン近郊に位置するヤラ・バレーは、世界に名だたる高級ワインの産地。シティから車で1時間ほどでアクセスでき、人気のワイナリーを巡るツアーが催行されている。

ヤラ・バレーのワインの特徴

白はフルーティーで清涼感のあるソービニヨン・ブランや、スパイスを感じるシャルドネが中心

赤はカベルネ・ソービニヨンや軽やかな味わいのピノ・ノワール、濃厚でスパイシーなシラーズなどが多い

メルボルン近郊のワインの名産地
ヤラ・バレー
Yarra Valley

ヤラ川上流に位置する広大な丘陵地帯に、大小70軒以上のワイナリーが点在。その質の高さは世界的にも有名だ。地元産の食材を使ったワイナリーレストランでの食事も楽しみ。

ヤラ・バレー ▶**MAP** P.234 B-5

Tours **このツアーでいけます！**

ヤラ・バレー日帰りツアー
ヤラ・バレーでのワイナリーめぐりは、メルボルン発着のツアーに参加するのがおすすめ。1日または半日の各種ツアーが催行されている。
URL www.veltra.com/jp

ヤラ・バレーの人気ワイナリー

ヤラ・バレー人気No.1のワイナリー
ドメイン・シャンドン・オーストラリア
Domaine Chandon Australia

シャンパンの代名詞、モエ・エ・シャンドンのオーストラリアの拠点。ぶどう畑を見渡す絶景のテイスティングルームで優雅に試飲できる。

ヤラ・バレー ▶**MAP** P.234 B-5
㉿無休 ⏱11:00～16:30 🏠727 Maroondah Hwy., Coldstream ☎03-9738-9200

10代続くワインメーカーが造る
ドミニク・ポルテ
Dominique Portet

フランス・ボルドーで1720年からワイン造りに携わっているポルテ家。現在のワインメーカーは10代目。フレンチスタイルのインテリアもおしゃれ。

ヤラ・バレー ▶**MAP** P.234 B-5
㉿無休 ⏱10:00～17:00 🏠870 Maroondah Hwy., Coldstream ☎03-5962-5760

❶世界各国からワイン通が訪れる
❷シラーズとピノ・ノワールを使用した赤スパークリングが大人気

❶ワインに合う料理が味わえるビストロを併設 ❷創始者の父の名前を冠したワインも評判

ダンデノン丘陵で**蒸気機関車**に乗る

周辺一帯が国立公園に指定されている緑豊かなダンデノン丘陵は、
大自然を手軽に体験できる人気のネイチャースポット。

緑あふれる丘陵地帯
ダンデノン丘陵
Dandenong Ranges

ユーカリの森が広がるダンデノン丘陵は、
都会の喧噪から離れてリラックスできる
ヒーリング・スポット。森林浴や野鳥と
の触れ合いなど、楽しみ方はいろいろ。
蒸気機関車「パッフィン・ビリー」の乗車
体験は、ダンデノン丘陵の一番人気。

ダンデノン ▶MAP P.234 B-5

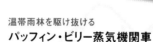

レトロな雰囲気にあふれた、始発
のベルグレイブ駅

いい眺め！

Mount Dandenong

ダンデノン山のスカイハイ展望台からは丘陵エリア
を一望。地元で知られる夜景スポットでもある

温帯雨林を駆け抜ける
パッフィン・ビリー蒸気機関車
Puffing Billy Steam Railway

まもなく出発
です！乗り遅れ
ないでね

パッフィン・ビリーは、100 年以上前の開拓当時に
敷かれた国内最古の蒸気機関車。地元ボランティ
アによって復興し、現在は観光機関車として人気
を博している。窓から足を投げ出して乗車し、森
の中を進む機関車は、テーマパークのアトラクショ
ンのよう。

ダンデノン ▶MAP
P.234 B-5
⑤ A$41（ベルグレイブ駅〜メ
ンジーズ・クリーク駅の往復）
♠ 2 Bayview Rd., Belgrave
（ベルグレイブ駅）
☎ 03-9757-0700
URL puffingbilly.com.au

窓から足を投げ出して乗車。道路に停車した人た
ちが手を振ってくれる

ペンギンパレードを見に、フィリップ島へ

バス海峡に浮かぶ小さな島・フィリップ島は、野生動物の楽園。
日没とともに海から巣穴へ帰るペンギンの姿を見るために多くの観光客が訪れる。

Teku
Teku

野生のペンギンやコアラなどが生息

フィリップ島

Phillip Island

メルボルンの南東約137kmにあり、車で1時間半ほどで到着するフィリップ島。世界最小のフェアリー・ペンギンをはじめとした野生動物が多く生息しており、メルボルン観光のハイライトである「ペンギン・パレード」で有名なところ。ツーリストには日帰りツアーがポピュラーだが、地元の人にとっては家族でキャンプを楽しむ避暑地として知られている。

フィリップ島 ▶MAP P.234 B-5

ペンギン・パレード ⊛無休 ⏱16:00〜ペンギンパレード終了 ⑤ A$30 ♠1019 Ventnor Rd.,Summerlands ☎03-5951-2800

ペンギンパレードを見学

世界最小のフェアリー・ペンギンの日常生活を観察する人気のペンギン・パレード。毎朝、巣から海へ「出勤」し、日没とともに巣に帰る。その習性を生かしたアトラクションだ。

繁殖期には
ベビーペンギン
がいるよ

ペンギン見学のマナー

1.撮影はNG
ペンギンの生活を邪魔しないように、カメラやビデオの持ち込みは不可

2.日没1時間前までに到着
ペンギンの上陸は季節によって異なる。見逃さないように早めに到着

3.防寒着を持参
夜間は夏でも冷え込むので、1枚はおれるものを持って行こう

世界最小のフェアリーペンギン

フェアリー・ペンギン（和名コガタペンギン）は、ペンギンの中で最も小さい種類で体長は約40cm、体重は1kgほど。リトル・ブルー・ペンギンとも呼ばれ、オーストラリア南部やニュージーランドで繁殖。

PERTH

KEYWORD
早わかり

164 パース早わかり

KEYWORD
おすすめエリア

170 シティ

172 フリーマントル

KEYWORD
グルメ

174 水面を見ながらシーフードを味わおう

176 ローカル推しのレストラン

KEYWORD
ショッピング

178 センスのいい雑貨が見つかる

OTHERS!

166 パースの旅テク10

168 個性的なワイルドフラワー

180 クォッカに会いに
　　 ロットネスト島へ行く

182 パースの絶景コレクション

Perth

Tourist spots in Perth

大自然と融合した街並みが美しい
西オーストラリア州の州都

ワイルドフラワーの名所として知
られるキングス・パーク。広大な
芝生の広場からはパースの中
心部が見渡せる

Fremantle Market is crowded with
locals buying fresh vegetables and tourists
looking for souvenirs.

フリーマントルを訪れるなら、マーケット
が開かれる週末がおすすめ。パースみ
やげを探すには絶好のスポット

パース早わかり

スワンリバーのほとりに広がる州都のパースは、自然豊かな美しい街。郊外には絶景の奇岩群や野生のイルカが集まる島など、魅力的なスポットもある。

どんな街?

緑豊かな自然と歴史的建造物や近代的なビルが融合し「世界で最も美しい街」といわれるほど、整備されている。シティから電車で30分の港町フリーマントルも人気の観光スポット。郊外にもバラエティに富んだ見どころが多い。

👤 人口
約222万人

↔ 面積
約5386㎢

郊外の絶景
スポットも必見

インド洋に面した美しい庭園都市

A シティ

City

美しい水をたたえたスワンリバーや約400haの広大な敷地を誇るキングス・パークなど、中心部でも自然が身近に感じられる街。グルメ＆ショッピングが楽しめるスポットも充実。 ▶P.170

Must!

キングス・パーク
▶P.170

ロンドン・コート
▶P.171

19世紀の開拓時代の面影を漂わせる港町

B フリーマントル

Fremantle

世界遺産の旧フリーマントル刑務所など、パースの歴史を感じるノスタルジックな街。おしゃれな雑貨ショップやカフェもある。日程が合えば、人気のマーケットが開かれる金〜日曜に訪れたい。 ▶P.172

Must!

フリーマントル・マーケット
▶P.172

シセレロズ
▶P.174

アジアンフードの店や個性的なカフェが集まる

E ノースブリッジ

Northbridge

バーやレストランが多く、週末には朝までにぎ
わうエリア。小さなカフェやレストラン、雑貨や
コスメのショップが点在。博物館や美術館が
集まるカルチュラ
ル・センターもある。

西オーストラリア州立
美術館
▶P.171

新しく開発された高級住宅街

D イースト・パース

East Perth

中心部から無料バス
でアクセス可。緑あ
ふれるおしゃれな街
並みが印象的。100
年以上に渡って紙
幣を発行した国内最
古のパース造幣局は
このエリアにあり、
多くの観光客が訪れ
る。

スワンリバーをはさんで対岸に広がるエリア

C サウス・パース

South Perth

エリザベス・キーからフェリーで8分。
川沿いに美しい公園が広がり、市
民の憩いの場になっている。コア
ラやカンガルーに会えるパース動物
園も徒歩圏内にある。

マウント・ローリー駅
Mt. Lawley Sta.

ミッドランド線
Midland Line

イースト・パース駅
East Perth Sta.

Graham farmer Fwy.

クレイズブルック駅
Claisebrook Sta.

マッカイヴァー駅
McIver Sta.

■パース造幣局
Perth Mint

■グロスターパーク
Glouceter Park

イースト・パース D
East Perth

Riverside Dr.

ヘリソン島
Heirisson Island　P.188
クラウン・タワーズ・パース

スワンリバー
Swan River

サウス・パース C
South Perth

Mill Point Rd.

Douglas Ave.

Angelo St.

N

Perth

パース の旅テク 10

パースをおトクに
効率的に観光する
ワザや、穴場スポットを
ご紹介！

#01

人気のブリュワリーで

無料 で自転車をレンタルできる

フリーマントルにあるリトル・クリーチャーズ（▶P.173）は、国内屈指のマイクロ・ブリュワリー。シーフロントのレストランを併設したブリュワリーでは、クラフトビールの飲み比べが楽しめるブリュワリーツアーを行っている。また、ここでは無料で自転車を貸し出しているので、サクッと周囲を回りたい時は借りてみよう。

#03

限られた時間で観光するなら

パースエクスプローラー を利用

パース中心部の主要スポットを訪れる乗り降り自由な2階建バス。パース・エクスプローラーは、エリザベス・キーやキングス・パークなど、12ヵ所の観光スポットを巡回する。24時間乗り降り自由な乗車券はA$50。

パースエクスプローラーで行ける主なスポット
- ●西オーストラリア州立美術館　●キングス・パーク
- ●パース造幣局　●オプタス・スタジアム　●クラウンパース

#02

パースでの

お役立ちアプリ ベスト3

パースの移動・観光・ショッピングで役立つアプリ。使えば旅の幅が広がる。

Transperth

市内の公共交通機関を一括運営するトランスパースの公式アプリ。各交通機関の時刻表検索がスムーズ。

パース路線図Lite

シンプルな鉄道路線アプリ。目的駅への最短の乗り換え案内表示がわかりやすい。

複数の路線が集まるパース駅

#04

現地で 観光情報 を入手するには？

パース空港の到着ロビーには、各種観光パンフレットを置いたスタンドが設置されており、現地で発行されている日本語情報誌などもここで手に入る。また、パース駅に近いウィリアムストリートの観光案内所へ行けば、観光パンフレットが入手できるほか、さまざまな旅の相談に乗ってもらうことができる。

#05

観光の必需品 スマートライダー

電車、バス、フェリーなどの公共交通機関全てに利用できる交通ICカード。現金払いに比べて1〜2割ほど割安になる。カードの購入は駅や街なかの小売店などで。

#06

キングス・パークの楽しみ方

都市にある公園としては世界最大規模（東京ドーム86個分）のキングス・パークは、パース市民の憩いの場。園内のカフェでテイクアウトして芝生の上に足を伸ばし、市街地やスワン川を眺めながらのピクニックがおすすめ。中心部からは無料バスでアクセスできる。

#07

スワンリバー沿いの遊歩道を
のんびり自転車さんぽ

市内を流れるスワンリバーは川沿いに遊歩道が整備され、水面を眺めながら自転車さんぽが楽しめる。エリザベス・キーから対岸のサウス・パースを経由してぐるりと一周するコースは所要約2時間。宿泊客に自転車を貸し出すホテルも多いので、事前に確認してみよう。

#08

コテスロー・ビーチで
サンセットを眺める

ここから見る夕陽の美しさはパースでもトップクラス。晴れた日にはサンセットを眺めるため、ビーチに地元の人が集まってくる。ビーチは、パースとフリーマントルの間にあるコテスロー駅から徒歩10分ほどなので、フリーマントルからシティへ戻る途中に立ち寄るといい。

#09

旧刑務所に泊まってみる？

世界文化遺産に登録されている旧フリーマントル刑務所（▶P.173）は、1991年まで実際に使用されていた刑務所。女性収監施設はユースホステルとして利用され、個室やドミトリールームが用意されている。旧刑務所では複数の見学ツアーが行われているが、囚人の刑罰などの実話を聞きながら暗闇の刑務所内を巡る夜のツアーも人気があるので、参加してみては？

囚人が掘った地下20mのトンネルを探索する「トンネルツアー」など、興味深い各種見学ツアーを実施

#10

日本と関わりの深い街「ブルーム」

パースからおよそ2300km離れたブルームは、真珠の街として知られるリゾート地。真珠産業で栄えた1880年代に多くの日本人が移住し、潜水作業に携わったが、危険を伴う作業で1000名以上の人が命を落とした。街では、今でも「Shinju Matsuri（真珠祭り）」が毎年開催されている。

約900名が眠る日本人墓地の墓石は、日本の方角を向いている

BOOK CAFE

個性的なワイルドフラワー

西オーストラリア州の春の風物詩

ワイルドフラワーとは、さまざまな自然環境に自生する野生の花の総称。オーストラリアでは7～12月にかけて、各地にワイルドフラワーが咲き乱れる。特に西オーストラリア州には、ユニークな形状が魅力のワイルドフラワーが多く自生。日本ではあまり見ることのない多様な自然の造形美を鑑賞できる。

#花の種類は約1万2000種

カンガルーの足に形が似ているカンガルー・ポーや、松ぼっくりのような形のバンクシアをはじめ、ワイルドフラワーの種類は約12000種にも及ぶ。西オーストラリアでしか見られない珍しい固有種も多く、全体の約8割が西オーストラリア州の固有種だといわれている。

#ワイルドフラワーのおみやげ

オーストラリアのギフトショップや雑貨店では、ワイルドフラワーをモチーフにしたアイテムが豊富に揃っている。ジャラハニーは、西オーストラリア州だけに育つジャラの木から採れる希少価値の高いハチミツで、おみやげに人気。

花柄のマグカップ

希少価値が高いジャラハニー

Jarrah Honey

#キングス・パークはワイルドフラワーの名所

手軽にワイルドフラワーを鑑賞できるのが、シティにあるキングス・パーク（▶P.170）。毎日2回（10:00、13:00、所要約1時間30分）無料のガイドツアーが行われ、知識豊富なボランティアガイドが植物園内を案内してくれる。また、毎年9月には花の祭典「ワイルドフラワー・フェスティバル」を開催。約3000種類のワイルドフラワーが展示され、花を楽しむさまざまなイベントが催される。

#ワイルドフラワーを巡る旅

西オーストラリア州の沿岸沿いには花の名所を巡る「ワイルドフラワーロード」があり、シーズンになると日本からも多くのツアー客が訪れる。世界一幸せな動物・クオッカが生息するロットネスト島（▶P.180）も、ワイルドフラワーの鑑賞スポットとして知られている。

ワイルドフラワー図鑑

毎年春になると、市内中心部の公園や郊外の観光名所などが色とりどりのワイルドフラワーで鮮やかに彩られる。日本では見ることができない珍しい固有種の草花。その個性的な色や形をじっくりと鑑賞したい。

カンガルー・ポー
Kangaroo Paw
西オーストラリアの州花。形がカンガルーの前足に似ている

バンクシア
Banksia
ずんぐりした穂の形と、真っ赤な花の色が特徴

ピンク・エバーラスティング
Pink Everlasting
「永遠」という名の通り、形や色が長持ちする花

ブルノニア
Brunonia australis
葉は長さ10cm程度で、根元から伸びる。花は半球状の塊となって50cmほどの茎の頂部に咲く

カランドリニア・ポリアンドラ
Calandrinia polyandra
多肉植物で、大きく目立つ花を一斉に咲かせます。一面に絨毯のように咲いている

ロットネスト・アイランド・デイジー
Rottnest Island Daisy
薄紫色の花で、別名は「ブルー・レース・フラワー」

リース・レシュノールティア
Wreath Leschenaultia
樹高15cmほどの小さな常緑樹で、四方に伸びた枝の先にリースのような形状の花をつける

ドンキー・オーキッド
Donky Orchid
ロバの耳のように、ピンと立った花びらが特徴

ブルー・チャイナ・オーキッド
Blue China Orchid
深い紫色の花で、夜や曇りの日は花が閉じている

パープル・エナメル・オーキッド
Purple enamel orchid
鮮やかな紫色で光沢のある花はまるで造花のよう

クイーン・オブ・シバ・オーキッド
Queen of Sheba orchid
「シバの女王」の名前にふさわしい、気品ある花

ピンク・ボロニア
Pink Boronia
ベル形の花が枝いっぱいに付く。ほのかな柑橘系の香り

シティ

パース駅の周辺にショッピングストリートが集まっており、買い物や街歩きに便利。シティを流れるスワン川沿いはウォーキングやサイクリングに最適だ。

TIME 2時間

どんなエリア？

最寄りはパース駅やエリザベス・キー駅。ショップや飲食店、カルチャースポットが駅周辺にコンパクトにまとまっており、スワン川へも徒歩でアクセスできる。

ハイドパーク■
シティ・ウエスト駅■
■ノースブリッジ
パース駅■ ■シティ
■エリザベス・キー駅
イースト・パース■
フリーマントル■
■サウス・パース

＼ ローカル度 ／　＼ 見どころ ／　＼ グルメ ／
★★★☆☆　　★★★★☆　　★★★★★

スワンリバー沿いに広がる 風光明媚な街

❶メリーゴーランドのあるエリザベス・キー　❷パース駅に直結したヤガンスクエアには人気のグルメスポットが集まる　❸サウス・パースから対岸のシティを眺める。川沿いは遊歩道が整備されており、ウォーキングやジョギング、サイクリングを楽しむ人が多い　❹みやげもの店が並ぶロンドン・コート　❺豊かな水をたたえるスワン川と高層ビル群

シティMAP

- テニス・セントラル
- P.178 ウィリアム・トップ ⑤
- シティ・ウエスト駅 City West Sta.
- Fremantle Line
- 日本国総領事館 ⑤
- ウォータータウン・ブランド アウトレット・センター
- Thomas St.
- フォーポイント・バイ・シェラトン Four Points by Sheraton Perth
- 西オーストラリア 州立美術館 Ⓐ
- フリーマントル線
- RACアリーナ
- パース現代美術館 Ⓗ
- William St.
- Beaufort St.
- パース駅 Perth Sta.
- パース・アンダーグラウンド駅 Perth Underground Sta.
- ソリダリティーパーク
- Kings Park Rd.
- マレー・ストリート・モール Ⓓ
- ヘイ・ストリート・モール Ⓒ
- ロンドン・コート Ⓑ
- セント メアリーズ大聖堂
- マウンツ・ベイ・ウォーターズ アパートメント Ⓗ
- P.179 アスペクツ・オブ キングスパーク ⑤
- コンベンション& エキシビジョンセンター
- エリザベス・キー駅 Elizabeth Quay Sta.
- Hay St.
- ポスト Ⓔ
- P.177 フレイザーズ Ⓡ
- May Dr.
- 観光案内所 ⓘ
- Lovekin Dr.
- 戦没者慰霊碑 State War Memorial
- Ⓗ キングス・パーク
- ボタニック・ガーデン Botanic Garden
- Mandurah Line
- Riverside Dr.
- サイクリングコース
- Rottnest Express
- スワンリバー Swan River
- ナロー橋
- Transperth Ferry
- 0　500m
- 周辺図 P.238

緑あふれる憩いの公園

スワン川とシティを望む公園

キングス・パーク

Kings Park

Must!

約400haもの広大な公園で、展望台からはスワン川とパースの高層ビル群が見渡せる。戦争記念館、植物園も併設。市街地からはバスで10分。

MAP P.170/P.239 A-4

🚫無休
🕐入園自由　🈚無料
🏠 Fraser Ave., West Perth
☎ 08-9480-3600

パースの文化を感じる場所へ

1985年創設の歴史あるギャラリー

Ⓐ 西オーストラリア 州立美術館 ✳

Art Gallery of Western Australia

中心部のパース・カルチュラル・センターの一角に位置する歴史あるアートギャラリー。絵画や彫刻、写真などの作品のほか、カラフルなアボリジナル・アートの展示もある。

❶無料で見られる新旧のコレクションが豊富 ❷図書館や博物館が集まる、パース駅近くのカルチュラル・センターにある ❸館内にはショップを併設

ノースブリッジ ▶MAP P.170/P.239 C-3
㊡火曜 ㋐10:00〜17:00
🏠 Perth Cultural Centre, 47 James St., Northbridge
💲入場無料（展示により異なる） ☎08-9492-6600

ショッピングストリートを散歩

中世のイギリスを感じさせる

Ⓑ ロンドン・コート

London Court

1937年に英国チューダー様式を模して造られたクラシックなアーケード。ヘイ・ストリート・モールからセント・ジョージ・テラスへ抜ける小道に、みやげ物店が並ぶ。

中世ヨーロッパの趣があるアーケード

シティ ▶MAP P.170/P.239 B-4
㋐7:00〜21:00（土曜〜17:00、日曜11:00〜17:00）
🏠647-649 Hay St.
☎08-9261-6000

パースで一番にぎやかな買いもの天国

Ⓒ ヘイ・ストリート・モール

Hay Street Mall

マレー・ストリート・モールと平行する通りで、両側にさまざまなショップが軒を連ねる。コスメからスーパーマーケットまで入っているショッピングセンター ENEX 100は、おみやげ探しに便利。

パース駅に近く、平日でも多くの買い物客が訪れるメイン通り

ストリートに設置された大道芸人のオブジェ

シティ ▶MAP P.170/P.239 B-4
㊡ パース駅から徒歩8分

パース駅から最も近いショッピング街

Ⓓ マレー・ストリート・モール

Murray Street Mall

約300mのモール内に、デビットジョーンズやマイヤーなどの大手デパート、人気ファッションブランドの大型店舗も並び、平日でも多くの人が集まる。

ヘイ・ストリート・モールと合わせて訪れたい

通りの中央にある流線型の建物は観光案内所

シティ ▶MAP P.170/P.239 C-4
㊡ パース駅から徒歩5分

地元で人気のレストランでランチ

パースのおしゃれスポットで食事

Ⓔ ポスト Post

歴史的建造物をリノベーションしたステイトビルディング内のイタリアンレストラン。高い天井と重厚な雰囲気のなかで落ち着いて食事が味わえる。ラムなどの肉料理が人気。

Yummy!!

シティ ▶MAP P.170/P.239 C-4
㊡無休
㋐6:30〜22:00
🏠 I Cathedral Ave., State Buildings
☎08-6168-7822

❶ロマンティックな雰囲気な店内で、ゆったり食事が楽しめる ❷本格的なイタリアンテイストのポスト・ティラミスはふわふわの舌触り

ポテトピューレとカーボロネロ（黒キャベツ）を添えたアイフィレ。グリーンペッパーコーンの食感が楽しい

旅メモ　パース動物園のある対岸のサウス・パースへは、エリザベス・キーからフェリーで10分ほど。

フリーマントル

スワン川の河口に位置するこの街は、イギリスからの入植者が開拓した港町。今も当時の建物が数多く現存し、ノスタルジックな雰囲気を漂わす。

TIME
2時間

どんなエリア?

パース駅からフリーマントル駅までは、電車で30分ほどでアクセスできる。フリーマントル・マーケットなど、多くのスポットは駅から徒歩圏内。

ハイドパーク■
シティ・ウエスト駅
　　　　　●ノースブリッジ
パース駅　●シティ
　　　　／エリザベス・キー駅
　　　　イースト・パース■
■フリーマントル
　　●サウス・パース

＼ ローカル度 ／　　＼ 見どころ ／　　＼ グルメ ／
★★★☆☆　　★★★★☆　　★★★★☆

レトロな雰囲気の
港町

❶街のアイコン的なストリートアート　❷貨物船が集まる港。近くにはシーフードレストランがある　❸カフェが多いことからカプチーノ通りと呼ばれるサウステラス　❹観覧車からは海が見える　❺港には漁師を形どったオブジェも

❘週末マーケットが人気❘

Must!

自然素材の手作り石けんや工芸品の店もある

**1897年から続く
歴史あるマーケット**

オーストラリアの植物を使った自然派ティーの人気ショップ「ルージェニック」

フリーマントル・マーケット

Fremantle Markets

毎週金〜日曜に開催されるフリーマーケットで、食料品やクラフトなど140以上もの店が並ぶ。ほかでは見ないような、ローカルなおみやげを見つけることができる。

フリーマントル ▶**MAP** P.172/P.238 B-3

㊡月〜木曜 ◷8:00〜18:00 ♠Cnr. South Tce. & Henderson St., Fremantle ☎0432-244-867

フリーマントルMAP ｜パース▶

0　200m
周辺図 P.238

P.179ファウンド ⑤
フリーマントル・アートセンター ⓒ
フリーマントル・パーク
Fremantle Park
フェリー・ターミナル
Ferry Terminal
フリーマントル駅
Fremantle Sta.
Eシェッド・マーケット
E Shed Market
Bシェッド
ビクトリア・キー
西オーストラリア
海洋博物館
ブレッド・イン・コモン ⓡ
付録P.9
ラウンド
ハウス Ⓐ
ベイザーズ・
ビーチ
難破船展示館
The Esplanade ⒽⓇ
ベイザーズ・ベイ
Bathers Bay
カイリス
フィッシュ・マーケット
P.174
Ⓡシセレロズ
Ⓓリトル・クリーチャーズ P.174
旧フリーマントル刑務所 Ⓑ
タウン・ホール
Town Hall
フリーマントル ⑤
マーケット
ノートルダム
オーストラリア大学
エスプラネード ⓗ
エスプラネードホテル
フリーマントル・パイ・リッジス P.188
フリーマントル病院
テラス
セントラルB&B
スワン川
Swan River
Rottnest Express
ロットネスト島
インナー・ハーバー
Inner Harbour
Peter Hughes Dr.
Elder Pl.
Phillimore St.
Pakenham St.
Market St.
Cliff St.
Beach St.
Queen Victoria St.
Old St.
Parry St.
Ellen St.
High St.
Queen St.
Cappuccino Strip
Essex St.
Attfield St.
Alma St.
Wray Ave.

PERTH
早わかり
観光スポット
おすすめエリア
グルメ
ショッピング
アクティビティ

館内ツアーはさまざまな種類があるので、ウェブでチェック

歴史的建造物を訪ねてみよう

西オーストラリア州最古の建物

Ⓐ ラウンド・ハウス The Round House

植民地時代の1830年に刑務所として建てられた歴史的建造物。中には、当時の写真などが展示されている。

フリーマントル
▶MAP P.172/P.238 B-3
㉁無休
⑤10:30〜15:30
⑤無料（寄付）
🏠15 Captains Ln., Fremantle
☎08-9336-6897

西オーストラリアで初めて造られた公共の建築物

1991年まで使われていた刑務所内を見学

Ⓑ 旧フリーマントル刑務所

Fremantle Prison

1850年代に西オーストラリア州最初の監獄として建てられ、2010年には世界遺産に登録された旧刑務所。絞首台などを見学する館内ツアーに参加できる。

フリーマントル
▶MAP P.172/P.238 C-3
㉁無休 ⑤9:00〜17:00（水、金曜は夜間まで）⑤寄付金（A$1〜2程度、ガイドツアーはA$22〜）
🏠1 The Tce., Fremantle
☎08-9336-9200

敷地内にはユースホステルもある

+more
刑務所内で行なわれるツアー一例
コンビクト・プリズンツアー：内部を巡り、刑務所建設の背景を聞く　服役ツアー：独房や運動場を見学し、刑務所での生活を知る　真の犯罪ツアー：服役者が行った犯罪の実話を聞く（各ツアーA$22、1時間15分）

アートを見ながらのんびり過ごせる

Ⓒ フリーマントル・アートセンター

Fremantle Arts Centre

地元アーティストの作品を展示。敷地内には雑貨ショップやガーデンカフェもあり、おみやげ探しやティータイムにおすすめ。

フリーマントル
▶MAP P.172/P.238 C-3
㉁無休 ⑤10:00〜17:00 ⑤入場無料
🏠1 Finnerty St., Fremantle
☎08-9432-9555

❶庭に飾られたユニークな絵
❷古い塀のエントランスを入ると、中庭には緑がいっぱい。地元の人たちの憩いの場

アートセンターを訪れる

❸アートセンターの一角にあるショップ「ファウンド」
❹アートクラフトのほか、バスソルトや調味料など地元の加工品も販売

評判のクラフトビールも

工場見学ツアーが人気

Ⓓ リトル・クリーチャーズ

Little Creatures

2000年にフリーマントルで誕生したブリュワリー。シトラス系の風味などフレーバーを重視したビール造りが評価され、国内外の数々の賞を受賞している。10種類ものビールが試飲できる見学ツアーは観光客に大人気。

フリーマントル
▶MAP P.172/P.238 B-4
㉁無休 ⑤11:00〜深夜 🏠40 Mews Rd., Fremantle ☎08-6215-1000

❶見学ツアーは1日2回、A$35〜 ❷海に面した併設レストランでは、新鮮な生ガキほか、ビールに合う料理をリーズナブルに楽しめる

旅メモ　ノースブリッジにあるアレックス・ホテル（▶P.188）では、毎朝、無料でブレッド・イン・コモンのパンが食べられる。

Gourmet in Perth

水面を見ながらシーフードを味わおう

#バースグルメ #シーフード #海沿いのレストラン

#フリーマントルグルメ #perthgourmet #fremantlegourmet

メニュー選びに迷ったら、フレッシュシーフードの盛り合わせを選んでシェアするのがおすすめ

フリーマントルのアイコン的存在

シセレロズ　Cicerello's

フリーマントルの老舗店でフィッシュアンドチップスが名物。サクサクに揚がった衣のおいしさは他店と一線を画す。オープンテラスの席で、ハーバーを眺めながら食事できる。

フリーマントル ▶**MAP** P.238 B-4

㊡無休 ⏱9.30 - 20:00 🏠44 Mews Rd., Fremantle
☎08-9335-1911

❶天気のいい日は港に面したテラス席が大人気
❷フィッシングボートハーバーの中心に位置し、周りには写真スポットもたくさん

シーフードショップのレストラン

カイリス・フィッシュ・マーケット

Kailis Fish Market

シーフード卸の直営レストラン。フィッシュアンドチップスをはじめ、各種シーフード料理をリーズナブルに食べることができる。写真付きメニューで注文しやすいのもうれしい。

フリーマントル ▶**MAP** P.238 B-4

㊡無休 ⏱10:00〜20:00 🏠46 Mews Rd., Fishing
Boat Harbour,Fremantle ☎08-9335-7755

❶1986年オープンの老舗レストランで、魚屋も併設
❷伊勢海老やイカなどのBBQプラッターはボリューム満点

❸フリーマントルではぜひ新鮮なエビを味わって
❹おすすめは何と言ってもフィッシュアンドチップス

新鮮なオイスターに舌つづみ

オイスター・バー

Oyster Bar

エリザベス・キーにある3階建てのレストランで、サウス・パースが一望できる。カジュアルな雰囲気のなかで新鮮なオイスターが食べられ、トッピングの種類も豊富。

シティ▶MAP P.239 B-5

㊡無休 ⏰11:00～深夜 🏠Level1/21 Geoffrey Bolton Ave. ☎08-9225-4860

❶❷ エリザベス・キーを一望

❸ 3階のデッキ席からの眺めは抜群 **❹** パース随一のオイスターバー。おすすめはオイスターミックス

スワン川沿いで朝食を

リバーサイド・カフェ Riverside Cafe

スワンバレーやフリーマントルへ行く船の離発着場所となるバラック桟橋にあるカフェ。乗船の前後に、きらめく水面や野鳥を眺めながら食事をするのがおすすめ。

シティ▶MAP P.239 B-5

㊡無休 ⏰7:30～15:00(木～土曜は～21:00) 🏠Eastern Pavilion, Barrack Square ☎08-9221-3703

❶ スワンリバー沿いの店内からは対岸のサウス・パースが一望できる **❷** ベストソースとフェトチーネの相性抜群のベスト・パスタ

❸ 週末のナイトスポットとしても人気 **❹** エリザベス・キー周辺のライトアップが美しい

川の向こうにシティを眺める

ランブラ・オン・スワン

Rambla on Swan

サウス・パースのフェリー乗り場のすぐ目の前にあるレストランで、対岸のパースのパノラマビューを眺めながら、のんびりとモダン・オーストラリア料理を味わえる。

サウス・パース▶MAP P.239 B-5

㊡月曜 ⏰11:30～23:00(日曜は～24:00) 🏠39/85 South Perth Esplanade ☎08-9367-2845

❶ ガラス張りで外の景色がよく見える **❷** テラス席からはスワンリバーとシティを一望

❸ 白身魚にはバターソースが相性抜群 **❹** 店はフェリー乗り場の目の前

Gourmet in Perth

ローカル推しのレストラン

#パースグルメ #ローカルおすすめのレストラン #眺めのいいレストラン #オージービーフ #perthgourmet

耳よりINFO
360度パノラマビューで、遠く離れた街の景色まで眺められる

宝箱のような夜景が望める

シー・レストラン

C Restaurant

33階から市内の景色を楽しめる絶景の回転レストラン。街の全貌を眺めるタワーはほかにないので、パースでは貴重なスポット。夕景から移り変わる空の色や、夜景を楽しみたい。

シティ ▶MAP P.239 C-4
㊡無休 🕒12:00～13:45、18:00～深夜（土曜17:00～） 🏠Level 33, 44 St. Georges Tce.
☎08-9220-8333

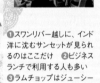

❶スワンリバー越しに、インド洋に沈むサンセットが見られるのはここだけ ❷ビジネスランチで利用する人も多い ❸ラムチョップはジューシーでやわらかい

カフェ利用もOK

サムエルズ・オン・ミル

Samuels On Mill

季節に合った料理を楽しめる評判のレストラン。オーストラリアワインの種類も豊富で、料理に合ったワインを進めてくれる。平日のランチタイムはワインなどのドリンク付きで人気。

シティ ▶MAP P.239 A-4
㊡無休 🕒11:00～22:00（土曜17:00～、日曜17:00～21:30） 🏠14 Mulls St（パーメリア・ヒルトンホテル内） ☎08-9215-2422

❶広々として高級感のある店内 ❷ローストパンプキンとキヌアとクルミのクリーム。季節ごとにメニューが変わるので旬の料理が食べられる ❸料理に合うオーストラリアワインを種類豊富に取り揃えている

耳よりINFO
オーストラリア産の白ワインだけでも、20種類以上ものラインナップ

食後のデザートは
写真映えするスイーツで!

ウィスク・クリーマリー(▶付録P.14)は、パースの女の子に大人気のジェラートスイーツのお店。ジェラートとトッピングを選んで自分好みにカスタマイズできる。

たい焼き風のコーンがかわいい

イタリア産ヘーゼルナッツを使用

創作料理が評判のおしゃれな店

ペティション・キッチン

Petition Kitchen

シティの中心部にあるステイトビルディングに入っているオープンキッチンスタイルのレストラン。カフェ利用もでき、散策途中のティータイムにもおすすめ。週末は予約必須。

シティ ▶MAP P.239 C-4
㉺無休 ⏰7:00〜深夜(土・日曜は8:00〜)
🏠State Buildings, Cnr of St. Georges Tce. & Barrack St. ☎08-6168-7771

❶店内はラスティックなインテリアで、洗練された雰囲気 ❷素材を生かしてシンプルに調理した魚料理 ❸肉料理も評判

耳よりINFO
ステイトビルディングにはバーやカフェ、ショップも入っているので、食後に館内をめぐってみては?

耳よりINFO
キングス・パークの高台から望むスワンリバーとパースの街がきれい

キングス・パークにあるレストラン

フレイザーズ

Fraser's

パースの街を望むキングス・パーク内のレストラン。眺望に加え、料理のレベルも最高級で、週末の夜は予約が必須。おしゃれをして出かけたいレストランのひとつだ。

ウエスト・パース ▶MAP P.170
㉺無休 ⏰11:30〜深夜
🏠60 Fraser Ave., Kings Park, West Perth
☎08-9482-0100

❶フレッシュな海老を使った料理は、オレンジのソースとパセリの緑が鮮やか ❷広々とした店内 ❸ラム肉は焼き加減が絶妙 ❹ユーカリの木の下で、パース自慢の景色とシェフこだわりの料理を

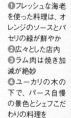

PERTH
早わかり
観光スポット
おすすめエリア
グルメ
ショッピング
アクティビティ

Shopping in Perth

センスのいい雑貨が見つかる

#パースでお買いもの　#パースみやげ　#パースの雑貨ショップ
#地元作家のクラフト　#perthshopping

Tシャツ
A$45

ディンゴが
モチーフ

ポーチ
A$16

ポスト
カード
A$6.95

オーストラリアの
野鳥がいっぱい

パースの風景を
描いたカード

マグカップ
各A$20

フリーマントルの
ロゴ入り

フリーマントルの風景をデザイン

モコ　Mokoh

イギリスから移住したベイカー夫妻がみずから製作したアイテムを中心に販売。フリーマントルの風景や自然をモチーフにデザインした明るい色合いのカードや小物類は人気が高く、シティの雑貨ショップなどでも扱っている。

フリーマントル ▶MAP P.238 C-4
㊡月～水曜　🕐10:00～15:00（日曜11:00～14:00）
🏠250 South Tce., South Fremantle
☎08-9335-7574

イヤリング
A$159

デザイナーの
ハンドメイド

お香
A$12.5

環境に
やさしい素材

ほかにはないギフトが見つかる

ウィリアム・トップ

William Topp

オーナーのケイトさんが、ノースブリッジのメイン通りウィリアム・ストリートで2008年から営むショップ。スキンケア商品からエコ雑貨、アクセサリーまで、パースを中心に、西オーストラリア州の作家の作品を揃えている。

ノースブリッジ ▶MAP P.239 D-1
㊡無休
🕐10:30～17:30（土曜10:00～17:00、日曜・祝日11:00～16:00）
🏠452 William St., Northbridge
☎08-9228-8733

コアラの
ぬいぐるみ
A$60

オーストラリアの
羊毛を使用

ワイルドフラワーグッズをおみやげに

パンクシアやカンガルー・ポーなど、国内に自生するワイルドフラワーは約1万2000種類。西オーストラリア州固有の花も多く、春になると色とりどりの花が咲き乱れる。その花々をモチーフにしたアイテムも種類豊富。花好きな人へのおみやげに喜ばれる。

1. グレベリアという花を描いた鍋つかみ
2. パンクシアの花の模様のマグカップ

ディンゴソース A$13.50

フリーマントルで手作りしている調味料

小皿と小鉢 各A$22

白地にブルーの水玉がかわいい

バスソルト A$13

バスタイムが楽しみになりそう

アートセンターの併設ショップ

ファウンド Found

フリーマントル・アートセンターの一角にあるギャラリーショップ。プリントや陶器、木工品、ジュエリー、テキスタイルなど、西オーストラリアのアーティストがデザインした作品が美しくディスプレイされている。

フリーマントル
▶**MAP** P.238 C-3
㉿無休 ㉐9:00〜17:00
🏠1 Finnerty St.,Flemantle
☎08-9432-9569

小物入れにしたいコットンポーチ

ポーチ A$41

カラフルなショッピングバック

ちょっとレトロで、ちょっとモダン

ラック・ローバー

Ruck Rover

ショッピングバック A$28

洋服やアクセサリー、文房具、キッチンウエアなどを扱うファッションと雑貨のショップ。オーナー姉妹が独自の視点でセレクトしたアイテムは、ほかの店にはないような独特のセンスにあふれている。

ノースブリッジ ▶**MAP** P.239 C-2
㉿無休 ㉐11:00〜18:00 (土・日曜、祝日〜17:00)
🏠242 William St.,Northbridge
☎08-9228-3502

ワイルドフラワーをモチーフにしたおみやげが見つかる

ポストカード 各A$5.88〜

アロマポッド A$17.77

パンクシアを使った容器

部屋に飾ってもかわいい

キングスパーク内にあるショップ

アスペクツ・オブ・キングスパーク

Aspects of Kings Park

オーストラリアの作家が作った高級感のあるガラスアートや工芸品などを扱うショップ。ワイルドフラワーの柄をあしらった雑貨やポストカードなども種類が豊富。

シティ ▶**MAP** P.170
㉿無休 ㉐9:00〜17:00 🏠68 Fraser Ave., Kings Park & Botanic Garden ☎08-9480-3900

旅メモ　エココンシャスな人が多いパースでは、蜜蝋ラップなどのエコ雑貨を扱う店が多い。

パースから足をのばして

クォッカに会いにロットネスト島へ行く

#ロットネスト島　#rottnestisland　#クォッカ　#世界一幸せな動物

エメラルドグリーンの海と真っ白な砂浜が続くリゾートアイランド、ロットネスト島。
「世界で一番幸福な動物」といわれるクォッカが生息する、国内唯一の場所だ。

ロットネスト島で会える野生のクォッカ

カンガルーと同じ有袋類で、野生はロットネスト島にのみ生息。笑ったような表情が人気で「世界一幸せな動物」と呼ばれている。

島の名前の由来にもなった野生動物

17世紀にこの島に来たオランダ人が、クォッカを巨大なネズミと間違え、「ネズミの巣（Rat Nest）がある島」から転訛して、ロットネストと名付けられたといわれている。

クォッカとセルフィーを撮ろう!

クォッカとセルフィー

島のあちらこちらにいるクォッカと一緒に記念撮影。エサをあげたり、抱き上げたりする行為は罰金の対象なので注意して。撮影時のフラッシュはNG

下からのアングルで撮影するのが、クォッカをかわいく写すコツ

野生のクォッカが生息する島

ロットネスト島
Rottnest Island

パースの沖合18kmに浮かぶロットネスト島は、島全体が国立公園に指定されたエコアイランド。「世界一幸福な動物」といわれる有袋動物クォッカが島中を歩き回っている。パース中心部からロットネスト島までは、ロットネストエクスプレス社のフェリーを利用するのが便利（片道90分）。島には公共交通機関がないので、レンタサイクルかツアーバスで回ろう。

ロットネスト島 ▶**MAP** P.238 B-2
フェリーの時刻表
URL rottnestexpress.com.au/ferry-timetable

Must!

パース中心部と
ロットネスト島を
結ぶフェリー

こんな楽しみ方もある！

サイクリング
島には一般車両の乗り入れが禁止されているため、レンタサイクルを利用した島内散策が人気。潮風を感じながらサイクリングが楽しめる。

入り江にはオットセイやイルカも泳いでいる

シュノーケリング
透明度抜群のエメラルドグリーンの海の中をシュノーケリングで観察。スピーディな浅瀬専用ボートに乗って海洋生物を見るツアーもある。

海の中には、100種類を超える熱帯魚やサンゴ礁が生息している

Tours! このツアーで
行けます！
ディスカバー・ロットネスト
シティ中心部やフリーマントルから参加できるツアー。日本語ガイドのアプリが提供されるので、イヤホンを持参しよう。

ロットネスト・エクスプレス
Ⓢ A$134〜（フェリー往復＋バスツアー） ☎08-6219-4000/1300-467-688（国内）
URL www.rottnestexpress.com.au

行ってみたい! パースの絶景コレクション

#パース郊外の絶景 #ピナクルズ #ウェーブロック #モンキーマイア

砂漠の中に奇岩がそびえるピナクルズや、波が固まったようなウェーブロックなど、
パース郊外は絶景スポットの宝庫。ぜひ足をのばして訪れよう。

異星に降り立ったような神秘的な光景

ピナクルズ
パースから北へ約250kmの場所にあるナンバン国立公園内に広がる奇岩群は、まさに自然のアート。
▶MAP P.238 B-1

自然が創り出すダイナミックな造形美に圧倒される

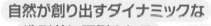

ロッキンハム
パースから1時間ほどで行ける、ドルフィンウォッチが人気のビーチリゾート。すぐ近くに自然保護区のペンギン島がある。
▶MAP P.238 B-2

ウェーブロック
波が一瞬で固まったようなユニークな形の一枚岩。長い年月をかけ、風雨や砂の侵食によってできたものだ。
▶MAP P.238 D-2

遭遇率が高いドルフィンスイム

押し寄せる波のような巨大な一枚岩

野生イルカに会える美しい海

ビーチを染める感動的なサンセット

シャークベイ
世界に2カ所しかない貝殻のビーチや、野生イルカが毎朝やってくるモンキーマイアなどがある海の世界遺産。
▶MAP P.210 B-3

コテスロービーチ
シティとフリーマントルの間に位置する美しい白砂のビーチ。インド洋に太陽が沈む夕暮れ時に訪れたい。
▶MAP P.238 B-2

都市別ホテルセレクション

(#オーストラリアホテル) (#宿泊施設) (#アパートメントスタイル) (#高級ホテル)
(#australiahotel) (#accommodation) (#australiastay)

| シドニー | ロックスやサーキュラー・キー、ダーリングハーバーなど、シドニーの中心部には、ショッピングや観光などに便利な好立地なホテルが多い。 |

クラシックな佇まいが美しい
グレース・ホテル・シドニー
The Grace Hotel Sydney

市内中心部に位置するクラシックな外観のホテル。客室はすべて改装されており、清潔感がある。館内にはレストラン、温水プールやジムを完備。

シティ ▶ **MAP** P.218 C-1
Ⓢ A$329～　🏠 77 York St.　☎ 02-9272-6888
URL www.gracehotel.com.au

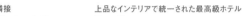

❶オフホワイトとダークブラウンを基調にしたシックで落ち着いたインテリア　❷クラシックなアール・デコ調の内装に歴史を感じる

シドニー空港の国際線ターミナルに隣接
リッジズ・シドニー・エアポート・ホテル
Rydges Sydney Airport Hotel

エアポートリンクのインターナショナル・エアポート駅からは徒歩5分の近さなので、帰国前日の宿泊に便利。国際／国内線ターミナルへの送迎サービスあり。

インターナショナル・エアポート ▶ **MAP** P.215 B-5
Ⓢ A$278～　🏠 8 Arrivals Court, Sydney International Airport　☎ 02-9313-2500
URL www.rydges.com

❶ロビーは明るく開放的的
❷グレーとホワイトを基調にした客室はスタイリッシュ

上品なインテリアで統一された最高級ホテル
ランガム
The Langham Sydney

高級感のあるマホガニーの家具や大理石のバスルームなど、豪華な設備をそろえる五ツ星ホテル。テニスコートや屋内プールも完備。

ロックス ▶ **MAP** P.216 C-3
Ⓢ A$395～　🏠 89-113 Kent St., The Rocks
☎ 02-9256-2222
URL www.langhamhotels.com

❶ウィンヤード駅から徒歩7分　❷ブラウンを基調にしたシックな館内

高いホスピタリティで快適な滞在を提供する
ラディソン・ブルー・プラザ
Radisson Blu Plaza Hotel Sydney

1900年代初頭に建てられたクラシックなホテルで、全客室に大理石のバスルーム付き。高いホスピタリティが魅力。

シティ ▶ **MAP** P.217 E-5
Ⓢ A$298～　🏠 27 O'Connell St.
☎ 02-8214-0000
URL www.radissonhotels.com

❶ブルーとグレーを基調にしたインテリア
❷歴史的建造物を利用

5つ星のラグジュアリーホテルで日本人客に人気
シャングリ・ラ
Shangri-La Hotel Sydney

鉄板焼料理店が入っており、日本人客に人気。36階には港を一望する人気レストラン・アルティテュードが入っている。

ロックス ▶ **MAP** P.216 D-3
Ⓢ A$320～　🏠 176 Cumberland St., The Rocks
☎ 02-9250-6000
URL www.shangri-la.com/jp

❶シドニーを代表する絶景を望む　❷ホテルには受賞歴のあるレストランも

ケアンズ市内でも
抜群のロケーションが自慢

マントラ・エスプラネード

Mantra Esplanade

客室はホテルタイプとコンドミニアムタイプの2種類。コンドミニアムはキッチン、洗濯機付き。

ケアンズシティ ▶MAP P.223 C-4

Ⓢ A$246〜　♠53-57 The Esplanade　☎07-4046-4141
URL www.mantraesplanadecairns.com.au

❶ソファやテーブルが配された快適なコンドミニアムタイプの部屋 ❷客室は全室バルコニー付き

マリーナを一望できる絶好の立地に建つ豪華ホテル

シャングリ・ラ・ホテル・ザ・マリーナ

Shangri-La Hotel The Marina Cairns

バルコニーからの眺めが素晴らしいリゾートホテル。マリーナを眺めて食事できるレストランもある。

ケアンズシティ ▶MAP P.223 D-4

Ⓢ A$260〜　♠Pier Point Rd.　☎07-4031-1411
URL www.shangri-la.com/jp

❶マリーナのパノラマビューを一望 ❷スタンダードでも32.5㎡の広さ

敷地内のラグーンプールはケアンズでも有数

ノボテル・ケアンズ・オアシス・リゾート

The Novotel Cairns Oasis Resort

豪華なラグーンプールやスイムアップバーがある4.5星のリゾートホテル。フィットネスセンターやBBQエリアなどのレジャー施設、デイスパも併設。

ケアンズシティ ▶MAP P.223 C-3

Ⓢ A$188〜　♠122 Lake St.　☎07-4080-1888
URL www.novotelcairnsresort.com.au

❶明るく開放的なロビー ❷すべての客室が専用バルコニーかテラス付き

トリニティ入り江を一望できるケアンズ随一の高層ホテル

プルマン・インターナショナル

Pullman Cairns International

ケアンズ一の高層ホテルからは、美しいトリニティ湾を一望できる。トロピカルプールやスパ施設「ヴィースパ」、レストラン「ココズ」などを完備。

ケアンズシティ ▶MAP P.223 C-5

Ⓢ A$300〜　♠17 Abbott St.　☎07-4031-1300
URL www.pullmancairnsinternational.com.au

❶リゾート気分に浸れる屋外プール ❷ケアンズ屈指の高層ホテル

日本語対応など、温かいサービスに定評あり

ヒルトン

Hilton Cairns

緑豊かなトロピカルガーデンに囲まれ、ウォーターフロントのロケーションを誇るホテル。日本人ツーリストの利用が多く、日本語の対応も万全。

ケアンズシティ ▶MAP P.223 C-5

Ⓢ A$270〜　♠34 The Esplanade　☎07-4050-2000
URL www.hilton.co.jp/cairns

❶シーフロントのレストランを併設 ❷目の前に広がるトリニティ湾を見渡す

ゴールドコースト

ビーチ沿いに高層の高級ホテルやコンドミニアムがずらりと並ぶ。中級クラスでも豪華なコンドミニアムが多いのが特徴。

幅広い客層に人気
マントラ・レジェンズ・ホテル
Mantra Legends Hotel

サーファーズ・パラダイスの中心部へは徒歩3分の好立地。スタジオルームとスイートルームは電子レンジが備わった簡易キッチン付き。

サーファーズ・パラダイス
▶**MAP** P.227 B-2
Ⓢ A\$180〜　♠25 Laycock St., Surfers Paradise　☎07-5588-7879
URL www.all.accor.com

❶シックで落ち着いた雰囲気のデラックスツイン
❷広々として開放的な屋外プール

カジュアルな4つ星ホテル
ヴォコ・ゴールドコースト
VOCO Gold Coast

Gリンクのサーファーズ・パラダイス駅が目の前にあり、どこに行くにも便利。ホテル内には、スパやジム、ゲームルームなどがあり施設面も充実。

サーファーズ・パラダイス ▶**MAP** P.227 A-2
Ⓢ A\$160〜　♠31 Hamiloton Ave., Surfers Paradise
☎07-5588-8333　URL ihg.com

❶リーズナブルなスーペリアルーム
❷現代的で洗練された外観

ウォーターフロントのぜいたくなホテル
インペリアル・ホテル
Imperial Hotel

イタリアのクラフトマンシップをテーマにした美しいホテル。コンドミニアムタイプも用意。

メイン・ビーチ ▶**MAP** P.227 D-1
Ⓢ A\$320〜（朝食付き）　♠94 Seaworld Dr., Main Beach
☎07-5509-8000
URL www.theimperialgc.com.au

❶イタリアのデザイナーのプロデュースによるホテル
❷館内はまるで宮殿のよう

ゴールドコースト唯一のカジノが併設されたホテル
ザ・スター・ゴールドコースト
The Star Gold Coast

カジノのほか、9つのレストランに6つのバー、シアターなども備えたエンターテインメントなホテル。

ブロードビーチ ▶**MAP** P.227 B-4
Ⓢ A\$308〜　♠Broadbeach Is., Broadbeach
☎1800074344
URL www.star.com.au/goldcoast

❶ホテル内には国内最大規模のカジノがある　❷サーファーズ・パラダイスから車で10分

プールやジムを完備したラグジュアリーホテル
ソフィテル・ゴールドコースト・ブロードビーチ
Sofitel Gold Coast Broadbeach

独自のMyBedなど、快適な睡眠を追求した設備が評判。バルコニーからは美しいオーシャンビューが眺められる。

ブロードビーチ ▶**MAP** P.227 B-4
Ⓢ A\$282〜　♠81 Surf Pde., Broadbeach
☎07-5592-2250　URL www.sofitelgoldcoast.com.au

❶開放感たっぷりの景色を一望
❷ショッピングセンターに隣接

スタイリッシュで居心地のいいホテル
カプリ・バイ・フレイザー・ブリスベン

Capri by Fraser, Brisbane

市内中心部に建つ高層ホテル。ショッピングや食事、観光と何をするにも便利。窓が大きく開放的な室内は広く、過ごしやすい。

シティ ▶ MAP P.231 C-4
Ⓢ A$209〜　🏠 80 Albert St. (Cnr. Mary St.)
☎ 07-3013-0088
URL frasershospitality.com

❶簡易キッチン付きのスタジオデラックス
❷ひときわ目を引く洗練された外観

ブリスベン川を望む5ツ星ホテル
ダブリュー・ブリスベン

W Brisbane

シティー中心部のノース・キーに位置する便利なロケーション。客室からは、ブリスベン川やサウスバングの景色を楽しめる。

シティ ▶ MAP P.231 B-3
Ⓢ A$300〜　🏠 81 N Quay, Brisbane City　☎ 07-3556-8888
URL www.marriott.com

❶客室はスタイリッシュで快適　❷ブリスベン駅から徒歩10分の好立地

船着場からも近い高層ホテル
イビス スタイルズ ブリスベン エリザベス ストリート

Ibis Styles Brisbane Elizabeth Street

ブリスベン川とサウスバンクを見渡す好立地のホテルで、レストランやバーも併設。ロビーや客室、館内施設はカラフルなデザインで統一。

シティ ▶ MAP P.231 B-3
Ⓢ A$151〜　🏠 40 Elizabeth St., CBD　☎ 07-3337-9000
URL accorhotels.com.au

❶カラフルな壁紙がモダンな雰囲気の室内　❷市内中心部という便利な立地

ロケーション抜群。中央駅に直接アクセスできる
ソフィテル ブリスベン セントラル

Sofitel Brisbane Central

セントラル駅に直結し、空港やゴールドコーストへの移動に便利。受賞歴のあるレストランや屋外プール、ジムを完備。スパにも定評がある。

シティ ▶ MAP P.231 B-2
Ⓢ A$424〜　🏠 249 Turbot St.　☎ 07-3835-3535
URL www.sofitelbrisbane.com.au

❶高級感のある部屋でゆっくりくつろげる　❷駅に直結しており、アクセス便利

74階建ての高層コンドミニアム
メリトン・スイート

Meriton Suites

74階建ての広々とした豪華なスイートを提供するコンドミニアム。屋内温水スイミングプールやサウナ、フィットネスセンターを備える。

シティ ▶ MAP P.231 C-1
Ⓢ A$240〜　🏠 485 Adelaide St. (Cnr. Boundary St.)
☎ 07-3171-5100　**URL** www.meritonsuites.com.au

❶床から天井までの大きな窓から市内を眺める　❷スタッフの対応もフレンドリー

STAY
シドニー
ケアンズ
ゴールドコースト
ブリスベン
メルボルン
パース

メルボルン	イギリスの影響を色濃く残す歴史あるホテルが多いメルボルン。デザインに優れたモダンなブティックホテルも増えている。

暮らすように滞在できる アパートメントスタイルのホテル
シタディーンズ
Citadines

チャイナタウンに近いバーク・ストリート沿いに建つアパートメントスタイルのモダンなホテル。食洗機やカトラリー類を完備したキッチンがあるので、スーパーで食材を仕入れてディナーを作ることができる。

シティ▶MAP P.235 B-2
Ⓢ A$171～　♠131-135 Bourke St.
☎ 03-9039-8888　URL discoverasr.com

❶広々としたリビングダイニング
❷清潔感のあるベッドルーム

遊び心のある斬新なデザイン
キューティー・メルボルン
QT Melbourne

2016年9月にグランドオープンした注目のデザイナーズホテル。館内にビストロやルーフトップ・バーがあり、街の新名所になっている。

シティ▶MAP P.235 B-2
Ⓢ A$272～　♠133 Russell St.　☎ 03-8636-8800
URL qthotels.com/melbourne

❶まるでアートギャラリーのようなエントランス　❷ヨーロピアン調の客室。寝心地のいいジェルベッドを採用

ヤラ川のほとりに佇むエレガントなホテル
ランガム
The Langham

大理石の階段やシャンデリアなど、豪華なインテリアが特徴。スパを備えた館内には、シティを一望する屋内スイミングプールもある。

サウスバンク▶MAP P.235 D-3
Ⓢ A$350～　♠1 Southgate Ave., Southbank　⊗フリンダース・ストリート駅から徒歩5分　☎ 03-8696-8888
URL www.langhamhotels.com

❶ヤラ川の川面に映る夜景が美しい
❷客室もクラシカルな雰囲気

アクセス便利な好立地
クラリオン・スイート・ゲートウェイ
Clarion Suites Gateway

ヤラ川をはさんで、クラウン・エンターテインメント・コンプレックスの向かい側に建っており、毎晩行われるカジノのファイヤーショーを客室から眺められる。

シティ▶MAP P.235 C-4
Ⓢ A$249～　♠1 William St.　☎ 03-9296-8888
URL www.clarionsuitesgateway.com.au

❶ワンルームからコンドミニアムタイプまで用意　❷1階にレストランがある

サザン・クロス駅のななめ前
バットマンズ・ヒル・オン・コリンズ
Batman's Hill on Collins

コンパクトでクラシックな4つ星ホテル。サザン・クロス駅がある交差点の角に位置し、空港へのアクセスに便利なロケーション。

シティ▶MAP P.235 C-5
Ⓢ A$149～　♠623 Collins St.　☎ 03-9614-6344
URL www.batmanshill.com.au

❶部屋タイプは9種類　❷ヨーロピアン建築の外観が印象的

旅メモ　バットマンズ・ヒル・オン・コリンズの前にあるサザン・クロス駅は空港とシティを結ぶスカイバスの発着所になっている。

スタイリッシュなリノベーションホテル
アレックス・ホテル
Alex Hotel

モノトーンのシンプルモダンな外観が印象的なホテル。テーブルやソファが置かれた2階はゲストの共有スペースになっていて、ワインを飲みながら本棚に並ぶ雑誌を読むなど、自宅のリビングのようにくつろげる。

ノースブリッジ ▶MAP P.239 C-2
Ⓢ A$370〜 🏠 50 James St., Northbridge
☎ 08-6430-4000
URL alexhotel.com.au

❶朝はフルーツやパン、シリアルなどが並ぶ
❷客室は必要なものをコンパクトにまとめたミニマムな造り

パースウッドエリアにある最高級ホテル
クラウン・タワーズ・パース
Crown Towers Perth

ラグーンプールや高級スパ施設、高級ブティックなどを併設するラグジュアリーホテル。ナイトクラブやカジノもあり、優雅な滞在が楽しめる。

バーズウッド ▶MAP P.165
Ⓢ A$349〜 🏠 Great Eastern Highway, Burswood ☎ 08-9362-8888 **URL** crownperth.com.au

❶大理石のバスルームが備わった豪華な客室 ❷2017年5月にオープン

パースの街を一望できる
ダブルツリー・バイ・ヒルトン・パース・ノースブリッジ
Double Tree by Hilton Perth Northbridge

駅やバス停はもちろん、図書館や公園、劇場などからもほど近く、観光の拠点にするのにぴったり。屋外プールやフィットネスセンター併設で、軽いエクササイズも。

ノースブリッジ ▶MAP P.239 B-2
Ⓢ A$303〜 🏠 100 James St., Northbridge
☎ 08-6148-2000 **URL** hilton.com/

❶客室からはシティを一望 ❷2018年にオープン

中心地にあるおしゃれなホテル
キューティー・パース
QT Perth

パースの中心地にある、アート色の強いおしゃれなブティックホテル。ルーフトップバーやカフェ、レストランなどが併設され、連日たくさんの人でにぎわっている。

シティ ▶MAP P.239 C-4
Ⓢ A$278〜 🏠 133 Murray St. ☎ 08-9225-8000
URL qthotelsandresorts.com/perth/

❶ルーフトップから夜景が望める ❷室内もラグジュアリーな雰囲気

フリーマントル観光に便利
エスプラネードホテル・フリーマントル・バイ・リッジズ
Esplanade Hotel Fremantle By Rydges

コロニアル様式の外観が、レトロな港町の雰囲気が漂うフリーマントルの街並みに映える。館内に複数あるレストランやバーは、地元の人にも人気がある。

フリーマントル ▶MAP P.238 B-3
Ⓢ A$193〜 🏠 46-54 Marine Tce., Fremantle
☎ 08-9432-4000 **URL** www.rydges.com

❶フリーマントル駅から徒歩10分の好立地 ❷客室は広々としており、快適に滞在できる

BASIC INFORMATION

190 気になるオーストラリアの約束・暮らし

192 いつ行くのがおすすめ？

194 パスポート＆ETAの手配

195 オーストラリア旅行の持ちものリスト

196 インターネットと便利なアプリ

198 知っておきたい！出入国の流れ

200 両替についての基礎知識

201 現金も引き出せる！クレジットカードは必須

202 知っておきたいオーストラリアのアレコレ

気になる オーストラリアの 約束・暮らし

日本とはちがう 常識やマナーがいっぱい

多様な人種が暮らすオーストラリアには、日本とは異なる習慣やルールがたくさんある。「オージーイングリッシュ」と呼ばれる独特な英語や、この国ならではの先住民文化など、オーストラリア特有のものも多い。ウルルなど先住民の聖地とされる場所を訪れる際は、壁に触れたり、立入禁止区域に入ることは厳禁。写真撮影が禁止されている区域もある。彼らの信仰心を害するような行為はしないこと。

朝食にはベジマイトが欠かせない

オージーの国民食といえる「ベジマイト」は、ビールを製造する過程でできる麦芽酵母や塩、野菜エキスが原材料で、栄養価の高い発酵食品。チョコレートクリームのようなペースト状で、バターを塗ったトーストに薄くのばして食べるのが一般的。スーパーなどで手軽に購入できるので、滞在中に味わってみては？

自然とともに 生きる先住民族

古代からオーストラリアに定住している先住民族アボリジナルは、約6万年前にアジア方面からカヌーに乗って海を渡り、オーストラリア大陸に移住してきたと伝えられる。大自然を崇拝し、自然環境と共生してきた彼らの聖地であるウルルやカカドゥ国立公園などでは、何万年も前に描かれた貴重な壁画を見ることができる。

キャッシュレスが一般的

デビットカードやクレジットカードが広く普及しているオーストラリアでは、多くの現金を持ち歩く人は少ない。お店だけでなく、電車やバス、フェリーなどの公共交通機関もクレジットカードが利用できる。日本のSuicaのような交通系ICカードもあるが、それを作らなくても、クレジットカードをかざすだけで自動改札を通って乗り降りが可能。オーストラリアを旅する前には、非接触型クレジットカードを作っておくと便利だ。

BBQはオージーの ソウルフード

オーストラリア英語で「バービー」と呼ばれるBBQ。ほとんどの家庭がBBQ用のコンロを持っていて、誕生日など何かのイベントごと（毎週末という家庭も！）には必ずBBQが催される。また、多くの公園には無料のBBQコンロが設置されていて、とても気軽にアウトドアごはんを楽しむことができる。

アルコールフリーと スモークフリー

日本人が勘違いしやすいアルコールフリーとスモークフリー。この場合のフリーは禁止という意味。オーストラリアでは公園やビーチなど公共の場所での飲酒や喫煙は禁止されていて、見つかると多額の罰金が課せられる可能性もある。また、日本のようにコンビニやスーパーでお酒は扱っていないので、ボトルショップなどで購入するのが一般的。

海で泳ぐ時はビーチの旗をチェック

ビーチに掲げてある旗は遊泳の可否を表している。黄色は「注意して泳ごう」、赤は「遊泳禁止」。赤と黄の2色の旗の間は監視員が巡回している遊泳エリアで、2本の旗の間は遊泳OK。赤と白の2色の旗は緊急避難という意味だ。潮が急に変わることもあり、旗は随時更新されるので気にかけておこう。

注意して泳ぐ

遊泳禁止

遊泳エリア

バスのアナウンスはなし

オーストラリアではバス停に立っていても、手を挙げなければ止まってくれない。また、車内に停車地の表示はなく、アナウンスもないので、降りたいバス停の近くで降車ボタンを押さなければ通り過ぎてしまう。初めての場所へ行く時は、Googleマップなどで常に位置を確認し、目的地の近くで降車ボタンを押すように。

独自の英語「オージーイングリッシュ」

基本的にはイギリス英語だが、オーストラリア独特の発音や表現も。よく知られているのはDay（デイ）を「ダイ」、Eight（エイト）を「アイト」など、エイ（ei）をアイ（ai）と発音すること。「G'Day, mate!」（グッダイ・マイト＝こんにちは）は、現地でよく聞く挨拶。mate（マイト）は「友だち」の意味。言葉を短縮して話すこともある。

+more

オージーイングリッシュの表現一例
Tah（ター）:Thank you（ありがとう）
Ya（ヤ）:you（あなた）
Arvo（アーボ）:afternoon（午後）
Barbie（バービー）:BBQ（バーベキュー）
Maccas（マッカーズ）:McDonald's（マクドナルド）
Sunnies（サニーズ）:Sungalasses（サングラス）
Cuppa（カパ）:cup of tea（お茶）
Bottleshop（ボトルショップ）:酒店/liquor store
Tucker（タカー）:food（食べもの）
Breaky（ブレッキー）:breakfast（朝食）

裸足で歩く人が多い

オーストラリアでは街なかを裸足で歩く人をよく見かける。ビーチ文化のひとつという説もあるが、定かではない。また、雨の日に傘を差さない人も。天気の移り変わりが激しく、雨はすぐに止んで濡れた服もすぐ乾くから、なのだそう。夏に革ジャンを着ていたり、冬にタンクトップ1枚の人もいる。周囲の目を気にせず、他人に干渉しないお国柄なのだ。

店員さんには声を出して挨拶を

日本では店員に声をかけれられても、会釈で済ませたり、スルーしたりすることが多いが、オーストラリアでこの態度をとると失礼だと思われる可能性も。オーストラリアではお店に入ると「How are you?」と声をかけられることが多いので「Good, thanks.」と笑顔で返すようにしたい。

いつ行くのがおすすめ？
ベストシーズンを見極めて

ベストシーズンは人それぞれ。天気やイベントや祝日を見比べて時期を決めよう。

掲載している日程は2024年のものです（※印は移動祝祭日＆イベントのため、毎年日付が変わります）。

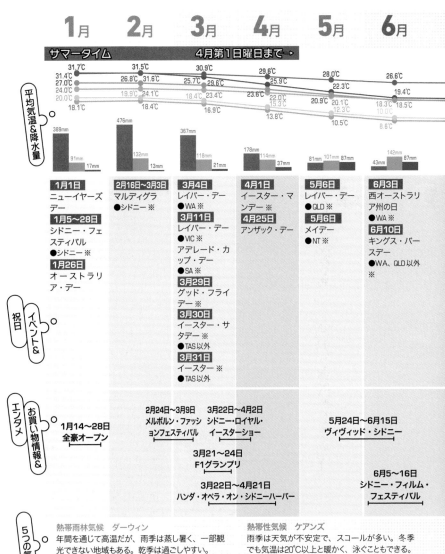

	1月	2月	3月	4月	5月	6月
サマータイム			4月第1日曜日まで→			

平均気温＆降水量

31.7℃ / 31.4℃ / 27.0℃ / 24.0℃ / 20.0℃ / 18.1℃
31.5℃ / 26.8℃ / 31.6℃ / 19.9℃ / 24.1℃ / 18.4℃
30.9℃ / 25.7℃ / 29.6℃ / 18.4℃ / 23.4℃ / 16.9℃
29.6℃ / 25.9℃ / 23.6℃ / 22.0℃ / 15.3℃ / 13.8℃
28.0℃ / 22.3℃ / 20.9℃ / 20.1℃ / 12.3℃ / 10.5℃
26.6℃ / 19.4℃ / 18.3℃ / 18.5℃ / 10.0℃ / 8.6℃

389mm / 91mm / 17mm
476mm / 132mm / 13mm
367mm / 118mm / 21mm
178mm / 114mm / 37mm
81mm / 101mm / 87mm
43mm / 142mm / 87mm

祝日＆イベント

1月1日
ニューイヤーズデー
1月5〜28日
シドニー・フェスティバル
●シドニー ※
1月26日
オーストラリア・デー

2月16日〜3月3日
マルディグラ
●シドニー ※

3月4日
レイバー・デー
●WA ※
3月11日
レイバー・デー
●VIC ※
アデレード・カップ・デー
●SA ※
3月29日
グッド・フライデー ※
3月30日
イースター・サタデー ※
●TAS以外
3月31日
イースター ※
●TAS以外

4月1日
イースター・マンデー ※
4月25日
アンザック・デー

5月6日
レイバー・デー
●QLD ※
5月6日
メイデー
●NT ※

6月3日
西オーストラリア州の日
●WA ※
6月10日
キングス・バースデー
●WA、QLD以外 ※

エンタメ＆お買い物情報

1月14〜28日
全豪オープン

2月24日〜3月9日
メルボルン・ファッションフェスティバル

3月22日〜4月2日
シドニー・ロイヤル・イースターショー

3月21〜24日
F1グランプリ

3月22日〜4月21日
ハンダ・オペラ・オン・シドニーハーバー

5月24日〜6月15日
ヴィヴィッド・シドニー

6月5〜16日
シドニー・フィルム・フェスティバル

5つの気候

熱帯雨林気候　ダーウィン
年間を通じて高温だが、雨季は蒸し暑く、一部観光できない地域もある。乾季は過ごしやすい。

熱帯性気候　ケアンズ
雨季は天気が不安定で、スコールが多い。冬季でも気温は20℃以上と暖かく、泳ぐこともできる。

CHECK

オーストラリア各州の表記について

ゴールドコーストやケアンズがあるクイーンズランド州は「QLD」、シドニーがあるニュー・サウス・ウエールズ州は「NSW」、ウルルがあるノーザン・テリトリーは「NT」、メルボルンがあるヴィクトリア州は「VIC」、アデレードがある南オーストラリア州は「SA」、パースがある西オーストラリア州は「WA」、タスマニア州は「TAS」、首都キャンベラがあるオーストラリア首都特別区は「ACT」と表記される。

7月	**8**月	**9**月	**10**月	**11**月	**12**月

←10月第1日曜日から

26.2℃　27.0℃　28.7℃　29.9℃　31.1℃　31.8℃
18.5℃　19.3℃ 19.1℃　21.6℃ 20.6℃　23.2℃ 23.3℃　26.6℃　29.5℃
17.9℃ 17.2℃　17.3℃　18.8℃　20.8℃ 14.6℃　22.5℃ 24.2℃ 16.6℃　25.7℃ 23.7℃
8.9℃　9.7℃　12.3℃　11.6℃　14.3℃　18.4℃
8.1℃　8.4℃　9.7℃　16.5℃

平均最高気温 ━ケアンズ ━シドニー ━パース
平均最低気温 ━ケアンズ ━シドニー ━パース

平均降水量 ■ケアンズ ■シドニー ■パース

	146mm		122mm		81mm			85mm 91mm	186mm	
36mm 80mm		27mm 75mm		28mm 63mm		63mm 68mm 40mm		25mm	73mm 10mm		

7月6、7日
ゴールドコースト・マラソン
●ゴールドコースト ※

8月5日
ピクニックデー
●NT ※
8月14日
ロイヤル・クイーンズランド・ショー
●ブリスベン ※

9月15日
シドニー・マラソン
●シドニー ※
9月23日
キングス・バースデー
●WA ※

10月7日
レイバー・デー
●NSW、SA、ACT ※
10月13日
メルボルン・マラソン
●メルボルン
10月7日
キングス・バースデー
●QLD ※

11月5日
メルボルン・カップ
世界的に有名な競馬レース
●メルボルン ※

12月25日
クリスマス・デー
12月26日
ボクシング・デー

8月8〜25日
メルボルン・インターナショナル・フィルム・フェスティバル

8月30日〜9月21日
ブリスベン・フェスティバル

12月下旬〜
シドニー・ホバート・ヨットレース

砂漠性気候　ウルル
夏季の最高気温は40℃超えもある。冬季の日中は暖かいが、夜間は氷点下になることもあるので、注意。

亜熱帯性気候
ゴールド・コースト
年間を通じて気温の変化があまりない。1年中半袖で過ごすことができ、晴天率が高い。

温帯性気候
シドニー／メルボルン／パース
日本のように四季がある。夏季は日中の平均気温が約25℃。冬季は10℃を下回ることもある。

パスポート&ETAの手配

飛行機を手配しても、これがなければ渡航できない！最優先で手配をしよう。

旅先での身分証明書 パスポート

パスポートとは旅券のことで、海外へ渡航する際には必ず所持が必要。現地での身分証明書となり、ホテルやレンタカーのチェックインや両替時に提示を求められることもある。

5年用　10年用

外務省パスポート（旅券）
URL www.mofa.go.jp/mofaj/toko/passport/
※申請書のダウンロードもできる

ポイント

check

申請はなるべく早く！遅くても2週間前

住民登録をしている都道府県や市町村で手続きをするが、窓口によっては受付時間が平日の日中だけで、受け取りまで2〜3週間かかることも。申請書や顔写真、戸籍謄本など必要書類の用意もあるので、早めの準備を。学生などが現居住地で申請をする場合は住民票の写しも必要。

受け取りは本人だけ

パスポートの申請は家族などの代理人でもできるが、受け取れるのは本人だけで、乳幼児でも窓口へ行く必要がある。詳細は外務省公式サイトなどで確認しよう。

有効期限と残存期間に注意

パスポートの有効期限とは別に、渡航先によって必要残存期間の条件がある。オーストラリアにETAを取得して入国する場合は、帰国日までの残存有効期限が必要。

入国にはこれが必須 ETA（イータ）

3ヵ月以内の観光や商用の短期滞在の場合、ETA（電子渡航許可）取得が必須。申請に必要な「AustralianETA」アプリ（英語）は、App Store（iOS版）やGoogle Playストア（Android版）から無料でダウンロードできる。

この公式アプリをダウンロードして、申請者本人が申請する。ただし、申請者本人がその場にいれば、代理人が申請することも可能。通常はすぐに結果が通知されるが、最長12時間程度かかることもある。

ポイント

公式アプリから申請

アプリをダウンロードしたスマートフォン、有効なパスポート、クレジットカード（申請料A$20支払いのため）、利用可能なメールアドレスを用意し、出発までに余裕をもって申請を済ませておく。

申請の手順

1.公式アプリをダウンロード
2.パスポート写真ページをスキャン
3.パスポートのICチップをスマホで読み取る
4.自分の顔写真を撮影
5.住所や電話番号、メールアドレスなどを入力
6.クレジットカードかApple Pay、Google ウォレットで申請料A$20を支払う
7.通常はすぐに申請結果がメールで届くので大切に保存

登録から1年間有効

ETAの有効期限は、発給日から1年間。有効期限内であれば、何度でもオーストラリア入国が可能（1回のオーストラリア入国での滞在は3ヵ月まで）。パスポートを更新した場合は、有効期限内であってもETAの再申請が必要。オーストラリア国内でのETAの延長は不可。

オーストラリア旅行の持ちものリスト

自分の旅のスタイルにあわせて必要なものを準備＆手配して、荷造りをしよう。

必要なもの

- □ パスポート
- □ ETA控え
- □ 海外旅行保険証
- □ クレジットカード
- □ 現金（円・オーストラリアドル）
- □ Eチケット控え
- □ 国際運転免許証（レンタカーを借りる場合）
- □ ホテル予約確認書
- □ スマホ・携帯電話

バッグ類＆身の回り品

- □ スーツケース（預け入れ荷物）
- □ 機内持ち込みバッグ
- □ 持ち歩き用バッグ
- □ 液体物持ち込み用ビニール袋
- □ 衣服（Tシャツなど日数分）
- □ 羽織りもの
- □ 下着
- □ 水着
- □ 帽子
- □ サングラス
- □ 部屋着
- □ サンダル
- □ 洗面用具
- □ 歯ブラシ
- □ 常備薬
- □ 化粧品・メイク落とし
- □ 日焼け止め・アフターケア用品
- □ ティッシュ・ウエットティッシュ

電気製品類

- □ スマホの充電器とケーブル・バッテリー
- □ カメラ・充電器・メモリーカード
- □ 海外対応ヘアドライヤー
- □ レンタルWi-Fiルーター（P.196参照）

あると便利なもの

- □ ガイドブック
- □ スリッパ
- □ 乾燥対策用マスク
- □ むくみ防止の着圧ソックス
- □ 雨具（折りたたみ傘）
- □ 流せるティッシュ
- □ 圧縮袋・ビニール袋
- □ ペンとメモ
- □ サニタイザー
- □ エコバッグ

機内持ち込みの
液体物は袋に

液体物は100ml（g）以下の容器に入れ、容量1L以下のジッパー付きのビニール袋1枚に収めることが義務づけられている。袋のサイズとしては正方形の場合縦20cm以内、横20cm以内、長方形の場合は縦横の合計が40cm以内が目安。歯磨き粉などの練り状のものやハンドクリームなども含むので注意しよう。

インターネットと便利なアプリ

旅先でも使いたいインターネット。どんな準備をしていくべきかおさらいしよう。

予約や出入国手続きでも活躍するスマートフォンは旅の必需品。データ通信料の高額請求を避けるため、現地のネット環境とスマホ設定は確認しておこう。便利なアプリは日本でダウンロードしていくのがおすすめ。

思ったより準備が多いね！

自分に合う のはどれ？ ネット環境比較

レンタルWi-Fiルーター	海外パケット定額サービス	プリペイドSIM
◆Wi-Fiルーターに接続する操作が簡単 ◆大容量タイプなら1台で複数台接続可能	◆ルーターなど付属機器不要のため身軽 ◆簡単に設定ができる	◆ルーターなど付属機器不要のため身軽 ◆SIMカードの入れ替え不要のeSIMが便利
◆事前の申し込みが必要 ◆出発前の受け取りが必要 ◆帰国後の返却が必要 ◆プランによっては使用量制限・速度制限がある ◆ルーターが重い	◆プラン設定しないと料金が高額になる ◆格安SIMはサービス対象外のことも	◆SIMフリーでなければロックの解除が必要 ◆SIMを紛失したら買い直さなければならない

キャリア別海外サービス

各キャリアが提供している海外パケット定額プランなら、簡単な申し込みや設定だけで使いたい時だけ気軽に利用できる。自分のキャリアをチェックしよう。

📍NTTドコモ
1時間200円から使える「世界そのままギガ」(事前申し込み必要)と、1日最大2980円で使い放題の「世界ギガし放題」がある

📍au
24時間690円～の「世界データ定額」プランがある。データチャージ(無料)に加入していることが条件

📍ソフトバンク
24時間3GB 980円から利用できる「海外あんしん定額」や、1日最大2980円で使い放題の「海外パケットし放題」がある。

 渡航前にやっておきたい
スマホの設定

スマホの「データローミング」という機能は、各キャリアの電波が届かない場所に行った際に、各キャリアが提携している現地の携帯会社の電波を受信しようとする。海外へ行く際にデータローミングをオンのままにしてしまうと、いつもより高額な通信費の請求に驚くことになるので、オフの設定を忘れずに。

設定(Androidなら無線とネットワークへ)→モバイルデータ通信→データローミングをオフ

※各種料金・プランは2023年12月現在の情報です。

 知っておくと便利 **ダウンロードしておきたいアプリ**

交通 公共交通機関を使いこなそう

 Trip View Lite

シドニーとメルボルンで使える公共交通機関の時刻表アプリ。交通手段を選択し、地図から最寄りのバス停や駅、目的地を選べば、ルートや時間、接近情報などがわかる。

地図 オフラインでも地図が使える！

 **Googleマップ**

ルート検索やナビ、交通状況等を日本語で案内。地図を保存しておけばオフライン時でも閲覧可能。行きたい場所を保存してリスト化も可。

交通 配車も楽ちんで自由自在に移動

 Uber

目的地を入力して車種（料金）を選択すると近くにいるドライバーを配車。登録したクレジットカードで決済されるから車内の会話は挨拶程度でOK。利用にはネット環境が必要。

交通 いつでもどこでもタクシーを呼べる

 **13cabs**

国内主要都市をカバーするタクシーアプリ。アプリでは現在地からの配車依頼、配車予約、料金計算ができる。支払いはクレジットカードで。

レストラン 近くの店の情報をまとめてチェック

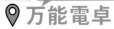 **Yelp**

海外版食べログともいえるレストランの口コミ評価アプリ。現在地周辺にある店の検索やメニュー・写真・評価を参考に店選びが可能。気になる店をブックマークしてリスト化も。

レストラン 人気店も日本語で予約できる

 **Open Table**

ホテルのメインダイニングからローカルエリアのレストランまで日本語で予約が可能。日時、人数、エリア、料理ジャンルを選択して予約可能なレストランを検索することもできる。

お金 煩わしいチップ計算も一発で

万能電卓

これひとつで生活に関するあらゆる計算ができるアプリ。メニューにあるチップ計算機を使えば、料金、人数、％を入力するだけで、チップ額と合計金額を出してくれる。

お金 オーストラリアドルを日本円で表示

Currency

シンプルな操作で使いやすい通貨換算アプリ。オーストラリアドルを選んで金額を入力すると、日本円を含む各国の通貨換算額を一覧で表示。オンライン時に最新レートが適用。

CHECK

現地のWi-Fi事情

オーストラリアの都市には無料Wi-Fiスポットが多い。空港やホテル内はもちろん、カフェや街なかでも「Free Wi-Fi」の表示があれば、自由にスマホやタブレットを使用できるので、頻繁にネット接続をする必要がなければ特に問題はない。地図アプリを利用してネットに接続しながら移動したい場合などは、自前でネット環境を整える必要がある（▶P.196）。

 注意! 無料Wi-Fiはセキュリティ面が弱いため、クレジットカード番号など重要な個人情報は入力しないこと

知っておきたい!出入国の流れ

旅の玄関口となる空港での流れや必要書類を知っておけば、入国審査も怖くない!

出入国時 に確認 オーストラリア入出国の流れ  Immigration

日本 ➡ オーストラリア入国

1● 到着
到着後、係員の指示や「ARRIVAL」のサインに
従って、入国審査場へ向かう。

2● 入国審査
セルフサービスの機械〔スマートゲート・キオス
ク〕で入国手続きを行う。1つ目の機械にパス
ポートの写真のページを挿入し、日本語の質
問に答えると、次のゲートで使用するスマート
ゲートチケットが発行される。2つ目のゲート
でこのチケットを挿入し、顔写真の撮影をする。
チケットが返却され、ゲートが開いたら入国。
スマートゲートが利用できない場合は、審査ブー
スでパスポートと入国カードを提示する。

3● 到着手荷物受け取り
入国審査を終えたら搭乗便名の表示があるタ
ーンテーブルへ。自分の荷物が出てこないと
きは、クレームタグ〔荷物引換証〕を持ってスタッ
フや遺失物相談所Baggage Enquiryへ申し出る。

4● 税関
荷物をもって税関・検疫へ進み、係官にパス
ポートと入国カード、スマートゲートチケットを
提示。係官の指示に従って荷物検査を受ける。
虚偽申告への罰則は非常に厳しいので、持ち込
み禁止・制限品を確認してきちんと申告する。
申告するべきかわからない場合も申告すること。

5● 到着ロビー

オーストラリア出国 ➡ 日本

1● 空港へ
オンラインチェックインができる航空会社なら、
チェックインを事前に済ませておくと安心。空
港へは、出発時間の2〜3時間前までには到
着しておきたい。

2● チェックイン
利用する航空会社のカウンターや自動チェック
イン機に航空券とパスポートを提示して搭乗
手続きを行なう。荷物を預け、クレームタグ
と搭乗券を受け取る。日本出国時と同様に液
体類の機内持ち込み制限にも注意。

3● セキュリティチェック
係員にパスポートと搭乗券を提示し、X線の
手荷物検査と検査ゲートによるボディチェッ
クを受ける。

4● 出国審査
搭乗券とパスポートを用意して、スマートゲー
トで出国手続きをする。出発ロビーに出たら、
搭乗ゲートの位置と搭乗・出発時刻を確認。

5● 出発ロビー
GST（消費税）の払い戻し（下記）をする場合
はTRS申請ブースで手続きを。受付は出発時
刻の30分前まで。購入物品、領収書（Tax
Invoice）、パスポート、国際線搭乗券が必要。
払い戻し金は小切手または国際クレジットカー
ド口座への返金になる。

スムーズな出入国のために
スマートゲートの利用

スマートゲートとは審査官と対面せずに入国で
きるシステム。eパスポート〔IC旅券〕を持つ16
歳以上の渡航者が対象。「ePassport self service」
へ進み、KIOSK〔キオスク〕と呼ばれる機械にパス
ポートの顔写真ページを挿入。画面の質問に回
答して手続きが終わると、チケットが発行される。
次のゲートでチケットを差し込み、顔写真を撮影。
チケットは税関で提出するので、忘れずに受け取る。

商品の税金分が戻ってくる
旅行者払い戻し制度

オーストラリアでは、ほぼすべてに10％の消費税
（GST）がかかるが、旅行者払い戻し制度（TRS）の
条件（オーストラリア出国前60日以内に同一店で購
入した合計額がGST込みでA$300以上であること
など）を満たせば、出国時に空港で払い戻しを申請
できる。ワイン以外のアルコールとたばこは対象外。

日本へ帰国時 携帯品・別送品の申告

税関では、テロの未然防止や密輸阻止を図り、迅速で適正な通関を行うため、日本に入国（帰国する）全ての人に「携帯品・別送品申告書」の提出が義務付けられている。帰りの機内で配られるので受け取ろう。空港にも備え付けられている。

手続きはWEBでスムーズに
Visit Japan Web に登録

税関手続をウェブでできる便利なサービス。ひとつのアカウントで同伴家族の情報も登録可能。従来通り、紙に記入してもよいが事前に登録しておくと便利。

URL vjw-lp.digital.go.jp/ja/

❶メールアドレスとパスワードを登録してアカウント作成
❷本人や同伴家族のパスポート情報、スケジュール、航空便などを入力
❸携帯品・別送品の情報を登録
❹日本入国時に税関の電子申告端末でQRコードを読み込ませる

WEBだと便利ですね〜

出入国時の税関手続き

日本出国時

高価な外国製品や多額の現金を持ち出す際は、各様式に必要事項を記入して税関に提出しなくてはならない。おもな対象品は以下。
・腕時計、宝飾品などの外国製品
・100万円相当額の現金や小切手等

日本入国時

●免税範囲
★酒類……3本（1本760mℓ程度のもの）
★たばこ……紙巻200本、葉巻50本、そのほか250gのいずれか1種。加熱式たばこは個装等10個、紙巻たばこは200本相当まで。日本製、外国製、居住者、非居住者の区別はない。
★香水……2オンス（1オンスは約28cc）
★その他の品物……20万円。品物の合計額が20万円を超える場合、20万円の枠におさまる品物が免税、それ以外は課税※20歳未満の場合、酒類とたばこは範囲内でも免税にならない。

●日本へのおもな持ち込み制限
ワシントン条約で規制されている動植物や物品（象牙、ワニ皮製品、ヘビ・トカゲ製品、ベッコウ製品、毛皮・敷物の一部、ランなど）／家畜伝染病予防法・植物防疫法で定められた動植物（肉製品、果物、野菜などを含む）／麻薬類、通貨・証券の偽造品、猟銃、空気銃、刀剣など／偽造ブランド品など、知的財産権を侵害する物品／医薬品や化粧品など。

オーストラリア入国時

A$1万相当額を超える現金（小切手なども含む）を持ち込むときは申告が必要。お金自体に課税をされることはないので、しっかりと申告を。申告せずに持ち込んだことが発覚すると、最悪の場合は没収されることになる。

●免税範囲
★酒類：2.25リットル
★たばこ：紙巻たばこ25本、または25g相当のたばこ製品
★その他の物品：A$900までの物品（18歳未満はA$450）

●オーストラリアへのおもな持ち込み制限
卵、乳製品、肉、肉製品、魚、魚卵、種、ナッツ類、生または冷凍の野菜、果物、薬草（漢方や生薬、ハーブも含む）・穀物、豆類、切花、球根、鉢植えなど。

キャッシュも必要！
両替についての基礎知識

現金は最低限だけ用意するのがコツ。両替の場所やタイミングも知っておきたい。

空港や市内の銀行や両替所、ホテルなどで両替できるが、両替所や銀行のレートがいいといわれる。おもな銀行はANZ（オーストラリア・ニュージーランド銀行）、ナショナル・オーストラリア銀行、コモンウェルス銀行など。空港の両替所は飛行機が発着する間は開いているので、深夜に到着したときでも市内までの交通費などを両替することができる。

両替アドバイス

両替所で掲示されているレートボードには「We Sell」と「We Buy」の2つの列があり、このうち見るのは「We Buy」のほうのレート。「We」は両替所側をいう。数字が大きいほどレートがいい。日本円への両替は、帰国後よりも現地で済ませておくほうがレートがいい。日本では硬貨の両替はできないので、現地で使いきるようにしたい。

オーストラリアの通貨

通貨の単位は「オーストラリアドル（A$ ）」。現地では単に「ドル」という。紙幣はレーザーグラム入りビニールポリマーを採用しており、水に強く、破れにくい。

チップについて

基本的に、オーストラリアではチップを渡す習慣はない。ただし、ホテルのポーターに荷物を運んでもらったり、親切なサービスを受けた場合などは、A$1〜2程度を目安に支払うのもいい。

近年、シドニーなど都市部の中級以上のレストランでは、レシートにチップ欄を設けた店が増えている。強制ではないので支払わなくても問題ないが、チップを払う場合は合計金額の5〜10％が相場。レシートにサービスチャージが含まれている場合はチップを払う必要はないので、事前に確認しておこう。

CHECK

シドニーでの1日の出費（ホテル代別）を
シミュレーションしてみよう

食費

朝食（コーヒーとマフィン）A$10
ランチ（ハンバーガーとドリンク）A$20
カフェ（コーヒーとケーキ）A$15
ディナー（ステーキとワイン）A$50前後

観光費

オペラハウス館内ツアー
A$32
シドニータワー　A$33
オーストラリア博物館
無料

交通費

シティツアー（24
時間有効チケット）
A$65

総額　約A$225（約2万1400円）

現金も引き出せる！
クレジットカードは必須

カードがあれば、さまざまな支払いがカンタン。現金の引き出しもできて便利！

クレジットカードは旅の必須アイテム。現金を持たずに買い物ができるうえ、国際ブランドのマークがついたカードなら ATM からキャッシングして現地通貨が引き出せる。また、持ち主の身分を保証するものなので、ホテルなどではデポジット（保証金）としても使える。携行するなら、渡航前にキャッシングの利用可否、暗証番号、限度額も併せて確認しておくこと。カード番号と緊急連絡先はいざというときに参照できるようメモしておこう。

アドバイス

旅行中の支払いはクレジットカードを基本にするといい。バスや電車などの公共交通機関も、クレジットカードのタッチ決済が利用できるので、旅する前に非接触型カードを作っておくと便利。

＼ デビットカードもチェック！ ／

クレジットカードと同様に使えるデビットカード。銀行口座から即時引き落とし＆口座残高の範囲内で使えるため、予算管理にもってこい！

クレジットカードで現金を引き出せます！

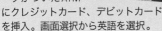

ATMの使い方

❶ カードを入れる
国際ブランドのマークがついた ATM にクレジットカード、デビットカードを挿入。画面選択から英語を選択。

❷ 暗証番号PIN入力
4桁の PIN（暗証番号）を入力。不明な場合は日本出発前に確認を。

❸ 引き出し先を選ぶ
カード種類選択の画面でクレジットカードは「Credit Card」、デビットカードの場合には「Saving（預金）」を選択。

❹ Withdrawを選択
取引選択の画面で「Withdraw（引き出し）」を選択する。※③と④の順が逆の場合もある。

❺ 金額を入力
画面から希望金額を選ぶ。自分で金額を設定したい場合は金額を入力。

 **CHECK**

┌ ATM利用時の注意点 ┐

引き出しは手早く

現金が出てきたからといって、のんびりお金をしまっていると、その間にカードが機械に飲み込まれることがある。セキュリティ上のシステムのようだが、現金とともにカードを早めに取り出しておくこと。

引き出す金額に制限あり

キャッシングは1日に引き落とせる金額が決まっていることがある。また利用限度額が設定されているので、あらかじめ、自分のクレジットカードの限度額を調べておこう。また、1日というのは日本時間の0:00〜23:59のことなので要注意。

安全面にも注意を払う

ATMは路上にも設置されているが、できるだけ銀行が営業している時間に銀行の店内にあるATMから引き出すのが安心。引き出した現金はすぐに財布にしまい、バッグに入れてからその場を離れる。

知っておきたいオーストラリアのアレコレ

避けられないこともあるけれど、まさかに備えて常に危機意識を持っておきたい。

安心して過ごすために 覚えておきたいこと

「たびレジ」に登録しよう

外務省から旅行先の最新安全情報を日本語で受信できるサービス。同行者、旅行日程、現地での連絡先等登録すると、事件事故に巻き込まれた際に在外公館からの支援をより早く受けやすくなる。URL www.ezairyu.mofa.go.jp

パスポート は原本を必携

レストランやスーパーなどでアルコールを購入する際は、年齢に関係なく身分証明書（ID）の提示が求められる。ホテルのチェックイン時やバーの入店、高額の両替やたばこの購入時も提示が必要なことがあるので、原本を必携して（コピーでOKの場合もある）。また、レンタカーを運転する際も原本を持参しよう。飲酒も運転もしない人は、紛失防止のため、原本はホテルのセキュリティボックスに保管してコピーを持ち歩くとよい。

人混みでは スリ に気をつけて

フードコートや市場など混雑したところで、バッグから財布をすられるという事案が発生している。また、ビーチでの置き引きなども発生している。特に人が多いところへ行く際は、貴重品を持ち歩かないようにしたい。

現金とカード は別々にしておく

持ち歩くのは、少なめの現金とクレジットカードがおすすめ。現金の紛失・盗難は海外旅行保険で補償対象外だが、クレジットカードが盗難・紛失の場合は補償が受けられる。

大量の現金 は持たない

オーストラリアでは強盗事件は少ないものの旅行者を狙った窃盗事件が多いのは事実。ただし、これらは自分の心がけ次第で回避できることが多い。その日に使わない貴重品は、セーフティーボックスに入れておこう。

むやみに財布を 人前で見せない

買い物をした後で、歩きながら財布におつりを入れたりする行為はスリに狙われるもと。現金や財布は人目に触れないようにしたい。なるべくクレジットカードで支払う方がいい。

ブランドバッグ や ウエストポーチ はNG

華美な服装は避けた方が無難。高級ブランド店の買い物袋をいくつもぶら下げて歩くのもスリやひったくりに狙われやすいので注意。いかにも貴重品が入っています的なウエストポーチも×。

スマートフォン を他人に渡さない

スマホで自撮りをしていると「撮ってあげますよ」と声をかけてくる親切な人。と思ったらそのまま持ち去られた！ということも。皆が悪人ではないが、そういう人もいることは覚えておこう。

日本とはちがう！ 注意すべきオーストラリアのルール

日本で日常的に行っていることが、オーストラリアでは罪に問われ罰金まで科せられることがある。飲酒、喫煙、歩行者の交通規則等、旅先で思わぬトラブルに巻き込まれないよう事前にチェックしておこう。

知らないと罰金もありえる！

公共の場で飲酒・タバコは厳禁

公共の場所での飲酒や喫煙は全面禁止となっている。喫煙スペースはかなり限られているが、違反が見つかった場合は罰金を科せられるので注意。「SMOKE FREE」や「ALCOHOL FREE」という表示の「FREE」は禁止という意味。

アボリジナルの聖地では敬意を払う

世界遺産のウルルやカカドゥ国立公園の一部はオーストラリアの先住民アボリジナルの聖地。壁画などを見る際は、彼らの信仰心を傷つけるような行為は避けること。立入禁止区域や写真撮影が禁止されている場所もある。

最も嫌われるのが「すする」音

食事の時に音をたててはいけないことはよく知られているが、パスタやスープをすする、鼻水をズルズルとすする行為は最も嫌われるので注意。ちなみに鼻を音を立ててかむのはマナー違反ではない。

知らない人にもあいさつを

オーストラリアでは、ホテル内ですれ違う人ともあいさつを交わす。「Good Morning」や「Hi」など、声を出してあいさつしよう。「Excuse me」は謝るというよりも、失礼しますという意味。人にものをたずねるときや人混みの中を進むときなどに使う。

落ち着いて対処して 事故や紛失・盗難にあったら

交通事故にあったら

万一交通事故を起こしてしまったら、また巻き込まれてしまったら、とにかく慌てず落ち着くこと。そして決して事故の責任を認めたり（I'm sorryと言わない）、当事者同士での示談をしてはいけない。

000 緊急の場合には、警察・消防・救急の共通番号「000」に電話をかけて、警察や救急車を要請する（救急車は有料）。

レンタカー会社 レンタカー会社に事故の報告をして指示を仰ぐ。警察が来たら、ポリスレポート（事故報告書）や保険請求の際に必要な書類を記入。

保険会社 加入している海外旅行保険会社に連絡する。帰国後でもよいが、「事故後30日以内」など条件があるので、早めに連絡すること。

紛失・盗難にあったら

パスポートや航空券の盗難・紛失の場合は、帰国日程にも影響が出るので気づいたら即対応を。カードの場合も早めの手続きが必要。

◆パスポート
最寄りの警察署に被害届を提出し、ポリスレポートを入手。キャンベラの日本大使館またはシドニーなどの日本国総領事館へ盗難証明書などの必要書類一式と手数料を提出して新しいパスポートか「帰国のための渡航書」の発行手続きをする。渡航書は数日で発給される。

◆カード
クレジット会社へ連絡をして利用停止手続き後、警察にも連絡を。不正使用があってもカード発行金融機関が課す条件を満たせば補償が受けられる。状況に応じて海外専用の緊急再発行カードの手配など日本語でサポートしてくれる。

◆航空券
「eチケット控え」を紛失した場合は、パスポートなどの身元確認書類を空港のチェックインカウンターに提示すれば搭乗券を受け取ることができる。

◆現金
現金の紛失・盗難は海外旅行保険の補償対象外。警察に被害を届け出て所定の手続きを行う。クレジットカードを持っていれば、ATMでキャッシング可能。

INDEX

GREAT BARRIER REEF

	名称	ジャンル	ページ
か	クイックシルバー・クルーズ	見る	27
	クオリア	泊まる	22
	グリーン・アイランド・リゾート	泊まる	24
	グリーン島	見る	24
	グレート・アドベンチャーズ	見る	27
さ	サンラバー・リーフ・クルーズ	見る	27
は	ハートリーフ	見る	23
	ハミルトン・アイランド・リゾート	見る	22
	ハミルトン島	見る	22
	ボミー	食べる	22
	ホワイトヘブン・ビーチ	見る	23
	ポントゥーン	見る	26
ま	マリンランド・メラネシア	見る	24
ら	リーフ・ビュー・ホテル	泊まる	22
	リーフ・マジック・クルーズ	見る	27
	リーフワールド	見る	23
わ	ワイルドライフ・ハミルトン・アイランド	見る	22

ULURU-KATA TJUTA

	名称	ジャンル	ページ
あ	アウトバック・ホテル＆ロッジ	泊まる	33
	アングリ・グリル	食べる	32
	ウィンジリ・ウィル	見る	34
	ウルル	見る	28
	ウルルサンセット＋サザンスカイBBQディナー	見る	34
	エアーズ・ロック・リゾート	見る	32
	エミュー・ウォーク・アパートメント	泊まる	33
か	カタ・ジュタ	見る	30
さ	サウンド・オブ・サイレンス	見る	34
	サンライズキャメル・エクスペリエンス	見る	34
	セイルズ・イン・ザ・デザート	泊まる	33
た	デザート・ガーデンズ	泊まる	33
は	バウ・ハウス	食べる	32
	ヘリコプター遊覧飛行	見る	34
ら	ロンギチュード131°	泊まる	33

SYDNEY

	名称	ジャンル	ページ
あ	IECブルーマウンテンズ【山】エコツアー	見る	62
	IECポートスティーブンス【海】エコツアー	見る	64
	アーガイル・カット	見る	51
	アイスバーグス	食べる	47
	アイム・アンガス・ステーキハウス	食べる	54

SYDNEY

	名称	ジャンル	ページ
	アボリジナル・アート・ギャラリー	買う	58
	アンドリュー・マクドナルド・シューメーカー	買う	59
	アンパサンド・カフェ・ブックストア	食べる	53
	ウェルカム・センター・ショップ	買う	43
	エコー・ポイント	見る	62
	オーヴェル	食べる	49
	オーストラリア博物館	見る	49
	オーバス	買う	53
	オペラ・ハウス	見る	42
	オペラ・バー	食べる	43
か	キャプテン・クック・クルーズ	食べる	55
	クイーン・ヴィクトリア・ビルディング	買う	58
	グラス・ブラッセリー	食べる	57
	グレース・ホテル・シドニー	泊まる	183
	ケン・ドーン・ギャラリー	見る	51
	現代美術館	見る	51
	ココ・ブラック	買う	59
さ	ザ・カンバーランド	食べる	47
	ザ・グラウンズ・オブ・アレクサンドリア	食べる	付録10
	ザ・ティールーム	食べる	付録11
	サイモン・ジョンソン	買う	53
	シーニック・ワールド	見る	63
	ジェラート・メッシーナ	食べる	付録15
	シドニー・タワー	見る	49
	シドニー・タワー・アイ	見る	49
	シドニー・フィッシュ・マーケット	食べる	55
	ジャッキーズ	食べる	53
	シャングリ・ラ	泊まる	183
	ジュリーク	買う	61
	スカイ・ウォーク	見る	49
	ストランド・アーケード	買う	59
	セント・ピーター	食べる	55
た	ダーリング・ハーバー	見る	49
	ダイナソー・デザインズ	買う	53・61
	チョップ・ハウス	食べる	54
	ティー・ツー	買う	61
	テツヤズ	食べる	56
な	ニックス・シーフード・レストラン	食べる	55
	ニューサウスウェールズ州立美術館	見る	49
	ネル	食べる	57
は	ハーバー・ブリッジ	見る	44
	パーフェクト・ポーション	買う	58・61
	ハイド・パーク	見る	48
	パイロン展望台	見る	45
	パスティチェリア・パパ	食べる	付録14

SYDNEY

名称	ジャンル	ページ
パディントン・マーケッツ	買う	52・59
バルビット・ロック・ルックアウト	見る	62
ハンター・バレー・ワインテイスティング・ツアー	見る	66
ハンター・バレー	見る	66
バントリー・マンリー	食べる	47
ビルズ・ダーリングハースト	食べる	付録9
ファイヤー・ドア	食べる	56
ブリッジクライム	見る	45
ブルー・マウンテンズ国立公園	見る	62
ベネロング	食べる	43
ヘレン・カミンスキー	買う	61
ポート・スティーブンス	見る	64
ボンダイ・サーフ・シーフーズ	食べる	47
ボンダイ・ビーチ	見る	46
ま	マウント・プレザント	食べる	66
マクギガン・ワイン	食べる	66
マンリー・ビーチ	見る	46
ミセスジョーンズ	買う	51
モンスター・スレッド	買う	58
ら	ラ・ルネッサンス・パティスリー&カフェ	食べる	51
ラディソン・ブルー・プラザ	泊まる	183
ランガム	泊まる	183
リッジズ・シドニー・エアポート・ホテル	泊まる	183
リップ・カール	買う	61
リューベン・ヒルズ	食べる	付録9
ロックス・マーケッツ	買う	50・59

CAIRNS

名称	ジャンル	ページ
あ	アサートン高原	見る	92
アサートン高原とライトアップ・パロネラパーク	見る	92
ヴィラ・ロマーナ	食べる	87
ウォーター・バー&グリル	食べる	86
エスプラネード・ラグーン	見る	83
オーカー	食べる	86
OKギフト・ショップ	買う	88
か	キュランダ	見る	74
キュランダ観光鉄道	見る	74
キュランダ・キャンディ・キッチン	買う	76
キュランダ・ヘリテージ・マーケット	見る	76
キュランダデラックスツアー	見る	74
キュランダ村	見る	76
キュランダ・レインフォレスト・コーヒー	買う	76
グリーン・ハウス・エンバイロメント・ショップ	買う	89
クルーズ・コーヒー	食べる	付録6、82
クレープ・ショップ	食べる	89
ケアンズ・コアラズ&クリーチャーズ	見る	72
ケアンズ水族館	見る	83
ケアンズ博物館	見る	83
ケアンズ美術館	見る	83
ケアンズ美術館ギャラリーショップ	買う	88

CAIRNS

名称	ジャンル	ページ
ケープ・トリビュレーション	見る	78
コーヒー・ワークス	買う	付録6
さ	シェラトン・グランド・ミラージュ・リゾート・ポート・ダグラス	泊まる	90
ジャーマン・タッカー	食べる	76
シャングリ・ラ・ホテル・ザ・マリーナ	泊まる	184
シルキー・オークス・ロッジ	泊まる	78
スカイパーク・バイ・AJハケット	見る	84
スカイレール	見る	75
スプリング・ウッド・クラフツ	買う	89
ソルト・ハウス	食べる	87
た	大自然動物探検ツアー	見る	85
デインツリー・エコロッジ&スパ	泊まる	78
デインツリー国立公園	見る	78
な	ナイトマーケット	買う	89
ヌ・ヌ・レストラン	食べる	91
ノボテル・ケアンズ・オアシス・リゾート	泊まる	184
は	ハートリーズ・クロコダイル・アドベンチャーズ	見る	80
パーム・コーヴ	見る	91
ハリソンズ・バイ・スペンサー・パトリック	食べる	90
パロネラ・パーク	見る	92
ヒルトン	泊まる	184
フライ・シー・イーグル	見る	85
ブラウン・スター	食べる	87
プルマン・インターナショナル	泊まる	184
プルマン・パーム・コーヴ・シー・テンプル・リゾート&スパ	泊まる	91
ベイリーフ	食べる	86
ポート・ダグラス	見る	90
ボードウォーク	見る	83
ホット・エア・バルーン・ケアンズ	見る	84
ま	マントラ・エスプラネード	泊まる	184
ミラミラの滝	見る	92
メイキンウービー・ギフトショップ	買う	89
モスマン渓谷	見る	79
ら	リリパッド・カフェ	食べる	付録13
レイジング・サンダー・アドベンチャーズ	見る	85
レインフォレステーション	見る	77
レインフォレスト・ギフト	買う	89
わ	ワイルドライフ・ハビタット	見る	80

人気スポットを制覇しよう

CARROT

GOLD COAST

	名称	ジャンル	ページ
あ	UGGシンス1974・ヘッドクォーターズ＆ファクトリー・アウトレットストア	買う	110
	インペリアル・ホテル	泊まる	185
	ウェットン・ワイルド・ウォーター・ワールド	見る	101
	ヴォコ・ゴールドコースト	泊まる	185
	オメロス・ブラザーズ	食べる	109
	オライリーズ	見る	113
か	カヴィル・モール	買う	105
	カランビン・ワイルドライフ・サンクチュアリ	見る	102
	グラス・ダイニング＆ラウンジ・バー	食べる	109
	グリーンマウンテン	見る	113
	ゴールドコースト・キャンドル・カンパニー	買う	111
さ	ザ・スター・ゴールドコースト	泊まる	185
	サーファーズ・パラダイス・ビーチ	見る	107
	シー・ワールド	見る	100
	シェブロン・ルネッサンス	買う	105
	スカイポイント展望台	見る	105
	スプリングブルック国立公園	見る	114
	世界自然遺産グリーン・マウンテン・ツアー	見る	112
	世界遺産土ボタルツアー	見る	114
	ソフィテル・ゴールドコースト・ブロードビーチ	泊まる	185
た	チャリス	食べる	105
	ツリートップウォーク	見る	113
	デビット・フレイ・ワイルドライフ・パーク	見る	103
	ドリームワールド	見る	101
	トロピカル・フルーツワールド	見る	100
	トロピック	食べる	108
は	バーレー・ヘッズ・ビーチ	見る	107
	バム・バム・ベイクハウス	食べる	付録14
	パラダイス・カントリー	見る	100・103
	パラダイス・センター	買う	105
	パラドックス・コーヒー・ロースター	食べる	付録7
	ハリケーン・グリル＆バー	食べる	109
	パンケーキ・イン・パラダイス	食べる	付録8
	パンブルズ・カフェ	食べる	付録13
	BMDノースクリフ・サーフ・ライフ・セービング・クラブ	食べる	108
	ビーチフロント・マーケット	買う	104
	フラナリーズ	買う	111
	ブリックワークス	買う	111
	ブロードビーチ	見る	107
	ホリデイ・クロージング	買う	111
	ホワイト・ボヘミアン	買う	111
ま	マントラ・レジェンズ・ホテル	泊まる	185
	メイン・ビーチ	見る	107
ら	ラミントン国立公園	見る	112
わ	ワーナーブラザーズ・ムービーワールド	見る	100

BRISBANE

	名称	ジャンル	ページ
あ	アップタウン	買う	130
	イビス・スタイルズ・ブリスベン・エリザベス・ストリート	泊まる	186
	インターセクション	食べる	付録7

BRISBANE

	名称	ジャンル	ページ
	ウエスト・ビレッジ	見る	127
	ウエストエンド・マーケット	買う	126
か	カプリ・バイ・フレイザー・ブリスペン	泊まる	186
	QAGカフェ	食べる	129
	クイーン・ストリート・モール	買う	125
	クイーンズプラザ	買う	131
	クイーンズランド現代美術館	見る	125
	クイーンズランド博物館	見る	125
さ	サウス・バンク・パークランド	見る	125
	市庁舎	見る	125
	シティホッパー	見る	124
	ゼウス・ストリート・グリーク	食べる	128
	ソフィテル・ブリスベン・セントラル	泊まる	186
た	ダブリュー・ブリスベン	泊まる	186
な	ニョッキ・ニョッキ・ブラザーズ	食べる	128
	ヌック	買う	127
は	花匠	買う	127
	フェリックス・フォー・グッドネス	食べる	130
	ブリスベン・アーケード	買う	131
	ブリスベン・ビジター・インフォメーション・アンド・ブッキングセンター	見る	131
	ブリスベン・ブリューイング	食べる	127
ま	メリトン・スイート	泊まる	186
	メルローズ	食べる	129
	モーダ	食べる	129
	モートン島	見る	132
	モーニング・アフター	食べる	127
ら	ローン・パイン・コアラ・サンクチュアリ	見る	122
わ	ワイルド・ドルフィン・フィーディング	見る	132

MELBOURNE

	名称	ジャンル	ページ
あ	イアンポッターセンター	見る	143
	インダストリー・ビーンズ	食べる	付録4
	ウィルキンス・アンド・ケント	買う	155
	エンポリウム・メルボルン	買う	152
	王立展示館とカールトン・ガーデン	見る	140・143
	王立植物園	見る	141
	オード・ド・ビー	食べる	151
	オークション・ルーム	食べる	146
	オム・ノム	食べる	145・146
か	カトラー＆コー	食べる	147
	キューティー・メルボルン	泊まる	187
	キューブイ	買う	153
	クイーン・ビクトリア・マーケット	買う	143
	クラフト	買う	154
	クラリオン・スイート・ゲートウェイ	泊まる	187
	クランブラー	買う	155
	グレート・オーシャン・ロード	見る	156
	クレメンタインズ	買う	154
	グロッシ・フロレンティーノ	食べる	147
	ゲヴォーツハウス	買う	144

MELBOURNE

	名称	ジャンル	ページ
	ケトルブラック	食べる	付録12
さ	シタディーンズ	泊まる	187
	シティ・ワイン・ショップ	食べる	150
	セント・アリ	食べる	付録5
	セントポール大聖堂	見る	145
た	ダンデノン丘陵	見る	159
	ティー・ツー	買う	152
	デグレーブス・エスプレッソ・バー	食べる	144
	デグレーブス・ストリート	見る	144
	デビッド・ジョーンズ	買う	153
	ドミニク・ポルテ	食べる	158
	ドメイン・シャンドン・オーストラリア	食べる	158
	トランジット・ルーフトップ・バー	食べる	145・150
な	ナンバー35	食べる	147
は	ハイヤー・グラウンド	食べる	付録8
	バットマンズ・ヒル・オン・コリンズ	泊まる	187
	パッフィン・ビリー蒸気機関車	見る	159
	ビクトリア国立美術館	見る	143
	ビジョンホール	買う	152
	フィッツロイ・ガーデン	見る	141
	フィリップ島	見る	160
	ブラザー・ババ・ブーダン	食べる	付録11,145
	ベイシーク	買う	152
	ペンギン・パレード	見る	160
	ホージア・レーン	見る	144
	ホープトンティールーム	食べる	144
	ボタニカル・ホテル・ブラッセリー	食べる	146
ま	マーケットレーン・コーヒー	食べる	付録5
	ミリグラム	買う	152
	メルボルン・リバー・クルーズ	見る	141
	メルボルン・セントラル	買う	152
	メルボルン市庁舎	見る	145
	メルボルンスタイル	買う	155
	メルボルン博物館	見る	143
	モア	買う	153
	モンスタースレッド	買う	153
や	ヤラ・バレー	見る	158
ら	ラックスバイト	食べる	付録15
	ランガム	泊まる	187
	リトル・カップケーキ	食べる	付録15
	ルーフトップ・バー	食べる	151
	ルビシア	買う	153
	ロイヤル・アーケード/ブロック・アーケード	見る	144

PERTH

	名称	ジャンル	ページ
あ	アスペクツ・オブ・キングスパーク	買う	179
	アレックス・ホテル	泊まる	188
	ウィスク・クリーマリー	食べる	付録14
	ウィリアム・トップ	買う	178
	ウェーブロック	見る	182
	エスプラネードホテル・フリーマントル・バイ・リッジス	泊まる	188
	オイスター・バー	食べる	175
か	カイリス・フィッシュ・マーケット	食べる	174
	キューティー・パース	泊まる	188
	旧フリーマントル刑務所	見る	173
	キングス・パーク	見る	170
	クラウン・タワーズ・パース	泊まる	188
	コステロービーチ	見る	182
	サムエルズ・オン・ミル	食べる	176
さ	シー・レストラン	食べる	176
	シセレロズ	食べる	174
	シャークベイ	見る	182
	スー・ルイス・ショコラティエ	食べる	付録14
た	ダブルツリー・バイ・ヒルトン・パース・ノースブリッジ	泊まる	188
	ディスカバー・ロットネスト	見る	181
な	西オーストラリア州立美術館	見る	171
は	ハニーケーキ	食べる	付録15
	ピナクルズ	見る	182
	ファウンド	買う	179
	フリーマントル・アートセンター	見る	173
	フリーマントル・マーケット	買う	172
	フレイザーズ	食べる	177
	ブレッド・イン・コモン	食べる	付録9
	ヘイ・ストリート・モール	見る	171
	ペティション・キッチン	食べる	177
	ポスト	食べる	171
ま	マレー・ストリート・モール	見る	171
	モコ	買う	178
ら	ラウンド・ハウス	見る	173
	ラック・ローバー	買う	179
	ランブラ・オン・スワン	食べる	175
	リトル・クリーチャーズ	食べる	173
	リバーサイド・カフェ	食べる	175
	ロッキンハム	見る	182
	ロットネスト島	見る	180
	ロンドン・コート	見る	171

お目当てのカフェは
どこかな？

それならINDEXで
調べてみよう

まっぷるWORLD オーストラリア

STAFF

■編集
昭文社編集部
オセアニア・メディア・クリエーションズ
（三邊晶子、小野澤啓子）

■取材・執筆
オセアニア・メディア・クリエーションズ（小野澤啓子）、Japan Media Creations（平田大典、グルービー美子）

■撮影
清水ちえみ、山田ミユキ

■表紙フォーマットデザイン
soda design（柴田ユウスケ）

■表紙写真
iStock

■キャラクターデザイン
栗山リエ

■本誌イラスト
栗山リエ、松島由林

■アートディレクション・ロゴデザイン
soda design

■本文デザイン
Rudy69

■DTP制作
明昌堂

■校正
光永玲子、山下さをり、三和オー・エフ・イー

■地図デザイン
yデザイン研究所（山賀貞治）

■地図制作協力
五十嵐重寛、露木奈穂子

■取材・写真協力
オーストラリア政府観光局
クイーンズランド州政府観光局
西オーストラリア州政府観光局
ビクトリア州政府観光局
ニュー・サウス・ウェールズ州政府観光局
ノーザンテリトリー政府観光局
Time Out Australia
Bridge Climb Sydney
Rottnest Island Authority

2024年3月1日　1版1刷発行

発行人　川村哲也
発行所　昭文社

本社
〒102-8238 東京都千代田区麹町 3-1
☎0570-002060（ナビダイヤル）
IP電話などをご利用の場合は
☎03-3556-8132
※平日9:00～17:00（年末年始、弊社休業日を除く）
ホームページ https://www.mapple.co.jp/

\ どこよりも詳しい /
オーストラリアの
ACCESS&MAP

Yummy love it!

How about wine tasting?

nice

Welcome to Australia!

Getting cute items.

Lovely♥

CONTENTS

P.210 …オーストラリア全図
P.212 …シドニーの市内交通
P.215 …シドニー周辺
P.216 …ロックス／サーキュラー・キー
P.218 …シティ／ダーリング・ハーバー
P.220 …ケアンズの市内交通
P.222 …ケアンズ周辺
P.223 …ケアンズシティ
P.224 …ゴールドコーストの市内交通
P.226 …ゴールドコースト
P.227 …サーファーズ・パラダイス／ブロードビーチ／
　　　　　サーファーズ・パラダイス周辺
P.228 …ブリスベンの市内交通
P.230 …ブリスベン広域
P.231 …ブリスベン中心部
P.232 …メルボルンの市内交通
P.234 …メルボルン／メルボルン周辺
P.235 …メルボルン中心部
P.236 …パースの市内交通
P.238 …パース広域／フリーマントル
P.239 …シティセンター
P.240 …緊急時の連絡リスト

Happy

icon		
♣観光地	♀バス停	✝教会
♠博物館・美術館	⊗警察署・交番	▶ビーチ
ℹ観光案内所	⊞学校	
✈空港	⊗病院	
〒郵便局	♫銀行	世界遺産 世界遺産

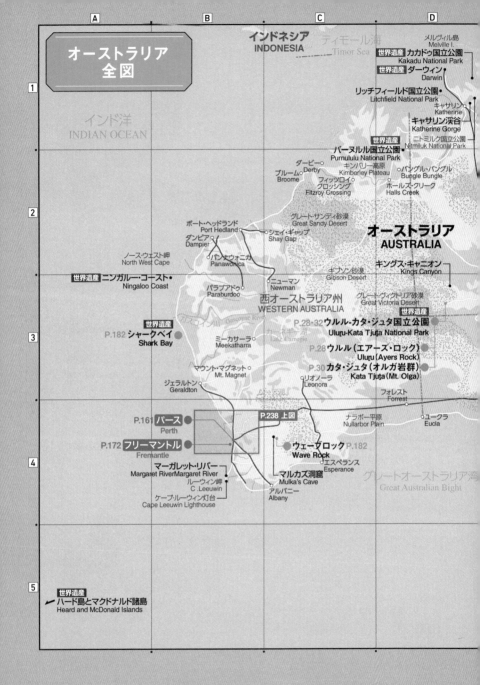

オーストラリア
全図

インドネシア
INDONESIA

ティモール海
Timor Sea

メルヴィル島
Melville I.

世界遺産 カカドゥ国立公園
Kakadu National Park

世界遺産 ダーウィン
Darwin

リッチフィールド国立公園
Litchfield National Park

キャサリン
Katherine

キャサリン渓谷
Katherine Gorge

世界遺産 ニトミルク国立公園
Nitmiluk National Park

世界遺産 バーヌルル国立公園
Purnululu National Park

インド洋
INDIAN OCEAN

ダービー
Derby

ブルーム
Broome

キンバリー高原
Kimberley Plateau

バングル・バングル
Bungle Bungle

フィッツロイ
クロッシング
Fitzroy Crossing

ホールズ・クリーク
Halls Creek

グレート・サンディ砂漠
Great Sandy Desert

オーストラリア
AUSTRALIA

ポート・ヘッドランド
Port Hedland

ダンピア
Dampier

シェイ・ギャップ
Shay Gap

ノース・ウェスト岬
North West Cape

パナウォニカ
Panawonica

ニューマン
Newman

ギブソン砂漠
Gibson Desert

キングス・キャニオン
Kings Canyon

世界遺産 ニンガルー・コースト
Ningaloo Coast

パラブアドゥ
Paraburdoo

西オーストラリア州
WESTERN AUSTRALIA

グレート・ヴィクトリア砂漠
Great Victoria Desert

P.28-32 ウルル-カタ・ジュタ国立公園
Uluṟu-Kata Tjuṯa National Park

世界遺産 P.182 シャークベイ
Shark Bay

ミーカサーラ
Meekatharra

P.28 ウルル（エアーズ・ロック）
Uluṟu (Ayers Rock)

マウント・マグネット
Mt. Magnet

P.30 カタ・ジュタ（オルガ岩群）
Kata Tjuṯa (Mt. Olga)

ジェラルトン
Geraldton

リオノーラ
Leonora

フォレスト
Forrest

P.161 パース
Perth

P.238 上図

ナラボー平原
Nullarbor Plain

ユークラ
Eucla

P.172 フリーマントル
Fremantle

ウェーブロック
Wave Rock P.182

グレートオーストラリア湾
Great Australian Bight

マーガレット・リバー
Margaret River Margaret River

エスペランス
Esperance

ルーウィン岬
C. Leeuwin

マルカズ洞窟
Mulka's Cave

ケープ・ルーウィン灯台
Cape Leeuwin Lighthouse

アルバニー
Albany

世界遺産
ハード島とマクドナルド諸島
Heard and McDonald Islands

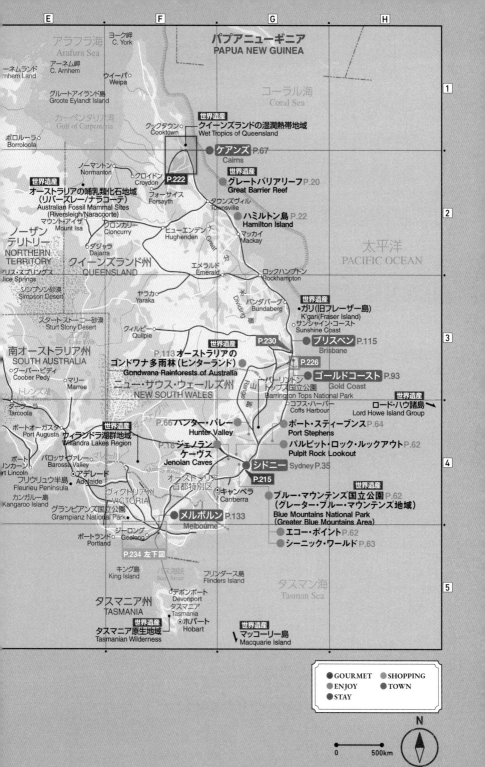

アラフラ海
Arafura Sea

パプアニューギニア
PAPUA NEW GUINEA

コーラル海
Coral Sea

1

ーネムランド
rnhem Land

アーネム岬
C. Arnhem

ヨーク岬
C. York

ウィーパ
Weipa

グルートアイランド島
Groote Eylandt Island

カーペンタリア湾
Gulf of Carpentaria

ボロルーラ
Borroloola

クックタウン
Cooktown

世界遺産
クイーンズランドの湿潤熱帯地域
Wet Tropics of Queensland

● ケアンズ P.67
Cairns

太平洋
PACIFIC OCEAN

ノーマントン
Normanton

クロイドン
Croydon

P.222

フォーサイス
Forsayth

世界遺産
● グレートバリアリーフ P.20
Great Barrier Reef

2

世界遺産
オーストラリアの哺乳類化石地域
(リバーズレー/ナラコーテ)
Australian Fossil Mammal Sites
(Riversleigh/Naracoorte)

マウント・アイザ
Mount Isa

クロンカリー
Cloncurry

ヒューエンデン
Hughenden

タウンズヴィル
Townsville

● ハミルトン島 P.22
Hamilton Island

ノーザン
テリトリー
NORTHERN
TERRITORY

lice Springs

ダジャラ
Dajarra

クイーンズランド州
QUEENSLAND

マッカイ
Mackay

エメラルド
Emerald

ロックハンプトン
Rockhampton

シンプソン砂漠
Simpson Desert

ヤラカ
Yaraka

世界遺産
● ガリ(旧フレーザー島)
K'gari(Fraser Island)

バンダバーグ
Bundaberg

スタート・ストーニー砂漠
Sturt Stony Desert

エア湖
Lake Eyre

クィルピー
Quilpie

サンシャイン・コースト
Sunshine Coast

● ブリスベン P.115
Brisbane

3

南オーストラリア州
SOUTH AUSTRALIA

クーパー・ピディ
Coober Pedy

マリー
Marree

P.113 世界遺産
オーストラリアの
ゴンドワナ多雨林(ヒンターランド)
Gondwana Rainforests of Australia

P.230

P.226

● ゴールドコースト P.93
Gold Coast

ニュー・サウス・ウェールズ州
NEW SOUTH WALES

バーリントン・
トップス国立公園
Barrington Tops National Park

世界遺産
ロード・ハウ諸島
Lord Howe Island Group

トレンズ湖
Lake

ダーララ
Tarcoola

ポートオーガスタ
Port Augusta

世界遺産
ウィランドラ湖群地域
Willandra Lakes Region

P.66 ハンター・バレー
Hunter Valley

コフス・ハーバー
Coffs Harbour

● ポート・スティーブンス P.64
Port Stephens

4

ポート
ンカーン
rt Lincoln

バロッサ・バレー
Barossa Valley

P.78 ジェノラン
ケーヴス
Jenolan Caves

● パルピット・ロック・ルックアウト P.62
Pulpit Rock Lookout

フリウリュウ半島
Fleurieu Peninsula

アデレード
Adelaide

シドニー
Sydney P.35

P.215

カンガルー島
Kangaroo Island

ヴィクトリア州
VICTORIA

オーストラリア
首都特別区

キャンベラ
Canberra

● ブルー・マウンテンズ国立公園 P.62
(グレーター・ブルー・マウンテンズ地域)
Blue Mountains National Park
(Greater Blue Mountains Area)

世界遺産

グランピアンズ国立公園
Grampianz National Park

● メルボルン P.133
Melbourne

● エコー・ポイント P.62

ポートランド
Portland

ジーロング
Geelong

● シーニック・ワールド P.63

P.234 左下図

キング島
King Island

バス海峡
Bass Strait

フリンダース島
Flinders Island

タスマン海
Tasman Sea

5

タスマニア州
TASMANIA

デボンポート
Devonport

タスマニア
Tasmania

世界遺産
タスマニア原生地域
Tasmanian Wilderness

ホバート
Hobart

世界遺産
マッコーリー島
Macquarie Island

● GOURMET ● SHOPPING
● ENJOY ● TOWN
● STAY

N

0   500km

上手に使いこなそう > シドニーの**市内交通**

初めて訪れる街では、移動に何を使ったらいいかとまどうことも多いはず。
利用しやすい公共交通機関をあらかじめチェックしておこう。

シドニーのおもな
移動手段はコレ！

シドニー市内から近郊までを電車やバスがくまなくカバー。
運行間隔も短いので便利だ。

CHECK!

タッチ決済が便利

シドニーの公共交通機関を利用する際に広く普及しているのが「オパールカード」(▶P.214)と呼ばれるICカード。クレジットカードやデビットカード、Apple PayやGoogleウォレットなどのタッチ決済も利用可。

空港から市内へ

★エアポートリンク：シドニー・トレインズ(電車)の路線のひとつ(T8)で、空港の国際線駅と国内線駅からシティの駅を結んでいる。空港の到着ロビーの地下に乗り場があり、早朝4時頃～深夜1時頃まで約5～15分ごとに運行。

★シャトルバス：人数が集まり次第出発する乗り合いバス。市内の宿泊先まで送ってくれるので便利だが、同乗者の行き先によって所要時間が異なるため、急いでいる場合はタクシーか電車がベター。料金は片道A$22程度。

🚆 電車

シドニー・トレインズやライトレールなどの電車が縦横無尽にめぐっており、移動は便利。

料金	A$2.80 ～
運行時間	4:00 ～25:00頃
支払方法	現金、クレジットカード、オパールカードなど

● Sydney Trains、Sydney Light Rail
URL www.transportnsw.info

早朝から深夜まで

詳しくは P.213

🚕 タクシー

目的地に直行できる。運賃は手頃で、人数で割ればさらに安く。荷物が多いときにもいい

料金	A$3.60 ～（メーター制で深夜は割り増し）
運行時間	24時間
支払方法	現金、クレジットカード

● Legion Cabs URL legioncabs.com.au
● 13Cabs URL sydney.13cabs.com.au

早くて便利、意外に安い！

🚌 路線バス

市内から近郊まで路線が網の目のように張りめぐらされている。観光ポイントをくまなくおさえた観光バスも。

料金	A$2.24 ～
運行時間	早朝～深夜
支払方法	現金（一部のバスでは不可）、オパールカードなど

● Sydney Buses URL www.transportnsw.info

観光スポットを効率よく回れる

詳しくは P.213

🚃電車 Train

市内は、シドニー・トレインズとシドニー・ライト・レールといった電車が縦横無尽にめぐっている。
●シドニー・トレインズ　早朝4〜5時台から夜中まで運行。中心部の駅のなかで、他路線への乗り換えが簡単なのはタウン・ホール駅。
●シドニー・ライト・レール　L1〜L3までの3つの路線があり、L1はセントラル駅からダーリング・ハーバー、ザ・スター、フィッシュ・マーケットなどを経由し、インナー・ウエストまで結ぶ。

MRTの乗車方法

①乗り場を探す
駅やプラットフォームにある案内モニターで、出発時刻やプラットフォームを確認。

②チケットを購入

右記の要領で券売機で切符を購入するか、オパールカードなどを利用する。

③ホームへ向かう
乗りたい電車が近づいてきたら、行き先を確認して乗り込む。ドアの開閉は手動で、降りる際はドア横のボタンを押して降車。改札で切符を駅員に見せるか、オパールカードなどを専用の端末機にタッチ（Tag off）する。タッチを忘れると無賃乗車とみなされ、乗車区間の最大距離の運賃が課せられるので注意。

券売機の使い方

①Opal Single Trip Ticketを選ぶ。オパールカードのチャージや残額確認もできる。
②駅名を入力して選択。
③大人か子供かを選び、枚数を選択。
④現金またはクレジットカードで支払う。
⑤チケットをとる。

🚌バス Bus

バスが来たら手を挙げて合図し、前方のドアから乗車。運賃は前払いで「Opal only」の表示があるバスに乗る際はオパールカードなどが必要。運転手に目的地を告げて乗車券を購入するか、オパールカードなどをタッチする。降りる際には降車ボタンを押す。車内アナウンスはないので、不安な場合は運転手にあらかじめ降りる停留所を告げておくといい。

⛴フェリー Ferry

サーキュラー・キーにあるフェリーターミナルから、ダーリング・ハーバーやマンリー、タロンガ動物園など、シドニーの対岸エリアに向かう場合に便利な交通機関。運航時間は路線によって異なるが、いずれの路線も日中は20〜30分間隔の運航。
● Sydney Ferry URL www.transportnsw.info

利用方法と料金

窓口か自動券売機でチケットを購入するか、オパールカードを利用。どちらも乗船時と下船時に読取機にタッチする。料金は片道A\$6.79〜。

ビッグバスシドニー

ロンドンスタイルの2階建てバスで、シティ中心部と代表的な観光スポットを巡回する。始発はサーキュラー・キー（ジョージSt.とアルフレッドSt.の角）を9:00に出発。最終バスは18:00頃に一周を終え、サーキュラー・キーに戻る。約30～45分間隔で毎日運行。中心部を巡るシティツアーと、ボンダイ・ビーチやパディントンなどの郊外を巡回するボンダイツアーがあり、3ヵ所の停留所で乗り換えができる。

● Big Bus Sydney
Ⓢ1日券 A$65～　☎ 02-9567-8400
ⓊⓇⓁ www.bigbustours.com

立ち寄れる主な観光スポット

●シティツアー（レッドルート）
サーキュラー・キー／シドニー・タワー／ウエストフィールド・シドニー／オーストラリア博物館／キングス・クロス／ウールームールー・ベイ／シドニー・オペラ・ハウス／シドニー・フィッシュ・マーケット／チャイナタウン／シドニー水族館／ハーバー・ブリッジ／ロックス

●ボンダイツアー（ブルールート）
タウンホール／パディントン・タウン・ホール／ボンダイ・ビーチ／ノース・ボンダイ／ローズ・ベイ／ダブル・ベイ

オーパルカードについて

シドニーの公共交通機関で利用できるプリペイド式ICカード。チケット売り場に並ぶ必要が ないうえ、チケットに比べて料金も安くなるなど、公共交通機関を多く利用する人にはメリットが大きい。

ⓊⓇⓁ www.opal.com.au

●購入方法
コンビニなどの小売店で購入。カードは無料で、購入時に必要な分だけチャージすれば（A$20～）、すぐに利用可能。追加チャージはお店のほか、駅に設置されている専用のチャージ機でできる。

●利用方法
乗車時と降車時に、自動改札機のカードリーダーにかざす。残金が表示されるので、少なくなったらチャージしておく。カードをかざすのを忘れると、乗車区間の最大距離の運賃が引かれてしまうので注意。

●お得な特典
曜日や時間帯によって割引が適用される。

Weekly Travel Cap
月～日曜の間に A$50以上利用すると、その週のそれ以降の運賃がすべて無料。

Daily Travel Cap 月～木曜の間で、同一日に支払う運賃の上限額は大人 A$17.80、子供 A$8.90まで。それ以上は無料。空港アクセス代（大人 A$16.68、子供 A$14.92）は適用外。

Weekend Travel Cap 金～日曜、祝日に利用すると、1日 A$8.90で公共交通機関が乗り放題。

●オフピーク時の割引
ピーク時（6:30～10:00、15:00～19:00）以外の時間帯と金曜、週末、祝日に交通機関を利用すると運賃が30%引き。

シドニー交通MAP

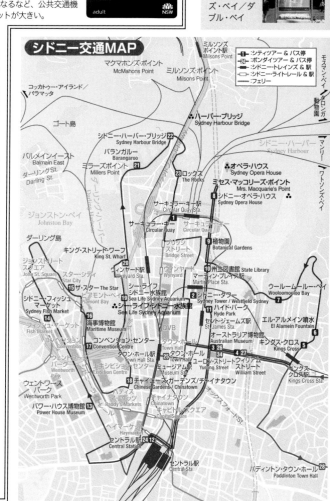

214

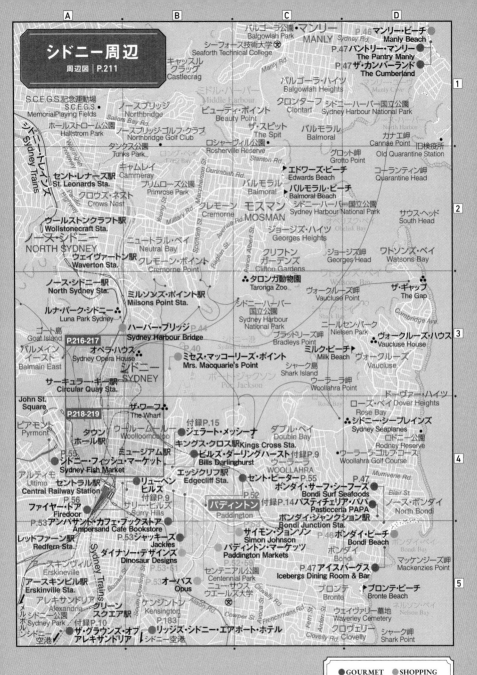

ロックス/サーキュラー・キー

周辺図 | P.215

A　**B**　**C**　**D**

1
ウォルシュ・ベイ
Walsh Bay

Dawes Point ドウズ岬
シドニー・ハーバー・ブリッジ 22
Sydney Harbour Bridge
Pier One ピア・ワン
ピア・ワン・シドニー・ハーバー、オートグラフ・コレクション
Pier One Sydney Harbour Autograph Collection

ワーフ・シアター・
The Wharf Theatre

ミラーズ岬
Millers Point
3rd Pier

2
バランガルー・リザーブ
Barangaroo Reserve

クライン公園・
Clyne Reserve

港湾管制塔・
Harbour Control Tower

ミラーズ・ポイント
MILLERS POINT

ロード・ネルソン・ブリュワリー
The Lord Nelson Brewery Hotel

フィッシュ・アット・ザ・ロックス
Fish at the Rocks

Towns Place
バランガルー 21
Barangaroo

ドウズ・ポイント
DAWES POINT
パンケーキ・オン・ザ・ロックス

ハーバービュー
Harbour View

Windmill St.
P.45 ブリッジクライム
Bridge Climb

ヒーロー・オブ・ウォータールー
The Hero of Waterloo

P.51 ミセス・ジョーンズ
Mrs. Jones

Argyle Place
Argyle St.
P.51 アーガイル・カット
Argyle Cut

オブザーヴァトリー・パーク
Observatory Park

シドニー天文台
Sydney Observatory

P.50 ロックス
THE ROCKS

P.50-59 ロックス・マーケッツ
The Rocks Markets

リッジズ・シドニー・ハーバー
ロックス・ディスカバリー博物館
Rocks Discovery Museum

アーガイル・
ストアーズ
ロックス・センター
The Rocks Centre

クロックタワー
P.51 ラ・ルネッサンス
パティスリー&カフェ
La Renaissance Patisserie & Cafe

3
バランガルー
BARANGAROO

ダーリング・ハーバー
Darling Harbour

Hickson Road

Kent St.

P.183 ランガム
The Langham Sydney

ナショナル・トラスト&エルヴィン・ギャラリー
National Trust & S.H.Ervin Gallery

スザンナ・プレイス博物館
Susannah Place Museum

P.57 アルティテュード
Altitude Restaurant

P.183 シャングリ・ラ
Shangri-La Hotel
Sydney

現代美術館
Museum of Contemporary Art (MCA)

T Galleria T ギャラリア
P.51

サーキュラー・キー
Circular Quay

Cahill Expressway

キー・ウエスト・スイーツ

4
5th Pier

クラウン・シドニー
Crown Sydney

マリタイム・トレード・タワーズ
Maritime Trade Towers

オブザーヴァトリー・タワー
Observatory Tower

フォー・シーズンズ
Four Seasons Hotel Sydney

Gloucester St.
Harrington St.
グロヴナー・プレイス
Grosvenor Place

Grosvenor St.
ラング公園
Lang Park

ブリッジ
ストリート
BRIDGE
STREET

Dalley St.
Bridge St.

SLR (L2-L3)

エクスプローラ

5
倉庫
Cargo Shed

ロータス
Lotus Barangaroo
7th Pier
バーク・ストリート・ベーカリー
Bourke Street Bakery
オー・ブー・チョコレート
Oh Boo Chocolate
ボーン・バイ・タパヴィーノ
Born by Tapavino

キャプテン・クック・クルーズ
Captain Cook Cruises

インターナショナル
タワー・シドニー
International
Tower Sydney
タワー1

タワー2

タワー3

バランガルー・ハウス・
Barangaroo House
8th Pier

Barangaroo Ave.
Wulugul Walk

Western Distributor

Sussex St.

チャーチ・ヒル
アングリカン
Church Hill Anglican

York St.

トラベロッジ・ワインヤード
Travelodge Wynyard

スターバックス
Starbucks

ウインヤード駅
WYNYARD Sta.

パイ・フェイス
Pie Face

Erskine St.

サンコープ・プレイス
Suncorp Place

Jamison St.
マントラ・2・ボンド・ストリート
Mantra 2 Bond Street
Bond St.

メットセンター
Metcentre
Margaret St.

オーストラリア
スクエア
Australia Square

Carrington St.

ウインヤード公園

セントラル駅
ウインヤード
WYNYARD

216

ノース・シドニー

ハーバー・ブリッジ P.44
Sydney Harbour Bridge

パイロン展望台 P.45
Pylon Lookout

ドウス・ポイント公園
Dawes Point Park

ヒクソン・ロード公園
Hickson Road Park

パーク・ハイアット
Park Hyatt Sydney

キャンベルズ・ストアズ
Campbells Stores

キー・レストラン P.57
Quay Restaurant

ケン・ドーン・ギャラリー P.51
Ken Done Gallery

23 The Rocks

外国船客旅客ターミナル
Overseas Passenger Terminal

キャプテン・クック・クルーズ P.55
Captain Cook Cruises

サーキュラー・キー P.50
CIRCULAR QUAY

5th Pier

4th Pier

3rd Pier

2nd Pier

1st Pier

Circular Quay East

サーキュラー・キー駅
CIRCULAR QUAY Sta.

Alfred St. カスタム・ハウス
スクエア

ゲートウェイ
Gateway

カスタムズ
ハウス

オーストラリアン
ワイン・センター

シドニー・ビジター・センター
Sydney Visitor Centre

ハーバー・マリオット

マックォーリー
プレイス公園

AMPプラザ

シドニー博物館
Museum of Sydney

日本国総領事館
Consulate-General
of Japan

BMAハウス

オコンネル
ハウス

チョップハウス P.54
Chophouse

ラディソン・ブルー・プラザ P.183
Radisson Blu Plaza Hotel Sydney

シティ
バンク

チフリープラザ
Chifley Plaza

Hunter St.

セントラル駅

モスマン・ベイ
ノース・シドニー

マンリー

タロンガ動物園／
モスマン・ベイ

ベネロング岬
Bennelong Point

世界遺産
オペラ・ハウス P.42
Sydney Opera House

ベネロング P.43
Bennelong

オペラ・バー P.43
Opera Bar

ウェルカム・センター・ショップ P.43
Welcome Centre Shop

オペラ・ハウス・ゲート
Opera House Gate

見学ツアー受付

8 シドニー・オペラ・ハウス
Sydney Opera House

クイーン・エリザベス2世ゲート
Queen Elizabeth II Gate

ガヴァメント・ハウス
Government House

ベネロング・アパートメント
Benelong Apartment

プルマンキーグランド
Pullman Quay Grand Sydney Harbour

ノーザン・デポゲート

シドニー・トレインズ・シティ・サークル
Sydney Trains City Circle

犯罪博物館
Justice & Police Museum

サー・スタンフォード
アット・サーキュラー・キー

ガヴァメント・ハウス・ゲート

インターコンチネンタル
InterContinental Sydney

シドニー音楽院
Sydney Conservatorium of Music

コンサーヴァトリウム・ゲート
Conservatorium Gate

9 植物園 Botanical Garden

パレス・ガーデンゲート
Palace Garden Gate

フィリップ総督の記念碑
The Monument of Governor Phillip

マックォーリー・ハウス

ザ・ケイリクス
The Calyx

シェイクスピアの像
The Monument of Shakespeare

10 州立図書館
State Library

ニュー・サウス・ウェールズ州立図書館
State Library of New South Wales

ファーム・コーヴ
Farm Cove

王立植物園
Royal Botanic Gardens

ボタニック・ガーデンズ
Botanic Gardends Restaurant

シダ園
The Sydney Fernery

ビジター・センター
Visitors Centre

シドニー・ハーバー・トンネル
Sydney Harbour Tunnel

Sydney Cove
シドニー・コーヴ

Campbells Cove
キャンベルズ・コーヴ

ロックス

ファースト

Young St.

Phillip St.

Macquarie St.

Gresham St.

Spring St.

Bent St.

O'Connell St.

Castlereagh St.

GOURMET ● SHOPPING ●
ENJOY ● TOWN ●
STAY ●

1分   3分

0   60m   180m

N

217

中心部はコンパクト

ケアンズの**市内交通**

市内での交通手段はバスとタクシーが中心。
バスは市内近郊の観光地を網羅しているので、観光者にも便利。

ケアンズのおもな交通
移動手段はコレ!

街は広くないので、シティの中心部だけなら歩いて回る
のもいいだろう。近郊のビーチなどへはバスやタクシーで。

CHECK!

キュランダ鉄道に乗る

市内のケアンズ駅からキュランダ
駅(▶P.74)までは、1日2往復(ケ
アンズ発8:30、9:30、キュランダ
発14:00、15:30)。片道約2時間、
A$50〜。

空港から市内へ

★**タクシー**:ケアンズ空港からシティの中心部までは約
7kmと近く、車で15分〜20分ほどなので、タクシー利用
が一般的。料金は片道約A$30〜40。加えて空港利用料
(国内線ターミナルはA$2.50、国際線ターミナルはA$5)。

● Cairns Taxis　ケアンズ・タクシーズ
☎ 07-4048-8311　**URL** www.cairnstaxis.com.au

★**シャトルバス**:エクセレンス・コーチズ&ツアーズをは
じめ、いくつかの会社が空港と市内、ポート・ダグラス、
パーム・コーヴなどを結んでいる。

●エクセレンス・コーチズ&ツアーズ
Excellence Coaches and Tours
☎ 07-3012-7400　**URL** www.excellencecoaches.com

🚍 キネティックバス

MyTranslinのアプリ(▶**P.72**)を利用す
れば、最速の移動ルートが検索できる。

料金	A$2.40〜
運行時間	7:00〜24:00くらい
支払方法	現金、クレジットカード

● translink　☎ 131230
●キネティック　☎ 07-4057-7411　**URL** www.wearekinetic.com/au/cairns

市内近郊を網羅

詳しくは
P.221

🚍 シャトル・バス

パーム・コーヴやポート・ダグラスへは、ミニバンタイプのバ
スが運行。予約が必要で、ホテルまで迎えに来てくれる。

料金	A$65〜(ポートダグラスまでの片道)
運行時間	7:00〜18:00くらい
支払方法	現金、クレジットカード

●ビープ・ビープ・トゥート Beep Beep Toot
☎ 07-3040-6272　**URL** www.beepbeeptoot.com.au

郊外のリゾートへ

🚕 タクシー

街に流しのタクシーは走っていないので、乗り場でタクシー
を待つか、ホテルのフロントでタクシーを呼んでもらう。

料金	初乗りA$3.40〜
運行時間	24時間
支払方法	現金、クレジットカード

● Cairns Taxis　☎ 07-4048-8311

ドアの開閉は自分で

🚌 キネティックバス Kinetic Bus

郊外の観光スポットへ行くにも便利

市内から郊外まで路線が広がり、人気観光地のパーム・コーヴや、キュランダに向かうスカイレールの乗り口があるスミスフィールドなどに行く際にも利用できる。チケットは乗車時に運転手から購入。運賃はゾーン制で、中心部の同ゾーン内ではA$2.40、1日乗り放題のデイパスはA$4.80。パーム・コーヴへは片道A$4.80、デイパスはA$9.60となる。おもな乗り場はケアンズ駅や、ケアンズ・シティバス・ステーション（プラットホーム2）など。

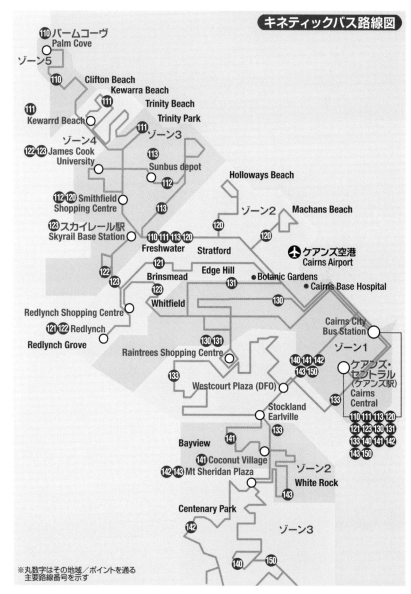

キネティックバス路線図

⑩ パームコーヴ
Palm Cove
ゾーン5
⑩
Clifton Beach
Kewarra Beach
⑪
Trinity Beach
⑪ Kewarrd Beach
Trinity Park
⑪ ゾーン3
ゾーン4
⑫⑬ James Cook University
⑬ Sunbus depot
Holloways Beach
⑫
⑪⑫⑩ Smithfield Shopping Centre
⑬
ゾーン2
Machans Beach
⑬ スカイレール駅
Skyrail Base Station
⑩⑪⑬⑳
Freshwater
⑳
Stratford
⑳
✈ ケアンズ空港
Cairns Airport
⑫
㉑
Brinsmead
Edge Hill
⑬
● Botanic Gardens
⑬
Whitfield
㉛
● Cairns Base Hospital
⑬⓪
Redlynch Shopping Centre
Cairns City Bus Station
㉑㉒ Redlynch
ゾーン1
Redlynch Grove
⑬⓪㉛
Raintrees Shopping Centre
⑭⑭⑭
⑭⑮⑮
ケアンズ・セントラル
（ケアンズ駅）
Cairns Central
⑬
Westcourt Plaza (DFO)
⑬
⑩⑪⑬⑳
㉑㉓⑬⓪㉛
⑬⑭⑭⑭
⑭⑮⑮
⑬⑬
Stockland Earlville
⑭
Bayview
⑭ Coconut Village
⑭⑭ Mt Sheridan Plaza
ゾーン2
White Rock
⑭
Centenary Park
⑭
ゾーン3
⑭
⑮

※丸数字はその地域／ポイントを通る主要路線番号を示す

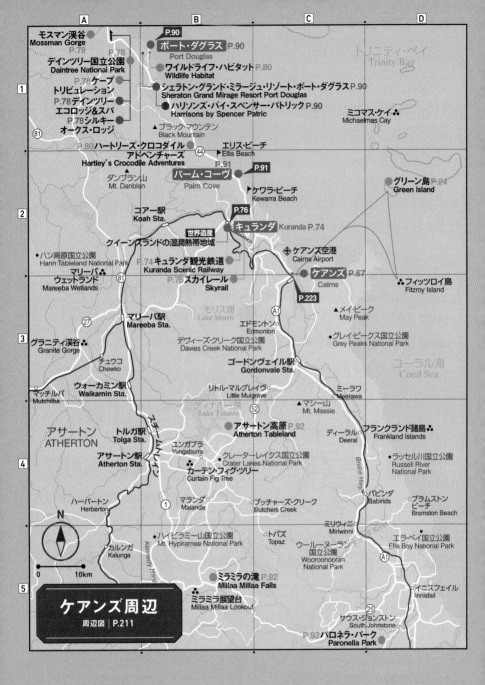

モスマン渓谷
Mossman Gorge
P.79

デインツリー国立公園
Daintree National Park
P.78

P.78 ケープ
トリビュレーション
P.78 デインツリー
エコロッジ&スパ
P.78 シルキー
オークス・ロッジ

A

B

P.90
ポート・ダグラス P.90
Port Douglas

ワイルドライフ・ハビタット P.80
Wildlife Habitat

シェラトン・グランド・ミラージュ・リゾート・ポート・ダグラス P.90
Sheraton Grand Mirage Resort Port Douglas

ハリソンズ・バイ・スペンサー・パトリック P.90
Harrisons by Spencer Patric

▲ ブラック・マウンテン
Black Mountain

C

トリニティ・ベイ
Trinity Bay

ミコマス・ケイ ♣
Michaelmas Cay

D

1

P.80 ハートリーズ・クロコダイル
アドベンチャーズ
Hartley's Crocodile Adventures

エリス・ビーチ
▶ Ellis Beach

44

ダンブラン山
▲ Mt. Danblan

パーム・コーヴ P.91
Palm Cove P.91

▶ ケワラ・ビーチ
Kewarra Beach

グリーン島 P.24
Green Island

2

コアー駅
Koah Sta.
P.76

世界遺産
クイーンズランドの温潤熱帯地域

キュランダ Kuranda P.74

ケアンズ空港
Cairns Airport

ハン高原国立公園
Hann Tableland National Park

P.74 キュランダ観光鉄道
Kuranda Scenic Railway

マリーバ ♣
ウェットランド
Mareeba Wetlands

81

P.75 スカイレール
Skyrail

ケアンズ P.67
Cairns

P.223

フィッツロイ島 ♣
Fitzroy Island

モリス湖
Lake Morris

メイ・ピーク
▲ May Peak

27

マリーバ駅
Mareeba Sta.

エドモントン
Edmonton

A1

コーラル海
Coral Sea

3

グラニティ渓谷 ♣
Granite Gorge

チュウコ
Chewko

デヴィーズ・クリーク国立公園
Davies Creek National Park

ゴードンヴェイル駅
Gordonvale Sta.

グレイ・ピークス国立公園
Grey Peaks National Park

マッチルバ
Mutchilba

ウォーカミン駅
Walkamin Sta.

リトル・マルグレイヴ
Little Mulgrave

ミーラワ
Meerawa

マジー山
▲ Mt. Massie

フランクランド諸島 ♣
Frankland Islands

4

アサートン
ATHERTON

トルガ駅
Tolga Sta.

アサートン駅
Atherton Sta.

ユンガブラ
Yungaburra

ティナルー湖
Lake Tinaroo

アサートン高原 P.92
Atherton Tableland

クレーターレイクス国立公園
Crater Lakes National Park

カーテン・フィグ・ツリー
Curtain Fig Tree

ディーラル
Deeral

ラッセル川国立公園
Russell River
National Park

ハーバートン
Herberton

1

マランダ
Malanda

ブッチャーズ・クリーク
Butchers Creek

バビンダ
Babinda

ブラムストン
ビーチ
Bramston Beach

カルンガ
Kalunga

ハイピラミー山国立公園
Mt. Hypiramee National Park

トパズ
Topaz

ウールーヌーラン
国立公園
Wooroonooran
National Park

ミリウィニ
Miriwinni

エラ・ベイ国立公園
Ella Bay National Park

A1

5

0   10km

ミラミラの滝 P.92
Millaa Millaa Falls

ミラミラ展望台
Millaa Millaa Lookout

サウス・ジョンストン
South Johnstone

25

イニスフェイル
Innisfail

ケアンズ周辺
周辺図 P.211

P.92 パロネラ・パーク
Paronella Park

222

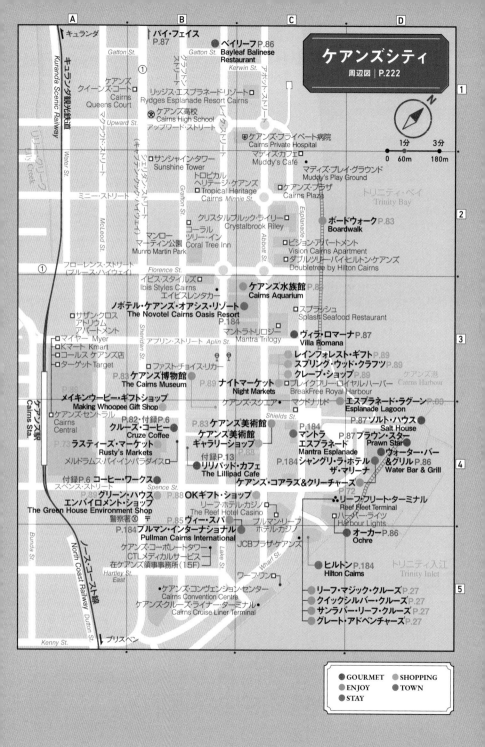

ケアンズシティ
周辺図｜P.222

1分　3分
0　60m　180m

A
キュランダ
Kuranda Scenic Railway
キュランダ観光鉄道
Water St.
Gatton St.
ケアンズ
クイーンズ・コート
Cairns
Queens Court
Upward St.
マグラウス・ストリート
McLeod St.
ミニー・ストリート
Minnie St.
マンロー
マーティン公園
Munro Martin Park
フローレンス・ストリート
（ブルース・ハイウェイ）
Florence St.

サザン・クロス
アトリウム
アパートメント
マイヤー Myer
Kマート Kmart
コールス ケアンズ店
ターゲット Target
P.83
ケアンズ・セントラル
Cairns
Central
P.73
ラスティーズ・マーケット
Rusty's Markets
メルドラムス・バイ・イン・パラダイス
付録P.6 コーヒー・ワークス
スペンス・ストリート
グリーン・ハウス
エンバイロメント・ショップ
The Green House Environment Shop
警察署
Bunda St.
North Coast Railway
ノース・コースト線
Dutton St.
Kenny St.
ブリスベン

B
バイ・フェイス
P.87
Gatton St.
ケアンズ
グラフトン・ストリート
リッジス・エスプラネード・リゾート
Rydges Esplanade Resort Cairns
ケアンズ高校
Cairns High School
アップワード・ストリート
サンシャイン・タワー
Sunshine Tower
トロピカル
ヘリテージ・ケアンズ
Tropical Heritage
Cairns Minnie St.
クリスタルブルック・ライリー
Crystalbrook Riley
コーラル
ツリー・イン
Coral Tree Inn
イビス・スタイルズ
Ibis Styles Cairns
エイビスレンタカー
ノボテル・ケアンズ・オアシス・リゾート
The Novotel Cairns Oasis Resort
P.184
アプリン・ストリート Aplin St.
ファスト・チョイス・リカー
P.83 ケアンズ博物館
The Cairns Museum
メイキンウーピー・ギフトショップ
Making Whoopee Gift Shop
P.82・付録P.6
クルーズ・コーヒー
Cruze Coffee
付録P.13
P.88 リリパッド・カフェ
The Lillipad Cafe
P.89 OKギフト・ショップ
リーフ・ホテル・カジノ
The Reef Hotel Casino
ヴィ・スパ P.85
プルマン・インターナショナル
Pullman Cairns International
ケアンズ・コーポレートタワー
CTLメディカルサービス
在ケアンズ領事事務所（15F）
ケアンズ・コンベンション・センター
Cairns Convention Centre
ケアンズ・クルーズ・ライナー・ターミナル
Cairns Cruise Liner Terminal

C
ベイリーフ P.86
Bayleaf Balinese
Restaurant
Kerwin St.
ケアンズ・プライベート病院
Cairns Private Hospital
マディズ・カフェ
Muddy's Café
ケアンズ・プラザ
Cairns Plaza
ケアンズ水族館
Cairns Aquarium
スプラッシュ
Splash Seafood Restaurant
ヴィラ・ロマーナ P.87
Villa Romana
レインフォレスト・ギフト P.89
スプリング・ウッド・クラフツ P.89
クレープ・ショップ P.89
ブレイクフリー・ロイヤル・ハーバー
BreakFree Royal Harbour
Shields St.
マクドナルド
マントラ
エスプラネード
Mantra Esplanade
P.184
シャングリ・ラ・ホテル
ザ・マリーナ
ナイトマーケット
Night Markets
P.89
ケアンズ・スクエア
ケアンズ美術館
ケアンズ美術館
ギャラリーショップ
ケアンズ・コアラズ＆クリーチャーズ
ブルマン・リーフ
ホテル・カジノ
JCBプラザ・ケアンズ
ワーフ・ワン
Lake St.
Wharf St.

D
ビジョン・アパートメント
Vision Cairns Apartment
ダブルツリー・バイ・ヒルトン・ケアンズ
Doubletree by Hilton Cairns
ボードウォーク P.83
Boardwalk
トリニティ・ベイ
Trinity Bay
ケアンズ港
Cairns Harbour
エスプラネード・ラグーン P.83
Esplanade Lagoon
P.87 ソルト・ハウス
Salt House
P.87 プラウン・スター
Prawn Star
ウォーター・バー
＆グリル P.86
Water Bar & Grill
P.72
リーフ・フリート・ターミナル
Reef Fleet Terminal
ハーバー・ライツ
Harbour Lights
オーカー P.86
Ochre
ヒルトン P.184
Hilton Cairns
トリニティ入江
Trinity Inlet
リーフ・マジック・クルーズ P.27
クイックシルバー・クルーズ P.27
サンラバー・リーフ・クルーズ P.27
グレート・アドベンチャーズ P.27

● GOURMET　● SHOPPING
● ENJOY　● TOWN
● STAY

223

ゴールドコーストの**市内交通**

マリンスポーツはもちろん、グルメやショッピングも楽しめる世界屈指のビーチリゾート。
公共交通機関を使いこなして、効率的に移動しよう。

ゴールドコーストのおもな交通
移動手段はコレ！

サーファーズ・パラダイスは徒歩でOK。ブロード・ビーチや
メイン・ビーチへは、Gリンクや路線バスを利用。

CHECK!
テーマパークへ行くのに便利

主要ホテルとおもなテーマパーク（▶P.100）を
結ぶバス。ホテルまで迎えに来てくれる。他
の乗客を拾うため途中でいくつかのホテルに
立ち寄るが、路線バスよりは早い。
● Con-X-ion **URL** www.con-x-ion.com

空港から市内へ

★**路線バス+Glink**：777番（サー
ファーズパラダイス方面行き）の
路線バスに乗車。終点で始発のG
リンクに乗り換えて市内へ。空港
からは約1時間ほどで料金は合
計A$6.30。

★**シャトルバス**：空港から各ホテルへ送迎し
てくれるシャトルバス。サーファーズ・パラダ
イスまでは約40分でA$32〜。
●コニクション Con-X-ion
URL www.con-x-ion.com

★**タクシー**：ゴールドコースト空
港からサーファーズ・パラダイス
までは、タクシーで約30〜40
分。料金は片道約A$70。

🚌 バス

白とグリーンの車体にKINETICのロゴが書かれたバスで、
観光に使える路線のほとんどは毎日運行。

料金	ゴー・カード利用A$2.84〜、シングルチケットA$5.10〜
運行時間	24時間（一部を除く）
支払方法	現金、ICカード

●キネティック ☎131230

市街全域を
カバー

詳しくは
P.225

🚋 Gリンク

ゴールドコーストの主要部を走る路面電車で、観光
にも利用しやすい。

料金	ゴー・カード利用A$2.84〜、シングルチケットA$5.10〜
運行時間	5:00〜24:00（週末は一部で24時間）
支払方法	現金、ICカード

● G:LINK ☎131230 **URL** www.ridetheg.com.au

スタイリッシュ
な車体

🚕 タクシー

流しのタクシーはつかまえにくいので、タクシー乗
り場から乗車するか、電話で呼ぶ。

料金	A$3.40〜
運行時間	24時間
支払方法	現金、クレジットカード

●ブラック&ホワイト・キャブ ☎133222
URL www.blackandwhitecabs.com.au

🚌 キネティックバス　Kinetic Bus

ゴールドコースト全域をカバー

北はサンクチュアリ・コーヴ、ドリームワールドから南はクーラン
ガッタ、ツイードヘッズまでをカバーするキネティックバス。運行
時間はルートによって異なるが6時〜22時頃まで。主要ルートで
は24時間運行している路線もある。

バスの乗り方

1 乗り場を探す

路線図は観光案内所で入手できるほ
か、停留所にもルートマップが設置され
ている。現在位置から最寄りのバス停
を探すには、クイーンズランド州の交通
アプリ「MyTransLink」(▶P.98)をダウン
ロードしておくと便利。

2 切符購入

料金はゾーン制。バスが来たら前のド
アから乗り込み、ドライバーに行き先を
伝えて料金を支払う。プリペイドのゴー
カードを使えば、割安になる。ゴーカー
ドを使用する場合は、運転席横の読み
取り装置にタッチする。

3 乗車と降車

下車するバス停の手前で降車ボタンを
押し、後方ドアから降りる。停留所がよ
くわからない場合は、目的地に着いたら
教えてもらえるように、ドライバーに伝
えておこう。ゴーカード使用の場合は、
タッチして降りる。

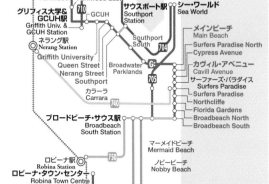

キネティックバス主要路線図
Gリンク路線図

ブリスベン
クーメラ駅
Coomera Station
パラダイス・ポイント
Paradise Point
ハーバー・タウン
Harbour Town
ビッゲラ・ウォーターズ
Biggera Waters
ヘレンズヴェール駅
Helensvale Station
Parkwood
Parkwood East
ラブラドール
Labrador
グリフィス大学&
GCUH駅
Griffith Univ. &
GCUH Station
GCUH
サウスポート駅
Southport Station
シー・ワールド
Sea World
ネラング駅
Nerang Station
Griffith University
Queen Street
Nerang Street
Southport
Southport South
メインビーチ
Main Beach
Surfers Paradise North
Cypress Avenue
カヴィル・アベニュー
Cavill Avenue
サーファーズ・パラダイス
Surfers Paradise
Broadwater
Parklands
カラーラ
Carrara
Surfers Paradise
Northcliffe
Florida Gardens
Broadbeach North
Broadbeach South
ブロードビーチ・サウス駅
Broadbeach South Station
マーメイドビーチ
Mermaid Beach
ロビーナ駅
Robina Station
ロビーナ・タウン・センター
Robina Town Centre
ノビービーチ
Nobby Beach
マイアミ
Miami
ヴァーシティ・レイクス駅
Versity Lakes Station
バーレーヘッズ
Burleigh Heads
パームビーチ
Palm Beach
チューゲン
Tugun
クーランガッタ
Coolangatta
ゴールドコースト空港
Gold Coast Artport
ツイードヘッズ
Tweed Heads

凡例
キネティックバス
700
704
705
710
740
750
760
777
Gリンク
G:

★ルートは予告なく変更される場合がありますのでご確認ください。

切符の種類と値段

●ゴー・カード

ゴールドコーストやブリスベン周辺の
交通機関で利用できるプリペイドカー
ドで、通常より料金が3割程度安くな
る。平日の6:00〜8:30、15:30〜
19:00以外はオフピーク料金が適用さ
れ、さらに2割ほど割引。駅やコンビ
ニなどで購入でき、購入時にA$10の
デポジットが必要(カード返却時に返
金)。追加でチャージ可能。

●ゴー・エクスプロア・カード

ゴールドコーストとサンシャインコース
トで使える1日乗り放題カード。コン
ビニなどの売店で入手し(無料)、G
リンクの停留所などにある機械で
A$10を入金すると使用できる。使い
方は日本のSuicaなどと同じで、乗車
と降車時にタッチするだけ。

ゾーン	シングル	ゴー・カード	オフピーク
1	A$5.10	A$3.55	A$2.84
2	A$6.30	A$4.34	A$3.47
3	A$9.60	A$6.63	A$5.30
4	A$12.60	A$8.72	A$6.98
5	A$16.60	A$11.46	A$9.17
6	A$21.10	A$14.55	A$11.64
7	A$26.20	A$18.10	A$14.48
8	A$31.10	A$21.48	A$17.18

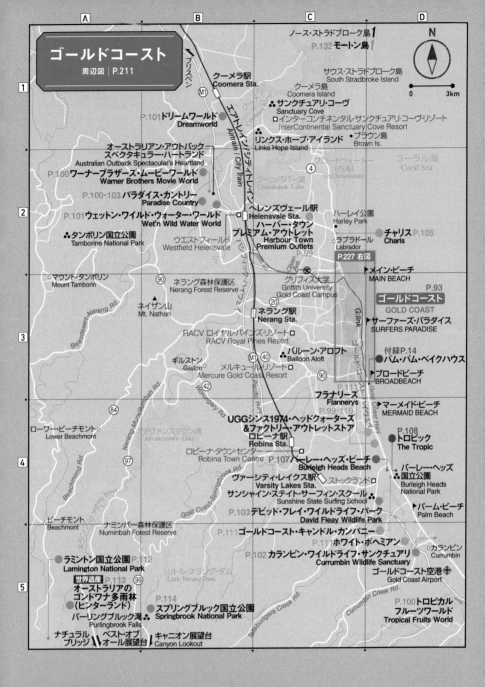

ゴールドコースト

周辺図 | P.211

ノース・ストラドブローク島 1
P.132 モートン島

クーメラ駅
Coomera Sta.

サウス・ストラドブローク島
South Stradbroke Island

クーメラ島
Coomera Island

P.101 ドリームワールド
Dreamworld

サンクチュアリ・コーヴ
Sanctuary Cove

インターコンチネンタル・サンクチュアリ・コーヴ・リゾート
InterContinental Sanctuary Cove Resort

ブラウン島
Brown Is.

オーストラリアン・アウトバック・
スペクタキュラー・ハートランド
Australian Outback Spectacular's Heartland

リンクス・ホープ・アイランド
Links Hope Island

コーラル海
Coral Sea

P.100 ワーナーブラザーズ・ムービーワールド
Warner Brothers Movie World

ブロードウォーター（内海）
The Broadwater

クーンバンバ湖
Coombabah Lake

P.100・103 パラダイス・カントリー
Paradise Country

P.101 ウェットン・ワイルド・ウォーター・ワールド
Wet'n Wild Water World

ヘレンズヴェール駅
Helensvale Sta.

ハーレイ公園
Harley Park

チャリス P.105
Charis

♣ タンボリン国立公園
Tamborine National Park

ハーバー・タウン
プレミアム・アウトレット
Harbour Town
Premium Outlets

ラブラドール
Labrador

ウエストフィールド・ヘレンズヴェール
Westfield Helensvale

P.227 右図

メイン・ビーチ
MAIN BEACH

マウント・タンボリン
Mount Tamborin

ネラング森林保護区
Nerang Forest Reserve

グリフィス大学
ゴールドコースト・キャンパス
Griffith University
Gold Coast Campus

ゴールドコースト P.93
GOLD COAST

ネイザン山
Mt. Nathan

ネラング駅
Nerang Sta.

サーファーズ・パラダイス
SURFERS PARADISE

RACV ロイヤル・パインズ・リゾート
RACV Royal Pines Resort

バルーン・アロフト
Balloon Aloft

付録P.14
バム・バム・ベイクハウス

ギルストン
Gilston

メルキュール・リゾート
Mercure Gold Coast Resort

ブロードビーチ
BROADBEACH

ローワー・ビーチモント
Lower Beachmont

フラナリーズ
Flannerys
P.99・110

マーメイド・ビーチ
MERMAID BEACH

UGGシンス1974・ヘッドクォーターズ
＆ファクトリー・アウトレットストア

ロビーナ駅
Robina Sta.

P.108 トロピック
The Tropic

ビーチモント
Beachmont

ロビーナ・タウン・センター
Robina Town Centre P.107

バーレー・ヘッズ・ビーチ
Burleigh Heads Beach

バーレー・ヘッズ
国立公園
Burleigh Heads
National Park

ヴァーシティ・レイクス駅
Varsity Lakes Sta.

ストックランド

サンシャイン・ステイト・サーフィン・スクール
Sunshine State Surfing School

パーム・ビーチ
Palm Beach

ナミンバー森林保護区
Numinbah Forest Reserve

P.103 デビッド・フレイ・ワイルドライフ・パーク
David Fleay Wildlife Park

ゴールドコースト・キャンドル・カンパニー P.111

ホワイト・ボヘミアン

ラミントン国立公園 P.112
Lamington National Park

P.102 カランビン・ワイルドライフ・サンクチュアリ
Currumbin Wildlife Sanctuary

カランビン
Currumbin

世界遺産 P.113
オーストラリアの
ゴンドワナ多雨林
（ヒンターランド）

リトル・ネラング・ダム
Little Nerang Dam

ゴールドコースト空港
Gold Coast Airport

パーリングブルック滝
Purlingbrook Falls

P.114
スプリングブルック国立公園
Springbrook National Park

P.100 トロピカル
フルーツワールド
Tropical Fruits World

ナチュラル
ブリッジ

ベスト・オブ・
オール展望台

キャニオン展望台
Canyon Lookout

0   3km

リバーシティを上手に移動 ブリスベンの**市内交通**

蛇行する川の周囲に街が広がるブリスベン。
リバーシティだけあって、フェリーとバスをうまく使うのが移動のコツ。

ブリスベンのおもな交通 移動手段はコレ！

バスやフェリーなどの公共交通機関をフル活用するなら、
交通ICカード「ゴー・カード」を入手しよう。

CHECK!
ブリスベンからゴールドコーストへ

Gリンクを利用すると、ヘレンズベイル駅からゴールドコーストの主要エリアまで約40分、A$3.55。シティトレイン利用では、ブリスベン・セントラル駅からヘレンズベイル駅まで70分、A$11.46（いずれもゴー・カード利用時）。

空港から市内へ

★エアトレイン：国内線ターミナル～国際線ターミナル～ブリスベン市内を結ぶ鉄道で、早朝から22時頃まで15～30分おきに運行。

●エアトレイン
URL www.airtrain.com.au

★シャトルバス：空港からブリスベン市内の各ホテルへ送迎してくれるシャトルバス。片道A$30～、所要25～40分ほど。

●コニクション
URL www.con-x-ion.com

★タクシー：乗り場は国内線ターミナルの正面と、国際線ターミナルの2階正面。空港から利用する場合はA$4.54の空港利用料が加算される。

●ブラック＆ホワイト・キャブ
URL www.blackandwhitecabs.com.au

🚍市バス

トランスリンクが統括するブリスベンの市バス。市内と近郊に広大なネットワークを持っている。

料金	ゴー・カード利用A$2.84～、シングルチケットA$5.10～
運行時間	5:00～24:00くらい
支払方法	現金、ICカード

● translink ☎ 131230 **URL** translink.com.au

バスが来たら手を上げて

🚢フェリー

ブリスベン川を行き来する3種類のフェリーがあり、対岸に渡るのに便利。シティホッパーは無料。

料金	ゴー・カード利用A$2.84～、シングルチケットA$5.10～
運行時間	6:00～24:00くらい
支払方法	現金、ICカード

● translink ☎ 131230
URL translink.com.au

乗船の際は行き先を確認

🚆シティトレイン

市内と近郊を結ぶ電気鉄道で、6つの路線がある。ローマ・ストリート駅やセントラル駅はバスとの乗り換えも便利。

料金	ゴー・カード利用A$2.84～、シングルチケットA$5.10～
運行時間	5:00～24:00くらい
支払方法	現金、ICカード

● translink ☎ 131230 **URL** translink.com.au

空港にも行ける

🚕 タクシー

タクシー乗り場から乗車するか、ホテルやレストランで呼んでもらう。その場合は予約料A$1.70が加算される。

料金	A$3.40 〜
運行時間	24時間
支払方法	現金、クレジットカード

流しのタクシーはない

🚌 シティループ

シティを巡る無料の巡回バス。時計回りで走る40番と反時計回りで走る50番の2路線あり、観光にも便利。

料金	無料
運行時間	7:00 〜18:00くらい

赤い車体が目印

シティループ路線図

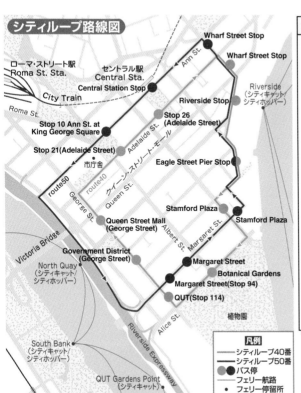

Wharf Street Stop
Wharf Street Stop
ローマ・ストリート駅 Roma St. Sta.
セントラル駅 Central Sta.
Central Station Stop
City Train
Riverside（シティキャット/シティホッパー）
Riverside Stop
Roma St.
Stop 10 Ann St. at King George Square
Stop 26 (Adelaide Street)
Stop 21(Adelaide Street)
市庁舎
Eagle Street Pier Stop
route50
route40
Queen St.
George St.
Stamford Plaza
Queen Street Mall (George Street)
Stamford Plaza
Government District (George Street)
Victoria Bridge
North Quay（シティキャット/シティホッパー）
Margaret Street
Botanical Gardens
Margaret Street(Stop 94)
QUT(Stop 114)
植物園
South Bank（シティキャット/シティホッパー）
Riverside Expressway
Alice St.
QUT Gardens Point（シティキャット）

凡例
— シティループ40番
— シティループ50番
●● バス停
— フェリー航路
・ フェリー停留所

お得なゴー・カード

ブリスベンやゴールドコースト周辺の公共交通機関で利用できるプリペイドカード。料金はゾーン制で、8つに分けられたゾーンのうち、いくつかのゾーンを通過するかで運賃が決められている。これを使うと運賃が通常の3割程度安くなるうえ、平日の6:00〜8:30、15:30〜19:00以外はオフピーク運賃が適用され、さらに2割ほど割引となる。購入やチャージは駅やコンビニなどで。購入にはA$10のデポジットが必要だが、カード返却時に返金される。何度も公共交通機関を利用する場合は入手するのがおすすめ。

● Go Card **URL** translink.com.au/tickets-and-fares/go-card

フェリーを使ってみよう

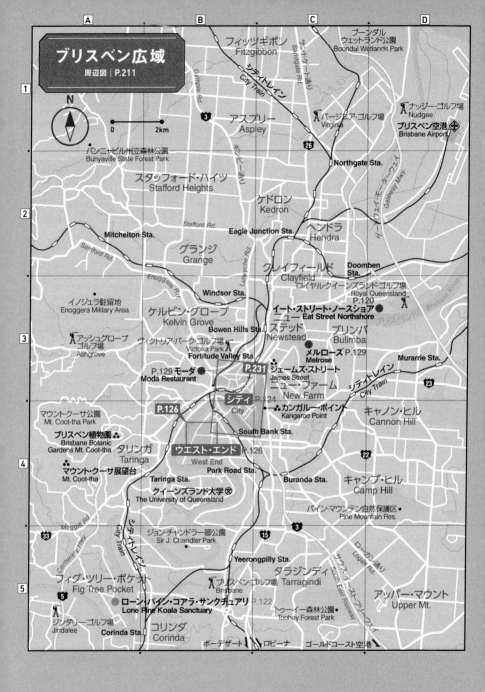

ブリスベン広域
周辺図 | P.211

N
0　2km

P.211

フィッツギボン
Fitzgibbon

ブーンダル
ウェットランド公園
Boondal Wetlands Park

シティトレイン
City Train

アスプリー
Aspley

バージニア・ゴルフ場
Virginia

ナッジー・ゴルフ場
Nudgee

ブリスベン空港
Brisbane Airport

バンニャビル州立森林公園
Bunyaville State Forest Park

Northgate Sta.

スタッフォード・ハイツ
Stafford Heights

ケドロン
Kedron

ヘンドラ
Hendra

Mitchelton Sta.

Stafford Rd.

Eagle Junction Sta.

グランジ
Grange

Sanford Rd.

クレイフィールド
Clayfield

Doomben
Sta.

ロイヤル・クイーンズランド・ゴルフ場
Royal Queensland
P.120

Enoggera Rd.

Windsor Sta.

イノジェラ駐留地
Enoggera Military Area

ケルビン・グローブ
Kelvin Grove

Lutwyche Rd.

イート・ストリート・ノースショア
Eat Street Northshore

ニュー・
ステッド
Newstead

ブリンバ
Bulimba

アッシュグローブ
ゴルフ場
Ashgrove

Bowen Hills Sta.

ヴィクトリア・パーク・ゴルフ場
Victoria Park

Fortitude Valley Sta.

メルローズ
Melrose
P.129

Murrarie Sta.

P.129 モーダ
Moda Restaurant

P.231

ジェームズ・ストリート
James Street

シティトレイン
City Train

23

ニュー・ファーム
New Farm

シティ
City
P.124

P.126

カンガルー・ポイント
Kangaroo Point

キャノン・ヒル
Cannon Hill

マウント・クーサ公園
Mt. Coot-tha Park

ブリスベン植物園
Brisbane Botanic
Gardens Mt. Coot-tha

タリンガ
Taringa

South Bank Sta.

ウエスト・エンド
West End
P.126

22

マウント・クーサ展望台
Mt. Coot-tha

Taringa Sta.

Park Road Sta.

Buranda Sta.

キャンプ・ヒル
Camp Hill

クイーンズランド大学
The University of Queensland

パイン・マウンテン自然保護区
Pine Mountain Res.

Moggill Rd.

33

ジョン・チャンドラー郷公園
Sir J. Chandler Park

15

3

ローガン通り
Logan Rd.

フィグ・ツリー・ポケット
Fig Tree Pocket

5

Yeerongpilly Sta.

タラジンディ
Tarragindi

アッパー・マウント
Upper Mt.

ジンダリー・ゴルフ場
Jindalee

ローン・パイン・コアラ・サンクチュアリ
Lone Pine Koala Sanctuary

ブリスベン・ゴルフ場
Brisbane
P.122

トゥーイー森林公園
Toohey Forest Park

コリンダ
Corinda

Corinda Sta.

ボーデザート　ロビーナ　ゴールドコースト空港

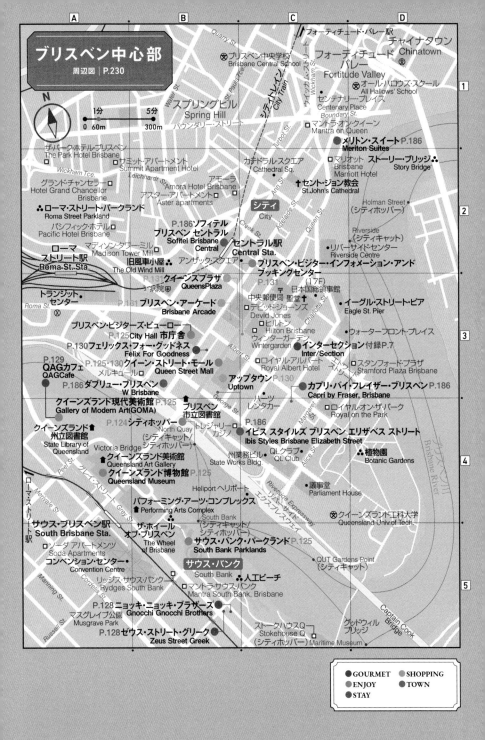

ブリスベン中心部

周辺図｜P.230

N

1分　5分
0　60m　300m

フォーティテュード・バレー駅
フォーティテュード
バレー
Fortitude Valley

チャイナタウン
Chinatown

ブリスベン中央学校
Brisbane Central School

オール・ハロウズ・スクール
All Hallows' School

センテナリー・プレイス
Centenary Place

マントラ・オン・クイーン
Mantra on Queen

メリトン・スイート P.186
Meriton Suites

ストーリー・ブリッジ
Story Bridge

スプリング・ビル
Spring Hill

バウンダリー・ストリート

ザ・パーク・ホテル・ブリスベン
The Park Hotel Brisbane

サミット・アパートメント
Summit Apartment Hotel

グランド・チャンセラー・ブリスベン
Hotel Grand Chancellor Brisbane

アモーラ
Amora Hotel Brisbane

アスター・アパートメント
Aster apartments

ローマ・ストリート・パークランド
Roma Street Parkland

パシフィック・ホテル
Pacific Hotel Brisbane

ローマ
ストリート駅
Roma-St. Sta.

マディソン・タワー・ミル
Madison Tower Mill

旧風車小屋
The Old Wind Mill

トランジット・
センター

カテドラル・スクエア
Cathedral Sq.

セント・ジョン教会
St.John's Cathedral

シティ
City

マリオット
Brisbane Marriott Hotel

ホルマン・ストリート
Holman Street
（シティホッパー）

リバーサイド
（シティキャット）

リバーサイド・センター
Riverside Centre

ブリスベン・ビジター・インフォメーション・アンド
ブッキングセンター

P.186ソフィテル
ブリスベン セントラル
Sofitel Brisbane Central

セントラル駅
Central Sta.

P.131
（17F）
日本国総領事館

中央郵便局 聖堂
デビッド・ジョーンズ
Devid Jones

イーグル・ストリート・ピア
Eagle St. Pier

ウォーターフロント・プレイス

クイーンズプラザ
QueensPlaza

P.131
病院

ブリスベン・アーケード
Brisbane Arcade

ヒルトン
Hilton Brisbane

ウィンターガーデン
Wintergarden

インターセクション 付録P.7
Inter/Section

スタンフォード・プラザ
Stamford Plaza Brisbane

ブリスベン・ビジターズ・ビューロー
P.125 City Hall 市庁舎

P.130フェリックス・フォー・グッドネス
Felix For Goodness

ロイヤル・アルバート・ホテル
Royal Albert Hotel

P.129 QAGカフェ
QAGCafe

P.125・130 クイーン・ストリート・モール
Queen Street Mall

メルキュール

アップタウン P.130
Uptown

カプリ・バイ・フレイザー・ブリスベン P.186
Capri by Fraser, Brisbane

P.186 ダブリュー・ブリスベン
W Brisbane

ブリスベン
市立図書館

シティ
レンタカー

ロイヤル・オン・ザ・パーク
Royal on the Park

クイーンズランド現代美術館 P.125
Gallery of Modern Art(GOMA)

P.124シティホッパー
North Quay
（シティキャット／
シティホッパー）

トレジャリー・
カジノ

イビス スタイルズ ブリスベン エリザベス ストリート
Ibis Styles Brisbane Elizabeth Street

クイーンズランド
州立図書館
State Library of Queensland

Victoria Bridge

クイーンズランド美術館
Queensland Art Gallery

QLクラブ・
QL Club

州業務ビル
State Works Bldg.

植物園
Botanic Gardens

クイーンズランド博物館
Queensland Museum

Heliport ヘリポート

議事堂
Parliament House

パフォーミング・アーツ・コンプレックス
Performing Arts Complex

ザ・ホイール・オブ・ブリスベン
The Wheel of Brisbane

South Bank
（シティキャット／
シティホッパー）

サウス・バンク・パークランド P.125
South Bank Parklands

クイーンズランド工科大学
Queensland Univ. of Tech.

サウス・ブリスベン駅
South Brisbane Sta.

ソーダ アパートメンツ
Soda Apartments

コンベンション・センター・
Convention Centre

リッジス・サウス・バンク
Rydges South Bank

サウス・バンク
South Bank

人工ビーチ

マントラ・サウス・バンク
Mantra South Bank, Brisbane

QUT Gardens Point
（シティキャット）

P.128 ニョッキ・ニョッキ・ブラザーズ
Gnocchi Gnocchi Brothers

マスグレイブ公園
Musgrave Park

P.128 ゼウス・ストリート・グリーク
Zeus Street Greek

ストークハウスQ
Stokehouse Q
（シティホッパー）

グッドウィル・ブリッジ
Maritime Museum

GOURMET　SHOPPING
ENJOY　TOWN
STAY

トラムで街を
ひと巡り

メルボルンの 市内交通

トラム、鉄道、バスなどの公共交通機関が市内を網羅しているメルボルン。
中心部のトラムは無料で乗車できるなど、旅行者も移動しやすく便利。

メルボルンのおもな交通
移動手段はコレ！

市内を網羅する公共交通機関はPTV（パブリック・トランスポート・ビクトリア）が運営。中心部のトラムは無料で利用できる。

CHECK!
市内観光を効率的に
市内の主な観光名所を巡る2階建ての赤いダブルデッカーバス。毎日9:30〜18:00の間、40分間隔で運行。
● City Sightseeing Melbourne
URL www.citysightseeing.melbourne

空港から市内へ

★スカイバス：市内のサザンクロス駅まで10〜15分間隔で運行。所要30〜45分で片道A$23.90。チケットはオンラインのほか、T1/T3/T4にあるチケットブースで購入する。サザンクロス駅からはミニバスに乗り換えて目的地へ。空港へ向かう場合は、サザンクロス駅にある券売機(クレジットカード決済のみ)でチケットを購入。夜間は約30分おきに運行している。

★タクシー：T1の到着ロビーを出たところとT4にタクシー乗り場があり、スーパーバイザーと呼ばれる整理の係員に従って順番待ちをする。シティ中心部までは約30分、料金の目安はだいたいA$60〜70。

🚋 トラム
メルボルン市内を広範囲に走るトラム。路線トラム（メトロポリタン・トラム）と、シティを巡回する無料のシティ・サークル・トラムがある。

料金	A$5.30 〜（無料区域あり）
運行時間	5:00 〜深夜
支払方法	ICカード

● PTV NETWORK **URL** www.ptv.vic.gov.au

観光にも使い勝手がいい

詳しくは
P.233

🚌 バス
シティ内はトラムがほぼ網羅しているので、バスの利用機会はあまりないが、郊外へ向かう場合に便利。

料金	A$5.30 〜
運行時間	5:00 〜22:00くらい
支払方法	ICカード

● PTV NETWORK **URL** www.ptv.vic.gov.au

郊外へ行く時に使える

🚆 電車
環状線のシティ・ループが、中心部の主要な5つの駅を結んでいる。郊外へは、フリンダース・ストリート駅やサザン・クロス駅から乗車。

料金	A$5.30 〜
運行時間	5:00 〜24:00くらい
支払方法	ICカード

● PTV NETWORK **URL** www.ptv.vic.gov.au

扉は手動

🚃 トラム　Tram

メルボルン市内観光の要

●メトロポリタン・トラム

行き先別に運行するトラム。白ベースの車体に緑のラインの新型車両と、レトロな旧型車両がある。市内中心部の一定区域（下記の路線図のフリートラムゾーン）であれば、どの路線でも乗車は無料。無料区域内であればマイキーは不要だが、乗車または降車が無料区域外になる場合は、マイキーを読み取らせておかないとペナルティになるので注意。

●シティ・サークル・トラム

ワインレッドでレトロなデザインの巡回トラム。全区間を無料で乗れるので、利用する旅行者が多い。

トラムの乗り方

1 トラムストップを探す

市内中心部では各交差点ごと、郊外では大きな交差点の近くの道の中央部にあることが多い。行きたい方向と同じ車線のトラムストップに並んで待つ。

2 乗車

乗りたい番号のトラムが近づいてきたら、路線番号と行き先を確認し、手を挙げて合図。乗降口では降りる人を待ってから乗ること。

3 降車

降りたいトラムストップが近づいたら、ブザーを押すか、天井の近くにあるひもを引いて運転手に知らせる。新車両のドアは自動で開くが、旧車両では降車ドアの横にあるボタンを押さないと開かないことも。

カードの種類と値段

●マイキーカード

メルボルンのトラム、バス、電車に乗るには、パブリック・トランスポート・ビクトリアが発行しているカード「マイキー（myki）」が必要。カードはA$6で購入、A$1からチャージできる。チャージは、駅やトラムストップの専用機でもできる。

マイキーは日本のSuicaなどと同様のチャージ式カード。クレジットがなくなれば、駅やトラムスポットに備えてある専用機で繰り返しチャージ（Top Up）できる。料金不足にならないよう、事前に確認しておこう。

2hour myki money

2時間以内乗り降り自由。ゾーン1+2はA$5.30、ゾーン2のみの利用はA$3.30。平日7時15分までは無料。

Daily myki money

利用したゾーン内でのみ、当日の運行終了時間までの間は乗り降り自由。ゾーン1＋2はA$10.60。

購入できる場所

PTVハブ（▶MAP P.235 B-5）やコンビニ、主要な駅で購入できる。

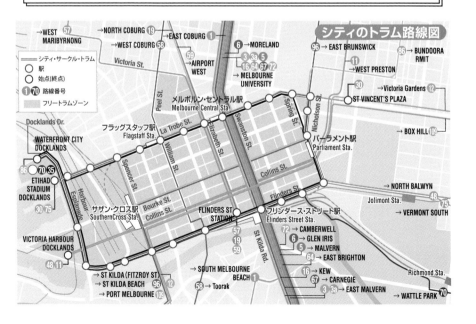

シティのトラム路線図

メルボルン

周辺図｜左下図

| | A | B | C | D |

A
- フッツクレイ Footscray
- マコウレイ駅 Macaulay Sta.
- 貨物輸送 ターミナル駅
- P.146 オークション・ルーム
- P.143 クイーン・ビクトリア・マーケット Queen Victoria Market
- ノース・メルボルン駅 North Melbourne Sta.
- ザ・ディストリクト The District ドックランズ Docklands
- ドックランズ Docklands
- ポート・メルボルン Port Melbourne
- J.L.マーフィー公園 J L Murphy Reserve
- ラグーン公園 Lagoon Reserve
- アルバート・パーク Albert Park

メルボルン動物園 Melbourne Zoo
メルボルン共同墓地 General Cemetery
王立公園 Royal Park
王立公園 Royal Park
王立メルボルン病院 Royal Melbourne Hospital
セブン・シーズ
カールトン Carlton
世界遺産 P.140
王立展示館 Royal Exhibition Building
イビス
バスターミナル
フラッグスタッフ・ガーデンズ Flagstaff Gardens
Hotel Ibis Melbourne
コーチ・ターミナル
マーベル・スタジアム
シティ City
セント・ポールズ聖堂
サザン・クロス駅
シー・ライフ・メルボルン水族館 Sea Life Melbourne Aquarium
ウェブ・ブリッジ Webb Bridge
メルボルン・コンベンション＆ エキシビション・センター
メルボルンスタイル Melbournestyle
付録P.5 セント・アリ St. Ali
付録P.12 ケトル・ブラック Kettle Black
セント・ヴィンセント庭園 St. Vincent Gardens
プリンダーズ ストリート駅
NGV国立美術館 NGV International
キングス・ドメイン King's Domain
王立植物園 Royal Botanic Gardens
ジャーデン・タン
ボタニカル・ホテル・ブラッセリー The Botanical Hotel Brasserie
ブラックマン The Blackman
アルバート公園 Albert Park
アルバート・パーク・サーキット Albert Park Circuit
パークビュー・ホテル
プルマン・メルボルン・ アルバート・パーク Pullman Melbourne Albert Park

ラッシュオール駅 Rushall Sta.
エディンバラ庭園 Edinburgh Gardens
ダーリング庭園 Darling Gardens
フィッツロイ Fitzroy
世界遺産
カールトン・ガーデン Carlton Gardens
メルボルン博物館 Melbourne Museum
カトラー＆コー P.147 Cutler & Co.
セント・パトリックス大聖堂 St. Patrick's Cathedral
フィッツロイ・ガーデン Fitzroy Gardens
ジョリモント駅 Jolimont Sta.
メルボルン・クリケット・グラウンド
P.143
メルボルン＆ オリンピック公園
P.146 トップ・パドック Top Paddock
ラックスバイト LuxBite
フォークナー公園 Fawkner Park
コーヒー 付録P.5
ウィンザー駅 Windsor Sta.
アルマ公園 Alma Park
プリンス The Prince
セント・キルダ St. Kilda
ルナ・パーク・メルボルン Luna Park Melbourne
セント・キルダ植物園 St. Kilda Botanical Gdns.
エルウッド Elwood

クリフトン・ヒル駅 Clifton Hill Sta.
クリフトン・ヒル Clifton Hill
ヤラ・ベンド Yarra Bend
ビクトリア・パーク駅 Victoria Park Sta.
スタッドリー公園 Studley Park
コリンウッド駅 Collingwood Sta.
ノース・リッチモンド駅 North Richmond Sta.
ウエスト・リッチモンド駅 West Richmond Sta.
タウン・ホール Town Hall
リッチモンド駅 Richmond Sta.
リッチモンド Richmond
イースト・リッチモンド駅 East Richmond Sta.
バーンリー駅 Burnley Sta.
サウス・ヤラ駅 South Yarra Sta.
コモ・パーク Como Park
コモ・センター Como Centre
ジャム・ファクトリー Jam Factory
ホークスバーン駅 Hawksburn Sta.
プラーン・マーケット Prahran Market
プラーン駅 Prahran Sta.
マーケット・レーン Market Lane Coffee
ウィンザー Windsor
プラーン Prahran
セント・キルダ・ イースト St. Kilda East
バラクラーヴァ駅 Balaclava Sta.
バラクラーヴァ Balaclava

メルボルン周辺

周辺図｜P.211

- ドメイン・シャンドン P.158 オーストラリア ドミニク・ポルテ P.158
- ヤラ・バレー
- タラマリン国際空港 上図
- P.133 メルボルン Melbourne
- ダンデノン丘陵 Dandenong Ranges
- パッフィン・ビリー蒸気機関車 P.159
- ケープ P.157 オトウェイ灯台
- フィリップ島 P.160 Phillip Island
- グレート・オーシャン・ロード P.156 Great Ocean Road

N
0 ——— 1km

N
0 ——— 50km

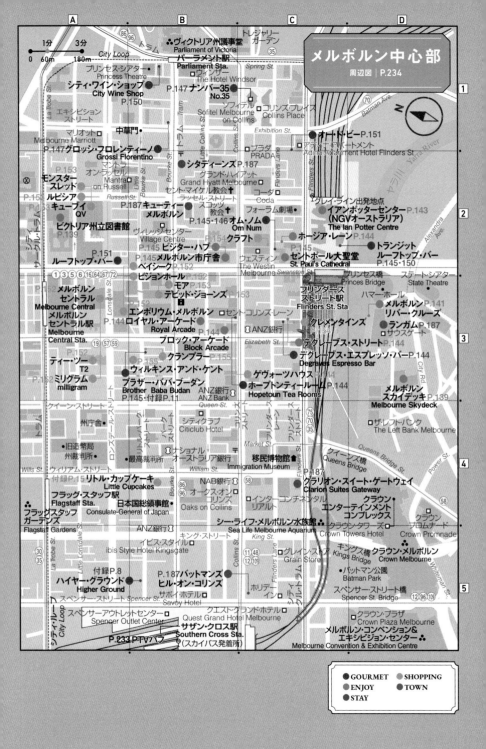

パースの 市内交通

パース市内は電車、バス、フェリーなどを利用して移動できる。
公共交通機関を多く使う場合は、ICカードのスマートライダーがあると便利。

パースのおもな交通
移動手段はコレ！

市内を網羅する公共交通機関はTransperth（トランスパース）が運営。中心部を運行するバスは無料で利用できる。

CHECK!

乗り降り自由な観光バス

キングス・パークやパース造幣局など、おもな観光名所を巡る2階建ての赤いダブルデッカーバス。毎日9～16時の間、1時間おきに運行。日本語音声ガイドを聞きながら約1時間半巡る。

空港から市内へ

★エアポートライン：2022年10月に空港までの路線が開通した電車で、市内中心部にあるパース駅までは約20分（片道A\$5.10）。早朝から日中は約15分おき、夜間は約30分おきに運行。

★路線バス：市内と空港を結ぶ路線バスはルート292、940など、乗車時に直接ドライバーから購入。終点のエリザベス・キーまで40～50分、A\$5.10。

★タクシー：乗り場は空港の各ターミナルの到着ロビーを出たところにある。シティ中心部までの所要時間は、約20～30分で片道A\$40～50。

● スワン・タクシー
URL swantaxis.com.au

🚌 バス

バス路線が市内の広範囲を網羅。中心部には無料で乗車できる区間があるほか、無料バスCATもある。

料金	A\$2.30 ～（無料区域あり）
運行時間	6:00 ～24:00くらい
支払方法	現金、ICカード

外観がユニークなキャットバス

🚆 電車

電車はフリーマントルへ行くのに便利。中心部のパース駅、パースアンダーグラウンド駅を発着する電車は6路線ある。

料金	A\$2.30 ～
運行時間	5:00 ～24:00くらい
支払方法	現金、ICカード

無料区間あり

詳しくは
P.237

⛴ フェリー

エリザベス・キー・ジェティと、対岸のサウス・パースにあるメンズ・ストリート・ジェティ間を片道約10分で結ぶ。

料金	A\$2.30 ～
運行時間	6:30 ～21:00くらい
支払方法	現金、ICカード

対岸のサウス・パースへ

🚈電車 Train

市内中心部にあるパース駅とパースアンダーグラウンド駅を発着する電車は全部で6路線（下記）。フリーマントル線は終着駅がフリーマントルとなり、個人で観光する際に多くの人が利用している。

ジュンダラップ線：北部バトラーまで走る
フリーマントル線：パースとフリーマントル間を約30分で結ぶ
ミッドランド線：スワン・バレーのある東部まで続く路線
アーマデール／ソーンリー線：パースから南部の内陸部まで延びる路線
マンジュラ線：パースから南部マンジュラまでの約70kmを結ぶ
エアポート線：パース中心部からパース空港へアクセスできる

チケットの種類と値段

デイ・ライダー Day Rider 購入した日に終日利用できるチケット。使用する当日に駅の自動券売機で購入するか、バスの場合は運転手から買う。A$10.30。

ファミリー・ライダー Family Rider 平日の18時以降、金曜日の15時以降、または土・日曜、祝日の終日、7人までのグループで利用できる1日券で購入日のみ有効。A$10.30。

電車の乗り方

1 チケットかICカードを購入

券売機で切符を購入するか、スマートライダーを購入。スマートライダーは主要な駅の構内やキオスクなどで購入&チャージできる。

2 改札を通って乗車

改札では端末機にスマートライダーをタッチ（Tag on）する。忘れると無賃乗車者とみなされ、罰金が課せられるので注意。駅構内の案内モニターで行きたい駅の出発時間を確認。乗りたい電車が近づいてきたら、行き先を確認して乗り込む。ドアの開閉は手動。

3 降車

降りる際はドア横のボタンを押して降車。改札で切符を駅員に見せるか、スマートライダーを端末機にタッチ（Tag off）する。

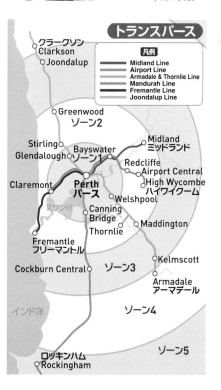
トランスパース

凡例
- Midland Line
- Airport Line
- Armadale & Thornlie Line
- Mandurah Line
- Fremantle Line
- Joondalup Line

クラークソン Clarkson
Joondalup
Greenwood ゾーン2
Stirling
Glendalough
Bayswater ゾーン1
Redcliffe
Midland ミッドランド
Airport Central
High Wycombe ハイワイクーム
Claremont
Perth パース
Welshpool
スワン川
Canning Bridge
Maddington
Thornlie
Fremantle フリーマントル
Kelmscott
Cockburn Central ゾーン3
Armadale アーマデール
インド洋
ゾーン4
ゾーン5
ロッキンハム Rockingham

トランスパース

トランスパースは、市内を網羅する鉄道やバス、フェリーなどの公共交通機関を運営する交通局。各交通機関の運賃はゾーン制を適用。パース市を中心とする同心円状の9つのゾーンを、移動する距離と時間で料金が決まる。シティ中心部のフリーゾーンは無料で利用できる。バスに乗る場合はドライバーに行き先を伝え、フリーゾーン内であれば、無料で乗車することができる。

● Transperth **URL** www.transperth.wa.gov.au

カードの種類と値段

● スマートライダー

パースの公共交通機関すべてに利用できるICカードで、現金で切符を購入するより10〜20%安くなる。各駅に併設されているトランスパース・インフォセンターや小売店などで購入でき、料金はA$10。購入時に最低A$10のチャージが必要。

使い方 日本のSuicaなどと同様で、駅やバスの中に備え付けられている専用の機械にかざすだけ。乗車時に機械にかざすことをTag on、降車時はTag offと呼ぶ。Tag onを忘れるとA$100の罰金、Tag offを忘れると同区間の最大運賃が引かれてしまうので注意します。チャージ式で、残高がなくなったらインフォセンターや駅の専用機で繰り返しチャージ（Top up）できる。バスのドライバーも対応してくれる。

カード代やチャージした料金は返金不可なので、あらかじめ計算してチャージする必要がある

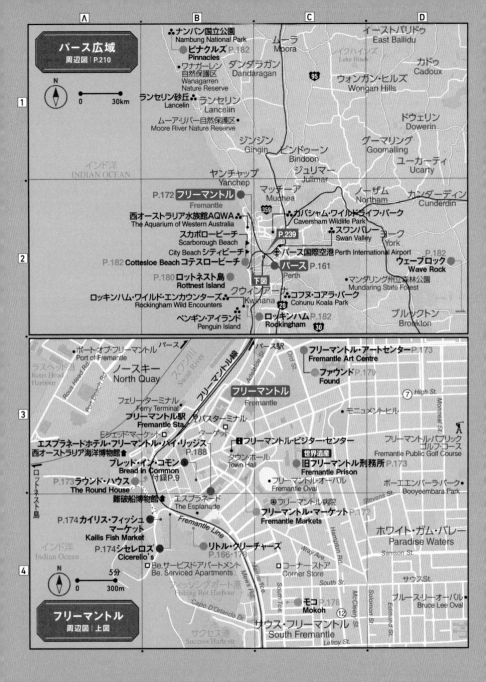

パース広域
周辺図 | P.210

N
0 ── 30km

A ♣ ナンバン国立公園
Nambung National Park
● ピナクルズ P.182
Pinnacles
● ワナガーレン
自然保護区
Wanagarren
Nature Reserve
♣ ランセリン砂丘 ● ランセリン
Lancelin Lancelin
● ムーア・リバー自然保護区 ●
Moore River Nature Reserve

ムーラ
Moora
ダンダラガン
Dandaragan

イーストバリドゥ
East Ballidu

レイクハインズ
Lake Hinds

95
ウォンガン・ヒルズ
Wongan Hills

カドゥ
Cadoux

ドゥウェリン
Dowerin

ジンジン
Gingin
ビンドゥーン
Bindoon
ジュリマー
Julimar

グーマリング
Goomalling

ユーカーティ
Ucarty

インド洋
INDIAN OCEAN

ヤンチャップ
Yanchep

ノーザム
Northam

カンダーディン
Cunderdin

P.172 フリーマントル
Fremantle
♣ 西オーストラリア水族館AQWA
The Aquarium of Western Australia
スカボロービーチ
Scarborough Beach
City Beach シティビーチ
P.182 Cottesloe Beach コテスロービーチ
P.180 ロットネスト島
Rottnest Island
ロッキンハム・ワイルド・エンカウンターズ ♣
Rockingham Wild Encounters
ベンギン・アイランド
Penguin Island

マッチェラ
Muchea
359
♣ カバシャム・ワイルドライフ・パーク
Caversham Wildlife Park
P.239
♣ スワンバレー
Swan Valley
パース国際空港 Perth International Airport
● パース P.161
Perth
下図
クウィナーナ
Kwinana
● コフヌ・コアラ・パーク
Cohunu Koala Park
20
● ロッキンハム P.182
Rockingham
30

ヨーク
York
P.182
● ウェーブロック
Wave Rock
● マンダリング州立森林公園
Mundaring State Forest

ブルックトン
Brookton

● ポート・オブ・フリーマントル パース川
Port of Fremantle
ノースキー
North Quay
ラスヘッド港
Rous Head
Harbour
フェリーターミナル
Ferry Terminal
フリーマントル駅
Fremantle Sta.
Eシェッド・マーケット
エスプラネードホテル・フリーマントル・バイ・リッジス
西オーストラリア海洋博物館 ♣
ブレッド・イン・コモン
Bread in Common
P.173 ラウンド・ハウス
The Round House
難破船博物館
P.174 カイリス・フィッシュ
マーケット
Kailis Fish Market
P.174 シセレロズ
Cicerello's
インド洋
Indian Ocean
N
0 ── 300m
5分

フリーマントル
周辺図 | 上図

スワン川
Swan River
フリーマントル線
バースターミナル
ターゲット
付録P.9
エスプラネード
The Esplanade
Fremantle Line
Be.サービスドアパートメント
Be. Serviced Apartments
フィッシングボート港
Fishing Bot Harbour
Capo D'Orlando Dr.
サクセス港
Success Harbour

パース駅
Adelaide St. Ord St.
フリーマントル
Fremantle
フリーマントル・ビジター・センター
タウン・ホール
Town Hall
世界遺産
旧フリーマントル刑務所 P.173
Fremantle Prison
フリーマントル・オーバル
Fremantle Oval
フリーマントル病院
フリーマントル・マーケット P.172
Fremantle Markets
● リトル・クリーチャーズ
P.166-173
コーナーストア
Corner Store
South St.
モコ P.178
Mokoh
サウス・フリーマントル
South Fremantle
Lefroy St.

● フリーマントル・アートセンター P.173
Fremantle Art Centre
● ファウンド P.179
Found
7 High St.
モニュメント・ヒル
フリーマントル・パブリック
ゴルフ・コース
Fremantle Public Golf Course
ボーエンバーラ・パーク
Booyeembara Park
Stevens St.
ホワイト・ガム・バレー
Paradise Waters
Samson St.
サウスSt.
ブルース・リー・オーバル
Bruce Lee Oval
12

シティセンター
周辺図 | P.238上図

N
1分 3分
0 60m 180m

A B C D

ウィリアム・トップ P.178
William Topp

53

ラッセル・スクエア
Russell Square

フローラ・アンド・ファウナ
Flora & Fauna

ハニーケーキ 付録P.15
The Honey Cake

ノースブリッジ
Northbridge

ドラゴン・パレス

ウィスク・クリーマリー P.177・付録P.14
Whisk Creamery

ジェネリクス・アーバン・アポセカリー
Generics Urban Apothecary

ウェルド・スクエア
Weld Square

P.188 アレックス・ホテル
Alex Hotel

RACアリーナ
RAC Arena

オールド・シャンハイ
Old Shanghai

サンチュロ

フリップ・サイド・バーガー P.177
Flipside Burgers

ダブルツリー・バイ・ヒルトン・パース・ノースブリッジ
P.188 Double Tree by Hilton Perth Northbridge

中華街

メカニクス・インスティテュート

フォーポイント・バイ・シェラトン
Four Points by Sheraton Perth

P.179 ラック・ローバー
Ruck Rover

西オーストラリア
図書館

西オーストラリア州立博物館
Western Australian Museum

ウェリントン・ストリート

パース現代美術館(PICA)
Perth Institute of Contemporary Arts

カルチュラル
センター

エンペラーズクラウン
Emperor's Crown

クエスト・ウエスト・エンド
Quest West End

パース・パスポート

西オーストラリア州立美術館 P.171
Art Gallery of Western Australia

プリンス・レーン
Plince Lane

コールス
Coles

ヤガン・スクエア
Yagan Square

マーガレット・リバー
チョコレートカンパニー
The Margaret River Chocolate Company

パース
アンダーグラウンド駅
Perth Underground Sta.

バース駅
Perth Sta.

マッカイヴァー駅
McIver Sta.

ウールワース
Woolworths

インターコンチネンタル

マントラ・オン・マレー
Mantra on Murray

プライスライン
Priceline

アディナ・アパートメント・ホテル・パース
バラック・プラザ

キングス・パーク
P.170 Kings Park

セントラル・パーク
Central Park

シティ
City

マレー・ストリート・モール P.171
Murray Street Mall

西オーストラリア州ビジターセンター
Western Australia Visitor Centre

日本語医療センター

キャリリオン・シティ

キューティー・パース P.188
QT Perth

パーメリア
ヒルトン
Perth Parmelia Hilton

ヘイ・ストリート・モール
Hay Street Mall

デヴィッド・ジョーンズ
David Jones

ロイヤル・パース病院
Royal Perth Hospital

サムエルズ・オン・ミル
Samuels On Mill
P.176

ロンドン・コート P.171
London Court

クライテリオン

パース市立図書館
City of Perth Library

セント・メアリーズ教会
St.Marys Cathedral

タウン・ホール
Town Hall

ザ・ウェスティン
The Westin Perth

アディナ
アパートメント・ホテル
Adina Apartment Hotel Perth

P.176 シー・レストラン
C Restaurant

ステイト・ビルディング
State Building

ヘイ・ストリート

メルキュール
Mercure Hotel Perth

キー・パース
Quay Perth

市議会場

中央
裁判所

西オーストラリア

HIS

メルキュール
パース・オン・ヘイ

コンベンション＆
エキシビションセンター
Convention &
Exhibition Centre

エリザベス・キー駅
Elizabeth Quay Sta.

ポスト P.171
Post

セント・ジョージズ・テラス

ドーム
Duxton
Hotel Perth

P.175 オイスター・バー
Oyster Bar

エリザベス・キー
Elizabeth Quay

スターリング
ガーデンズ

ペティション・キッチン P.177
Petition Kitchen

ダクストン

西オーストラリア最高裁判所
Supreme Court of
Western Australia

スー・ルイス・ショコラティエ
付録P.14 Sue Lewis Chocolatier

コンサート・ホール
Concert Hall

エリザベス・キー・ジェティ
Elizabeth Quay Jetty

ザ・アイランド・アット・エリザベス・キー
The Island at Elizabeth Quay

ベル・タワー
The Bell Tower

スプリーム・コート・ガーデンズ
Spreme Court Gardens

シティ・ウオーターズ
City Waters

サイクリングコース

スワンリバー
Swan River

P.175 リバーサイド・カフェ
Riverside Cafe

バラック
スクエア

P.175 ランブラ・オン・スワン

バラック・ストリートジェティ
Barrack Street Jetty

5

● GOURMET ● SHOPPING
● ENJOY ● TOWN
● STAY

知っておきたい 緊急時の**連絡リスト**

旅行中には思わぬトラブルが起こることもある。連絡先を確認して落ち着いて対処しよう。

緊急連絡先	日本大使館Embassy of Japan（キャンベラ）	☎02-6273-3244
	警察・消防・救急	☎000

公共サービス	翻訳・通訳サービス TIS	☎131450
	天気予報	☎1196

日本総領事館	ブリスベン	☎07-3221-5188
	シドニー	☎02-9250-1000
	メルボルン	☎03-9679-4510
	パース	☎08-9480-1800
	ケアンズ（領事事務所）	☎07-4051-5177

航空会社	カンタス航空	☎131313
	ジェットスター航空	☎131538
	ヴァージン・オーストラリア航空	☎136789
	日本航空（JAL）	☎1800-047-489
	ANA	☎1800-716-823

クレジットカード会社	アメリカン・エキスプレス	☎1800-553-155
	JCB	☎0011-800-0009-0009
	VISA	☎1800-555-648
	MasterCard	☎1800-120-113

日本語が通じる病院	タウンホール・クリニック・日本語医療サービス（シドニー）	☎1800-355-855
	日本語医療センター（パース）	☎08-9486-4733
	CTLメディカルサービス（ケアンズ）	☎07-4041-1699、1800-450-110
	オカダ・メディカル・クリニック（ゴールドコースト）	☎07-5592-2920
	さくらファミリークリニック（ブリスベン）	☎07-3003-0100

電話のかけ方

日本からオーストラリアへの国際電話（ダイヤル直通）
（例：02-1234-5678にかける）

※携帯電話からかける場合は「+」でも可（0の長押しなどで表示。機種によって異なる）

オーストラリアから日本への国際電話（ダイヤル直通）
（例：東京03-1234-5678にかける）